노자,
생명의 철학

＊이 도서의 국립중앙도서관 출판시도서목록(CIP)은 e-CIP홈페이지(http://www.nl.go.kr/ecip)와
국가자료공동목록시스템(http://www.nl.go.kr/kolisnet)에서 이용하실 수 있습니다.
(CIP제어번호: CIP2014034509)

老子的哲學

노자,
생명의 철학

老子的
哲學

왕방웅 **지음**

천병돈 **옮김**

은행나무

차례

들어가며 **노자철학 강의 30년** · 7

서론: 유가·도가의 道에 대하여 - 유가·도가의 心心을 통해 본 생명의 가치 · 11

제1부 노자와 『노자』의 관계 · 65

제2부 철학 문제 · 81
　　　　　1. 시대적 배경 · 83
　　　　　2. 사상적 맥락 · 96
　　　　　3. 지역적 특색 · 113

제3부 인간의 생명은 유한한가? · 119
　　　　　1. 마음의 집착과 도의 막힘 · 122
　　2. 사물은 강대하면 늙고 도에 맞지 않으면 일찍 끝난다 · 156

제4부 유한에서 무한으로 가는 실천방법 · 181
　　　　　1. 치허수정에서 미묘현통으로 · 183
　　　　　2. 전기치유에서 소박함을 간직하다 · 213

제5부 생명정신과 정치적 지혜 · 241
　　　　　1. 생명정신 · 243
　　　　　2. 정치적 지혜 · 264

제6부 노자철학의 가치와 역사적 반응 · 295
　　　　　1. 노자철학의 모호성과 생명의 방황 · 297
　　　　　2. 정신주체의 자유, 예술적 관조 · 315

나가며 **현대적 의의** · 328

옮긴이의 말 · 336
찾아보기 · 341

일러두기

이 책은 1980년 타이완 동대도서공사東大圖書公司에서 초판이 출판되었고, 1999년 8월 9쇄를
거쳐 2004년 8월 수정 2판 1쇄가 같은 출판사에서 출판되었다. 이 책은 2004년 8월 출간된 개정판
(수정 2판 1쇄)을 번역한 것으로, 신판에 보충된 내용은 저자 서문 '노자철학 강의 30년'이다.

들어가며
노자철학 강의 30년

『노자철학老子的哲學』은 1978~1979년에 쓴 교수 승진 논문으로 벌써 근 30년이 되었다. 신판은 구판의 세로쓰기에서 가로쓰기로 바꾸면서 약간의 수정보완을 거쳐 새로운 모습으로 출판했다.

처음에는 「노자철학의 형이상학적 구조와 정치적 인생의 가치 귀추老子哲學的形上架構與其政治人生的價值歸趨」라는 학술적 연구로 시작되었으며, 월간 잡지 『어후鵝湖』에 발표한 연재 논문이었다. 매월 2만여 자를 5회에 걸쳐 연재했고, 교육부 심사를 거쳐 1979년 8월 교수로 승진했다.

필자는 당시 『어후』 사장으로 재직하면서 많은 칼럼을 보았는데, 모두 지속적으로 이어지지 못했다. 그래서 연재의 책임감을 보이고자 6개월 만에 교수 승진 논문을 완성했고, 1980년 9월 타이완에서 출판했다. 10만여 자의 글자 수는 부족한 감이 있고, 또 독자들이 학술논문을 이해하기 쉽지 않다는 것이 염려되어 2만여 자의 「유가·도가의 도道에 대하여」를 서론으로 보충했다. 서론은 강연 내용을 정리한 것인데, 당시 현장의 분위기 때문에 떠오르는 영감이 많았다. 그리고 유가를 통해 도가로 들어갔기 때문에 이해하는 데 큰 어려움이 없을 것이라고 생각했다.

비록 5개월 만에 완성한 것이지만, 여러 해 동안 가르친 경험을 바탕으로 『도덕경道德經』 81장 대부분을 인용하면서 체계 있게 설명했다. 이제 스스로 독자가 되어, 경전 속에 파묻혀 새로운 해석을 탐구했던 과거를 돌이켜 볼 때, 이 저서는 정성을 다한 지혜의 결정체라고 생각된다.

가장 애석한 것은 마지막 결론 부분이 미흡하다는 점이다. 그것은 힘을 다 소모해서 그렇기도 하고, 더 이상 마음대로 쓸 것이 없어서이기도 하다. 그래서 '현대적 의의'라는 결론으로 서둘러 마무리했다. 당시의 학문적 소양을 되돌아보면, 노자철학의 현대적 의의에 대한 통찰력이 부족했다. 그래서 부족하고 아쉬운 면이 있지만, 다음에 쓸 수 있는 공간을 남겨두었다고 위안을 삼는다.

이후 「당대 신도가의 생명 방향當代新道家的生命進路」(『儒道之間』에 게재)을 발표하여, 근본으로 돌아와 새로운 것을 개척하자는 '반본개신返本開新'의 당대 신유가의 이상理想에 화답했고, 아울러 위진魏晉 신도가新道家처럼 '자연自然' 개념으로 명교名敎[1]를 반대하는 것이 아니라, 도가의 허령虛靈한 지혜를 현대화의 정신적 동력으로 삼고자 했다. 그리고 더 나아가 머우쫑산牟宗三 선생님의 '일심개이문一心開二門'을 이어받아, 전통에서 현대적인 이념을 발굴했고, 「공맹에서 노장으로, 다시 노장에서 순자·한비자로從孔孟讓開一步到老莊, 再由老莊下來一步到荀韓」(『생명

---

1 유교를 달리 부르는 말. 지켜야 할 인륜의 명분을 뜻함. —옮긴이

의 진리와 심령의 허용生命的眞理與心靈的虛用』에 게재)라는 새로운 사유 세계를 펼쳤다.

이외에 「노장사상의 생사지혜老莊思想的生死智慧」, 「도가사상의 윤리적 공간道家思想的倫理空間」, 「몸·마음·영 3단계 생명의 도身心靈三層次的生命安立之道」, 「노장도가의 제물을 논하는 두 가지 방법老莊道家論齊物兩行之道」(모두『중국철학논집中國哲學論集』에 게재) 등은 모두 인생의 고뇌와 타이완·중국 양안兩岸의 대치에 대한 화해 방안을 모색한 글이다. 노자철학 강의 30년, 이 책으로 고금을 관통한 도道의 총체성을 서술했다고 생각한다.

왕방웅

서론

—

유가·도가의 도道에 대하여
—유가·도가의 심心을 통해 본 생명의 가치

이 서론은 대학생들에게 강연했던 것을 학생들이 녹음 정리하고 다시 필자의 교정을 거쳐 수정한 것이다. 여러 해 동안 발표했던 중국철학 논문은 학술적인 것이기에 일반 사람들이 읽기가 쉽지 않다. 그래서 강연 내용을 이해하기 쉽게 정리하여 이 책의 서문으로 삼았다. 이 글은 독자가 비교적 쉽게 노자철학의 사상 영역 안에 몰입하게 하고, 나아가 중국철학 정신에 대해 친밀감을 갖게 하도록 썼다.

사람들은 '나는 왜 사는가?', '어디로 갈 것인가?' 자문한다. 이는 생명의 장엄함에 대한 질문이다. 사람들은 이 때문에 만물의 영장이 되고, 인간임을 알게 된다. 생명의 가치는 어디에 있는가? 인생의 올바른 방향은 어디인가? 사실 인생의 의미는 개인 스스로 찾아야 하고, 개인 스스로 부여해야 한다. 인간의 사명을 짊어지고 사회에 뛰어들 때, 장엄한 생명의 진실한 의미가 드러난다. 생명의 의의는 인간이 생명에게 부여하는 것이지, 생명이 인간에게 던져 주는 것이 아니다. 따라서 생명의 의의가 자신에게 다가와 주기를 바랄 수는 없다. 필자는 유가·도가가 생명의 가치를 어떻게 일깨워 주고 있는지 설명하려고 한다.

1. 형이상과 형이하

먼저 우리는 『역전易傳·계사전상繫辭傳上』[1]의 "형이상을 도라 하고, 형이하를 기라고 한다"[2]는 말을 통해 인간이 나가야 할 길을 되돌아 볼 수 있다. 공영달孔穎達은 "형체 바깥에 있으면서 위에 있는 것을 도라 하고, 형체 안에 있으면서 밑에 있는 것은 기器이다"라고 해석했다. 송대 유학자 장횡거張橫渠는 '형이상'을 무형無形으로, '형이하'를 유형有形으로 보았다. 주자는 이러한 견해에 동의하지 않았다. 주자는 비록 이기이원론을 주장했지만, 여전히 이理와 기氣/器는 분리될 수 없기 때문에 무형과 유형으로 구분하는 것을 반대했다. 대동원戴東原은 형이상은 '형체가 있기 전形以前', 형이하는 '형체가 있은 후形以後'라 하여, 형체의

---

1 『역대전易大傳』 또는 『십익十翼』이라고도 한다. 유학자들이 『역경易經』을 해석한 저서로서, 7가지 10편 즉, 『단전상象傳上』, 『단전하象傳下』, 『상전상象傳上』, 『상전하象傳下』, 『문언전文言傳』, 『계사전상繫辭傳上』, 『계사전하繫辭傳下』, 『설괘전說卦傳』, 『서괘전序卦傳』, 『잡괘전雜卦傳』이다. 『역전』은 점서占書라고 할 수 있는 『역경』에 도덕적 의미를 부여했다. 그 중 『계사전』, 『단전』, 『상전』의 영향력이 가장 크다. ─옮긴이
2 『계사전상』, 12장. "形而上者謂之道, 形而下者謂之器."

유무로 구분했다. 이처럼 『역전』의 이 말은 역대 주석에서 자신의 철학을 근거로 형이상과 형이하 둘로 나누어졌다. 간단히 말해서 '형이상'은 유형 세계 위에 있는 것으로 도道라 하고, '형이하'는 유형有形 세계로서 기器라고 하여 둘로 나누었다. 즉 하나는 감각기관의 대상이 되는 만물의 세계로서 형기形器다. 다른 하나는 감각기관을 초월한 무형의 존재로서, 일체의 유형 세계가 존재하도록 하는 원리이며 '천도天道'를 가리킨다. 2천 년에 가까운 중국철학은 줄곧 이와 같은 견해를 견지해 왔다. 일본 학자들이 서양의 'meta-physics'를 '형이상자위지도形而上者謂之道'로 번역했는데, 이것이 바로 형이상학形而上學이다. 'physics'는 물리학, 'meta'는 '후後'를 뜻한다. 따라서 'metaphysics'는 '후물리학'이 된다. 아리스토텔레스의 유작이 출판되었을 때, 제자들이 우주 형성의 원리에 대한 탐구를 물리학 뒤에 놓았다. 우주의 근본 원리를 탐구하는 학문이 바로 '실현원리' 혹은 '제1철학'이다. 이것이 물리학 뒤에 놓였기 때문에 'metaphysics'라는 이름을 얻게 되었다. '형形'은 우주 자연 즉 physics이고, '형形 위의 원리'는 meta-physics다. 이 때문에 일본 학자들은 'metaphysics'를 '형이상'으로 번역했는데, 그야말로 천의무봉이다. 문제는 서양 형이상학의 기준으로 중국철학을 보는 것인데 이것은 매우 불합리하다.

중국철학과 서양철학의 특징은 당연히 다르다. 필자가 '당연히'라고 말하는 것에는 근거가 있다. 왜냐하면 『역전』은 선진先秦 시대 후기의 유가 경전이다. 따라서 "형이상을 도라고 하고, 형이하를 기라고 한다"에 대한 해석은 『논어』의 사상 체계를 벗어나서는 안 된다. 유가의 주요 사상은 『논어』, 『맹자』에 집중되어 있으며, 『대학』, 『중용』, 『역전』은 그 후에 만들어졌다. 따라서 도와 기의 해석 또한 『논어』 본래의 의미를 벗어나서는 안 된다. 필자는 타이완 사범대학 국문과 출신이어서 훈고訓詁와 문법에 대한 교육을 받았다. 그래서 '형이상'·'형이하' 혹은 '형이전形以前'·'형이후形以後'라는 선현들의 말을 무턱대고 따를 수 없었다.

먼저 '이而'는 무슨 의미이고, 이而가 문장에서 어떤 용법으로 쓰였는지 반드시 살펴보아야 한다. 역대 주해에 의하면 '형이상形而上'은 '형체 이상以上'(形之上)이며, 유형 세계 이상以上의 원리를 '도'라고 한다. 궁극적 존재인 천도天道가 먼저 있어야 만물의 세계가 존재하고, 산천초목이 존재한다. 문제는 다음 구절, 즉 무엇이 '형체 이하以下'(形之下)인가? '형'이 바로 유형 세계인데, 거기에 또 무슨 '형체 이하'가 있는가? 유형 세계 이외에 별도로 그 이하가 존재할 수 있는가? 설마 '천상天上', '인간' 이외에 지하 세계가 있다는 것인지? 이해할 수 없다.

또 다른 가능한 해석은 이而를 '…… 및 그以及其'로 해석하여, '형체 및 그 이상'의 것을 '도'라 하고, '형체 및 그 이하'는 기氣라고 하는 것이다. 이렇게 해도 문제는 여전히 남는다. 즉 '형체 및 그 이하'가 이해되지 않으며, 더욱 어려운 문제는 '형체'를 어디에 두어야 하는가? 이다. 만약 '형체 및 그 이상形以及其上'·'형체 및 그 이하形以及其下'라고 하면, 형체는 이미 두 세계를 넘나들어 도이면서 또 기氣가 되어 버린다. 그래서 도와 기는 이렇게 해석해서는 안 된다. 도는 "사람이 도를 넓힌다"[3]는 도이고, 인간이 가야 할 길이며, 인간이 개척해 나가야 하는 길로서, 인간의 마음을 통해 열린 인문人文 세계를 도라고 한다. 이처럼

---

3 『논어』, 「위령공衛靈公」, 29. "人能弘道, 非道弘人."

원래 도道에는 서양철학처럼 자연현상의 근원인 만유세계의 실현원리라는 의미는 없다. 이런 이유 때문에 '이而'는 '앞으로 나아가다'는 '왕往'으로 해석하여, 일종의 동향動向 즉 생명의 동향을 말한다. 생명의 가치는 바로 여기에 있으며, 중국철학의 특질 또한 여기에 있다.

형形은 외부 자연 세계를 가리키는 것이 아니라 우리 '몸'을 가리킨다. 모든 인간은 몸을 가지고 있는데 이것이 바로 '형'의 존재다. 우리는 인간은 어디로 가야 하며, 생명은 어디로 귀착되어야 하는지 묻는다. 인생의 방향은 동서남북의 방위를 묻지 않고, 위·아래 어디로 가야 하는지를 묻는다. 왜냐하면 인생의 방향이 동서 혹은 남북이라는 것은 외부의 우연적인 요소에 의한 것이며, 인간의 성장 과정에 있어서 부딪치는 여러 가지 곤경은 모두 사회의 여러 가지 조건에 영향을 받기 때문이다. 이러한 것들은 필연성도 없고 어떤 원리도 없다. 그러나 인간은 반드시 상향上向의 길을 추구하며, 이렇게 해야 비로소 인생의 의의가 있다. 그러므로 생명의 방향이 동서남북 어느 방향인지를 물을 필요가 없다. 즉 인생의 방향이 상향인가 하향인가를 묻는 것이 옳다. 『역전』의 '형이상'·'형이하'는 인간의 생명이 모두 하나의 '형形'임을 말하는 것으로 매우 공평하다. 문제는 인생을 자각적으로 승화시켜 위로 끌어올릴 것인가? 아니면 욕망에 따라 아래로 머물 것인가? 이다. 이상과 같은 이유 때문에 필자는 '형이상' 혹은 '형이하'를 '생명의 동향'으로 본다.

두 번째 문제는 '형'에 내포된 의미는 무엇인가이다. '형'은 다음 세 가지 측면에서 이해할 수 있다. 첫째, 육체의 가장 원초적인 생리작용·감각능력·욕구·욕망을 가리킨다. 생리작용·감각능력·욕구는 육체적 생명의 가장 기본적 요소다. 둘째, 인간의 성향性向·감정이다. 어떤 사람은 어떤 방면에 특별한 반응을 보여 그 방면에 뛰어난 재능을 가지고 있다. 예를 들면 왕정치王貞治, 임해봉林海峰 등이다. 셋째, 생명력 있는 열정이다. 정의를 위해 의롭게 자신을 바치고, 용감하게 인간의 사명을 짊어지는 정열적인 생명을 가리킨다. 이상 세 가지는 선천적이며 '형形'이라고 부른다. 그러면 이것을 위로 승화할 것인가, 아니면 단지 아래로 욕망이나 재능에만 머무를 것인가? 위로 승화하는 길이 도道이고, 아래로 욕망이나 재능에만 머무는 길이 '기器'이다.

2. 인생의 두 가지 길
—도와 기

도와 기에 대한 해석은 『논어』와 『노자』의 철학체계에서 찾아야 한다.

위에 언급한 것처럼 인간의 생리적 욕구·감각능력·성향·감정 및 생명력 있는 열정을 통해 인간의 사명을 짊어지는 것을 도道라고 부른다. 그러므로 도는 인간이 가야 할 길이고, 대도大道이다. 이것이 도를 완성하는 길이다. 또 다른 하나는 생리적 욕구·감각능력·성향·감정 및 생명력 있는 열정 등을 응집시켜 전문가가 될 수도 있고, 세계 기록을 세울 수도 있다. 이것은 육체적 탁월성으로 기器에 불과할 뿐이다. 왜냐하면 기는 자기 자신의 성취일 뿐 인류를 위한 것이라고 할 수 없기 때문이다. 그러므로 생명에는 두 가지 길 즉 '상향의 길上'과 '하향의 길下'이 있다.

물론 기라고 반드시 나쁜 것이 아니다. "무쇠가 강철이 되지 못함을 안타까워하고, 젊은이가 훌륭한 사람이 되지 못함을 안타까워한다"는 속담이 있다. 훌륭한 그릇이 된다는 것은 매우 좋다. 훌륭한 그릇이란 전문 기술을 성취하는 것으로, 사회에서 각자의 역할을 통해 사회에 필요한 훌륭한 사람이 되는 것이다. 그러나 공자는 "군자는 작은 그릇이 되지 말라"[4]고 말했고, 노자는 "대기만성大器晩成"[5]이라고 했다.

먼저 '대기만성'에 대해 살펴보자. '대기만성'은 청년들이 자신을 변명하는 말로 변질되었는데, 좋은 측면에서 말하면 미래는 자신의 세계가 될 것이라는 기대이다. 그러나 노자가 말하는 '대기大器'의 본래 의미는 도의 작용으로서, 도는 마지막에 비로소 스스로를 완성한다는 것이다. 즉 천하 만물이 모두 완성된 후에 비로소 자신을 완성하는 것을 '대기만성'이라고 하는 것이지, 훌륭한 사람은 늦게 이루어진다는 말이 아니다. 도道는 만물이 모두 완성된 후에 자신을 완성하고, 만물 속에서 자신을 완성한다. 이것이 노자가 말한 "잘 베풀면서 완성한다"[6]이다. 노자는 또 "도는 항상 이름이 없고 질박하다"[7]고 했다. '질박함樸'은 좋은 것이고, 생명의 본질이며, 참되고眞 아름답다美. 질박함이 사라지고 전문가처럼 무엇이 되는 것은 손질을 거쳐 몸을 해치는 것으로, 노자가 말한 "질박함이 부서져 그릇이 된다"[8]이다.

공자는 "군자는 작은 그릇이 되지 말라"고 말했다. 그래서 번수樊須가 농사를 배우려는 것을 보고, 공자는 "소인이로다, 번수야"[9] 하고 탄식했다. 왜냐하면 공자는 학생들에게 천하를 책임지라고 가르쳤는데, 공자의 학생 번수는 농업의 전문가만 되려고 했기 때문이다. 그래서 공

---

4 『논어』,「위정爲政」, 12. "君子不器."
5 『노자』, 41장. "大器晩成."
6 같은 곳. "善貸且成."
7 같은 책, 32장. "道常無名, 樸."
8 같은 책, 28장. "樸散則爲器."
9 『논어』,「자로子路」, 4. "小人哉, 樊須也!"

자는 명쾌하게 "나는 농부만 못하다"라고 말했다.[10] 지식인의 길은 도에 있지 기器에 있지 않다. 이것은 군자는 작은 그릇이 되려고 하지 않는다는 뜻이 아니다. 즉 군자의 열정과 성향 그리고 재능은 자기성취에 그치는 것이 아니라, 세계를 책임져야 한다. 이것이 바로 "군자는 작은 그릇이 되지 말라"는 의미다. 따라서 기器는 결코 나쁘다고 할 수 없지만, 지식인이 가져야 할 포부는 분명 아니다.

'형이상'·'형이하'라고 말하는 것은, 인간의 형形은 위로 도약할 수도 있고, 아래로 구체화되어 전문가가 될 수도 있다는 의미이다. 후자라고 해서 반드시 나쁜 것은 아니다. 그렇지만 위로의 도약은 모든 사람이 함께 올라가는 것이지 나 혼자만 올라가는 것이 아니다. 문제는 인간이 위로 도약하는 것이 어떻게 가능하냐는 것이다. 의욕을 잃고 자포자기하는 사람에게, 인간은 반드시 위로 도약해야지 아래로 내려가서는 안 된다는 것을 어떻게 보장해 줄 수 있는가? '형이하'적 마음은 묵자, 순자, 한비자적 마음으로, 특정 학문에 전문가가 되어 예제禮制·법제法制와 같은 객관적인 체제를 개척하는 것이다. 이것은 지식·기술적 특성으로 전문지식이다. 전문지식은 인간은 위로 도약해야 한다는 당위성의 문제를 결정할 수 없다. 오늘날 대학교육은 그릇器을 만드는 데 치중한다. 이것은 외왕外王에 속하는 학문이다. 우리는 사회에서 어떤 일에 종사하여 그 방면에 일정한 성공을 기대한다. 이것이 소위 '기器를 성취하는 공부工夫'다. 오늘날 대학교육은 확실히 '도道'를 소홀히 한다. 대개 문학·사학·철학은 문화의 전통을 탐구하기 때문에 그나마 '도'의

---

10 같은 곳. "吾不如老農."

이상을 유지하고 있다. 그러면 '도'를 완성할 수 있는 근거는 어디에 있는가? 바로 사람[11]의 마음心에 있다. 그러므로 형이상의 배후에는 실제로 인간의 '마음'이 감추어져 있다. '마음'은 유가의 공자·맹자, 도가의 노자·장자적인 마음이지, 묵자, 순자, 한비자적인 마음이 아니다. 후자가 이룬 것은 '기'일 뿐이다. 진실로 '도'의 세계를 개척한 사람은 공자·맹자, 노자·장자다. 이제 유가와 도가 두 학파의 '마음'을 근거로 생명의 가치에 대해 살펴보자.

---

11 저자는 '중국인'이라고 했다. 이 글은 저자가 타이완의 대학생들에게 강연한 글이다. 그래서 '중국인'이라고 한 것이다. 유가의 '마음'은 중국인에게만 해당되는 '마음'이 아니다. 인간이 가지고 있는 '마음'이다. 그래서 '사람'으로 고쳤다. ─옮긴이

3. 유가의 인문
—"志於道, 據於德, 依於仁, 遊於藝."

유가의 생명정신은 『논어』에 나오는 "도에 뜻을 두고, 덕에 의거하며, 인에 의지하고, 예에서 노닌다"[12]는 말로 설명할 수 있다. 도가철학의 핵심은 이 말에 대한 통쾌한 반성과 비판이다.

1. 도에 뜻을 둔다

공자는 "나는 15세에 학문에 뜻을 두었다",[13] 또 "도에 뜻을 두었다"고 말했다. '도'란 무엇인가? 도는 인생의 큰 길이다. '뜻志'이란 무엇인가? '뜻志'이란 마음이 가고자 하는 곳이다. 선진先秦시대의 선비士는 본래 귀족 계급인 무사武士인데, 인문적 소양이 있고, 교육을 받은 귀족이다. '뜻'은 바로 그들의 전유물이었다. 공자 때부터 비로소 민간 교육이 있

---

12 『논어』「술이述而」, 6. "志於道, 據於德, 依於仁, 游於藝."
13 『논어』, 「위정爲政」, 4. "吾十有五而志於學."

었는데, 귀족이 몰락하자 선비도 평민으로 전락했다. 유가의 육예六藝 즉 예禮·악樂·서書·수數·사射·어御 중에 '예·악·서·수'는 인문적 소양에, '사·어'는 무사의 훈련에 속한다. 전국시대의 사공자四公子[14]는 선비를 양성했고, 선비는 귀족의 가신이 되어 귀족을 섬겼다. 공자 시대에 이르러 선비는 귀족의 예속으로부터 벗어나 민간사회로 들어가 천하를 위한 '선비'가 되었다. 이제 그들은 한 나라의 군주·경대부卿大夫를 위한 치국평천하治國平天下의 도리를 구하는 선비가 아니라, 모든 시대를 관통하는 인간 존재의 문제를 짊어지는 선비가 되었다. 이것이 '뜻' 즉 선비의 마음이고 지식인의 마음이다.

지식인의 마음은 당연히 도, 즉 인간의 대도大道를 짊어져야지 좁은 길로 가서는 안 된다. '좁은 길'이란 특수한 기능에 능숙한 선비나 전문가들이 가는 길로서, 특수한 재능이나 열정에 기대어 인간의 특성을 표현하는 것으로 모든 사람이 가고자 하는 길은 아니다. 모든 사람들이 갈 수 있는 길을 대로大路라고 하는데, 공자는 "행동함에 지름길로 가지 않는다行不由徑"(『논어』, 「옹야」)라고 말했다. 그러므로 '도에 뜻을 둔다'는 인류를 위한 길이고, 모든 사람들이 갈 수 있는 평등의 길을 찾아가는 것으로, 재화나 부귀·신분·지위 및 권력에 기댈 필요 없이 모든 사람이 걸어갈 수 있는 길, 시정잡배도 시골의 촌부들도 갈 수 있는 길이며, 이것이 바로 인생의 '대도'다. 이것이 "도에 뜻을 둔다"의 진정한 의미다.

---

14 흔히 전국시대 '사공자 四公子'라고 한다. 제齊나라 맹상군孟嘗君, 조趙나라 평원군平原君, 초楚나라 춘신군春申君, 위魏나라 신릉군信陵君을 가리킨다.—옮긴이

2. 덕에 의거한다

전문가나 천재 또는 일정한 지위에 있는 사람뿐 아니라 모든 사람들이 갈 수 있는 길은 어떤 길인가? 유가의 도덕실천을 통한 인격 수양의 '길'은 올바른 사람이라면 모두 성취할 수 있다. 올바른 사람이 되고, 도덕인격을 갖춘 사람이 되는 것은 가장 장엄하고 가장 가치 있는 삶이다. 지금까지 수많은 사람들이 "큰 강물은 동쪽으로 흘러가고, 천고의 인물들은 강물과 함께 흘러가 버렸구나大江東去, 浪淘盡千古風流人物"[15]라는 소식蘇軾의 시 구절처럼 흘러갔다. 흘러간 사람 중 그들이 사람들의 기억 속에 잊을 수 없는 감동을 준 것은 무엇인가? 그것은 위대한 인격이다. 유가가 인류를 위해 개척한 길은 덕에 의거한 행동이다. 열 걸음 안에 반드시 방초가 있듯이 모든 사람은 올바른 사람이 될 수 있으니, 이것이 인생의 진정한 큰 길이다. 신분, 재산, 지위에 관계없는, 계급이나 종족, 피부색과도 관계없는 것, 이것이 바로 '덕에 의거한다'이다. 공자는 덕에 의거함으로 '도에 뜻을 두다'를 규정했다.

3. 인에 의지하다

1. 발현성 ― 인은 불안한 마음에서 드러난다

어째서 '도에 뜻을 두고, 덕에 의거한다'고 말할 수 있는가? 사람은 무엇에 의지해서 도덕인격을 완성할 수 있는 군자가 될 수 있는가? 그 근

15　송대 시인 소식(1037~1101)의 작품 「염노교念奴嬌」의 첫 구절이다. ― 옮긴이

거는 어디에 있는가? 공자는 "인에 의지해야 한다依於仁"고 말했다.

모든 사람은 인심仁心을 가지고 있다. 그러므로 도덕실천을 통해 인생의 대도大道를 개척할 수 있다. 왜냐하면 모든 사람은 인심仁心을 가지고 있기 때문이다. 문제는 어떻게 증명하느냐이다.

『논어』에 3년상에 대한 재아宰我의 질문이 있다.[16] 공자 제자 중 재아는 비판 정신이 가장 강했다. 그는 공자에게 3년상의 도리가 어디에 있는지 물었다. 그는 3년은 너무 길고 1년이면 충분하다고 생각했다. 그 이유로 두 가지를 제시했는데, 첫째는 "군자가 3년 동안 예를 익히지 않으면 예가 반드시 무너지고, 3년 동안 악樂을 익히지 않으면 악이 반드시 무너진다"[17]는 것이다. 공자는 주나라 예악의 중건에 뜻을 두었다. 당시 주나라 예악은 이미 붕괴되기 시작했고, 지식인들은 예악의 중건을 자신의 임무로 삼았다. 재아는 스승에게 '모든 사람들이 3년상을 지키는데 그러면 예악은 누가 담당하느냐?'고 물었다.

두 번째 이유로 "낡은 곡식은 이미 다 없어지고, 햇곡식은 이미 나왔으며, 비벼서 불을 내는 나무 또한 이미 바뀌었으니, 1년이면 마칠 수 있다"[18]고 말했다. 전자는 사회적 이득이지만, 이것은 자연현상이 그 이유다. 자연계는 1년을 주기로 순환하고, 곡식은 일 년에 한 번 수확하며, 사계절 사용하는 목재도 1년을 주기로 순환한다. 그러므로 1년상이면 충분하다는 것이다. 그의 주장은 전형적인 논문 형식인데, 핵심은

16 『논어』, 「양화陽貨」, 21 참고.
17 같은 곳. "君子三年不爲禮, 禮必壞, 三年不爲樂, 樂必崩."
18 같은 곳. "舊穀旣沒, 新穀旣升, 鑽燧改火, 期可已矣."

1년상이면 충분하다는 것이고, 중간에 그 이유를 두 가지 제시했다. 공자는 재아의 사회적 이익과 자연현상이라는 두 가지 이유에 대해 대답하지 않고 직접 "쌀밥 먹고, 비단옷 입으면, 네 마음이 편안하느냐?"라고 물었다.[19] 이것은 재아의 본심本心을 묻는 것이다. 부모님이 돌아가셨는데 마음 편히 좋은 옷을 입고, 맛있는 음식을 먹는 것이 가능할까?

도덕 문제는 마음으로 받아들이는 문제로, 사회적 이득인 예악의 붕괴와 자연현상의 주기적 변화의 문제가 아니라 인간 스스로 담당해야 하는 문제다. "네 마음이 편안한가, 편하지 않은가?"라는 공자의 물음은 인간에게 내재된 도덕적 의무의 문제를 가장 직접적으로 보여 주는 말이다. 3년상의 근거는 불안한 마음에 있다. 그러나 뜻밖에도 재아의 대답은 '편안하다安'였다. 사실 마음의 편안과 불안은 감정을 억지로 끌어올려 '편안'하다고 말하는 것도, 사전에 '편안' 혹은 '불안'을 예측해서 하는 말도 아니다. 마음의 편안 혹은 불안은 상황에 직면해서 진정으로 느끼는 도덕 자각이다. 공자는 재아의 '편안하다'는 말을 듣고 탐탁지 않게 여기며 "군자는 상을 치를 때, 맛있는 것을 먹어도 달지 않고, 음악을 들어도 즐겁지 않으며, 기거하는 것도 편하지 않으니, 그래서 하지 않는 것이다. 이제 너는 편안하다고 하니 그렇게 하라"[20]고 말했다.

이처럼 유가에서 말하는 '도덕'은 강제적인 것이 아니라 개인이 가지고 있는 도덕심의 각성에 달려있다. 성인의 가르침은 인격적 감화 혹은

19 같은 곳. "食夫稻, 衣夫錦, 於女安乎?"
20 같은 곳. "君子居喪, 食指不甘, 聞樂不樂, 居處不安, 故不爲也, 今女安則爲之."

잘못의 지적 같은 도덕적 깨달음까지다. 정치나 법률에 강제력이 있다. 성인의 교화는 세상사에 따라 흘러가는 인생 속에서 '옳고 그름'·'편안함과 불안함'·'해야 하는지 하지 말아야 하는지'를 자문하고 깊이 반성하게 할 뿐이다.

"재아가 나갔다".[21] 공자의 이 말을 들은 재아가 화를 냈는지 아니면 부끄러워했는지 알 수 없지만, 재아는 그 자리를 떠났다. 재아가 떠난 후 공자는 "너는 불인하구나"[22]라고 말했다. 이것은 재아가 인심仁心이 없음을 말하는 것이 아니라, 그의 대답이 인심仁心에서 나온 것이 아니라, 그의 성격에서 나온 것임을 말한다.

"자식은 태어난 지 3년이 지난 후에야 비로소 부모 품에서 벗어난다. 3년상은 천하에 통용되는 상이다. 재아야, 3년 동안 부모에게서 사랑을 받았느냐?"[23] 인간이 태어나 가장 나약하고, 보호받을 수 없을 때, 부모는 3년 동안 업고 안고 기른다. 부모님은 임종 후 무덤에 묻혀 계실 때 가장 고독하고 가장 외롭다. 이때 3년의 세월을 부모를 모시고 함께해야 하는가? 아닌가? 이것은 마음의 편안함과 불안함의 문제이며, 이른바 '인에 의지한다'이다.

인간은 불안을 느낄 수 있고, 여기서 진정한 깨달음을 얻는다. 이것은 인간이기 때문에 그렇다. 도덕 행위를 완성할 가능성은 내재적 근원 때문이지 외부의 규범 때문이 아니다. 도덕 행위를 가능하게 하는 초월

---

21 같은 곳. "宰我出."
22 같은 곳. "予之不仁也."
23 같은 곳. "子生三年, 然後免於父母之懷, 夫三年之喪, 天下之通喪也. 予也, 有三年之愛於其父母乎?"

적 근거는 명예와 재물에 방해를 받아 흩어지는 것이 아니라, 명예와 재물의 유혹을 떠나 스스로 결정한다. 이것이 이른바 "인에 의지하다"이다.

인仁은 불안을 느끼고, 자아에 대한 양지良知의 외침을 느껴 현실에서 어떻게 해야 하는가를 가리킨다. '인'은 바로 마음의 불안에서 드러난다. 만물의 영장인 인간은 불안을 자각할 수 있다. 불안은 수시로 나타나는데, 이런 상황에서 비로소 도덕은 필연성이 있다. 인생의 방향, 인생의 역정 속에서 인간은 결국 도덕적 반성과 자각을 드러내어 수시로 불안을 느낀다. 이때의 불안이 도덕적 상승의 원동력이다. 그래서 마음의 편안함을 구한다. 이것이 도덕적 동력이 이루어지기를 추구하는 것이다.

2. 자각성·주재성·절대성

공자는 "내가 인을 실천하고자 하면, 인에 이른다"[24]고 말했다. 앞에서 인仁은 드러난다는 발현성이 있다고 했는데, 여기서는 인의 또 다른 특성인 '자각성'을 설명하고자 한다. 인간은 모두 자각할 수 있다. 가치에 관한 문제를 반성할 때, 마음은 자신의 주체가 될 수 있다. 공자는 또 "자신을 이겨 예로 돌아가는 것이 인이다"[25]라고 말했다. '돌아가다復'는 '실천'을 말하는 것이지만, '돌아가다'는 의미로 해석하기도 한다. 인간은 자각해야 극기복례克己復禮할 수 있고, 예禮의 궤도로 돌아갈 수

---

24 『논어』,「술이述而」, 29. "我慾仁, 斯仁至矣."
25 같은 책,「안연顔淵」, 1. "克己復禮爲仁."

있다. 그러므로 인은 발현할 수 있고, 자각할 수 있어서, 생명의 주재자가 되어 삶의 방향을 정할 수 있다. 인이 있어야 비로소 극기복례할 수 있다. 그러므로 도덕 주체는 인간의 '인심仁心'에 있다. 따라서 인은 주재主宰적 의미가 있다.

공자는 또 "인仁은 인에서 편안하다"[26]고 말했다. 인은 그 자체로서 편안하다. 이 점은 매우 중요하다. 유가는 또 "지식은 인을 이롭게 한다"[27]고 말하는데, 이것은 지식은 인을 완성할 수 있다는 뜻으로, 인의 실현을 이롭게 한다는 의미다. 지식은 지식 자체에 머무를 수 없다. 지식에 인생이 나아가야 할 방향을 반드시 제시할 필요는 없다. 지식이 중성中性으로 기器를 성취할 수 있다. 다시 말하면 자연과학이 인류에게 행복을 가져다준다고 보장할 수 없다. 지식은 인간이 나아가야 할 방향을 결정할 수 없다. 그러므로 도道라고 할 수 없다. 인은 그 자체로서 편안하다. 그러므로 외부에서 구할 필요도 없이 스스로 편안하고 스스로 만족한다. 인 자체의 각성으로 편안하고, 인 자체의 감응과 발현으로 편안하다. 그러므로 인의 존재 의의를 외부에서 찾을 필요가 없다. 인간은 왜 이렇게 행위 하는가? 인 자체가 그 행위의 근거다. 그러므로 인에는 절대성이 있다.

인간이 덕행을 통해 인생을 개척할 수 있는 것은 인심仁心이 있기 때문이다. 인심은 마음이 불안할 때 인심을 자각하기만 하면 어디서나 드러난다. 그래서 "내가 인을 실천하고자 하면, 인에 이른다"고 말했다.

---

26 같은 책, 「이인里仁」, 2. "仁者安仁."
27 같은 곳. "知者利仁."

자각하면 '극기복례'하여 인이 되므로 자기 생명을 주재할 수 있다. 이처럼 인은 최후의 원인이며 그래서 스스로 편안하고 자족할 수 있다. 이처럼 도덕은 도덕 자신을 정한다. 만약 도덕이 도덕 자체를 정하지 않는다면 조건이 전제된 도덕으로 변한다. 예를 들면 공리적 조건과 자연적 요소가 모두 중요한 요소가 되어 버린다. 도덕으로 성립되려면 도덕의 의의가 장엄해야 한다. 도덕은 그 자체가 존재의 이유다. 그러므로 선한 사람이 되는 것이 바로 목적이 되며, 다른 목적을 이루는 수단이 될 수 없다. 이것이 바로 "인은 인에서 편안하다"이다.

4. 예에서 노닌다

육경六經·육예六藝 모두를 예藝로 해석할 수 있는데 '외왕外王의 학문'이다. '예'는 스스로 편안하고 만족할 줄 아는 도덕심에 대한 자각과 책임감을 가지고 있기 때문에, 인간 세계에 들어가더라도 압박감이 있거나 어쩔 수 없이 억지로 하는 느낌이 없다. 도덕적 행위는 영웅이 되는 사업이 아니다. 왜냐하면 영웅이 되는 행위는 오래 지속될 수 없기 때문이다. 인간이 어떤 것을 책임지려고 할 때 중압감이 없을 수 없고, 스스로를 희생하지 않을 수 없다. 이것이 "예에서 노닌다"이다. 도덕은 열사烈士에게 의지할 수 없으며, 열사 또한 모든 사람이 다 될 수 없다. 유가는 인간을 위한 대도大道로서 인성人性의 가능성뿐 아니라, 일상생활 속에서도 언제나 이룰 수 있다. 인간은 생명의 도덕적 전개 때문에 편안하다. 도덕 그 자체는 장엄하고 또 기쁨이다. 그래서 "배우고 때때로 익히면, 또한 기쁘지 않겠느냐? 벗이 멀리서 찾아오면, 또한 즐겁지 않겠느냐?"²⁸고 말한다. 이것이 "예에서 노닌다"이다. 인생의 대도는 개인이 일상생활 속의 편안함과 자족에 의해 장엄한 의의가 드러나는 것으로, 다른 사람에게 의지할 수도 없고, 사명감으로 스스로를 지탱할 필요도 없다. 만약 다른 사람에게 의지하든지 사명감으로 한다면 인간은 스스로 붕괴된다.

5. 생명의 유한성

생명의 가치를 연 유가는 생명의 유한성도 언급했다. 공자는 백우伯牛가 병이 들었을 때 "운명이로다. 이 사람이 이런 병에 걸리다니!"²⁹라고 탄식했다. 삶과 죽음, 실패와 성공은 운명이다. 운명에는 우연의 의미가 있다. 백우처럼 좋은 사람이 불치의 병에 걸렸지만 무슨 말을 할 수 있겠는가? 오로지 하늘에 물어볼 뿐이다. 삶과 죽음, 실패와 성공이 운명이라는 유가의 관점은 인간에게 도덕적 생명의 존엄성에 대해 의심을 갖거나 신념을 잃지 않도록 했다. "도가 장차 행해지려는 것도 운명이요, 도가 장차 사라지려는 것도 운명이다."³⁰ 도道가 세상에 실현되는 것 혹은 실현되지 않는 것에는 여러 가지 역사적·사회적 요인이 있다. 그러므로 운명은 억지로 바꿀 수 없다.

인간은 운명의 한계를 극복하여 근심 없이 생활할 수 있는 정도正道를

---

28 『논어』, 「학이學而」, 1. "學而時習之 不亦說乎. 有朋自遠方來 不亦樂乎."
29 같은 책, 「옹야雍也」, 8. "命矣夫! 斯人也而有斯疾也."
30 같은 책, 「헌문憲問」, 38. "道之將行也與, 命也, 道之將廢也與, 命也."

개척하려고 시도할 수 있다. 인간은 생리적 욕구가 있다. 특수한 시공 속에서 불확실한 미래와 비이성적 사회에 직면해 있는 인간은 존엄성이 보장되고 가치 실현이 가능한 길을 모색한다. 이것이 인간의 운명이다. 맹자는 "요절이나 장수長壽를 의심하지 않고, 몸을 닦고 기다리는 것이 운명의 확립이다"[31]라고 말했다. 요절·장수는 삶과 죽음이다. 인간은 삶과 죽음에 마음 쓸 필요가 없다. 왜냐하면 그것은 운명이기 때문이다. 따라서 수양하며 운명을 마주하는 것이 좋다. 즉 존재의 유한성 안에서 생명의 무한성을 표현하는 것이다. 사회적 요인과 역사적 조건은 모두 인간을 구속한다. 그러나 이러한 운명을 받아들이기만 하면, 운명의 속박 속에서 생명의 무한한 의의를 드러낼 수 있다. 인간은 결국 죽는다. 죽음은 본래 인간의 한계다. 그러나 인간은 죽음을 숭고한 의의로 바꿀 수 있다. 그러므로 운명은 인간을 구속하는 것이 아니라, 생명의 가치를 확립하는 것이다. 이 얼마나 사람을 감동시키는 일인가? 그래서 공자는 "아침에 도를 깨달으면 저녁에 죽어도 괜찮다"[32]고 말했다. 생명에 대한 감동과 흥분 및 고양은 주체의 진리에 속할 뿐 아니라, 유가가 개척한 도道다. 도는 자기성취뿐 아니라, 타인의 고난도 짊어진다. 정신의 무한함과 생명의 장엄함은 모두 여기서 드러난다.

---

31 『맹자』,「진심상盡心上」, 1. "夭壽不貳, 修身以俟之, 所以立命也." [여기서 '기다리다'는 '사俟'의 의미를 단순히 가만히 '기다리다'라는 의미로 해석하면 의미가 반감된다. ―옮긴이]
32 『논어』,「이인里仁」, 8. "朝聞道, 夕死可矣."

4. 도가의 자연
—"천지는 어질지 않고, 성인도 어질지 않다"

1. 형이상학의 두 가지 길: 인문의 길과 자연의 길

유가에 대한 반성이 도가가 개척한 길이다. "도에 뜻을 두고, 덕에 의거한다"의 도와 덕은 공자 문하의 『논어』에서 제기된 것이다. 『노자老子』는 『도덕경道德經』이라고도 하는데, 『노자』의 중요 개념은 모두 『논어』를 통해서 나온다. 공자의 학문은 주나라 문화의 예악에 인성의 뿌리를 심었고, 노자는 유가의 '인·의·예'에 형이상학의 근원을 열었다. 따라서 노자는 공자 이후이고, 『도덕경』은 『논어』 이전일 수 없다. 노자 철학의 핵심은 "도에 뜻을 두고, 덕에 의거하며, 인에 의지하다"라는 세 구절에 대한 반성에 있다.

　유가의 선비士는 천하를 자신의 임무로 삼았기에, 임무를 중시하고 도는 멀리 했다. 『노자』 첫 장의 "도라고 말할 수 있는 도는 영원한 도가 아니다. 부를 수 있는 이름은 영원한 이름이 아니다"[33]라는 말은 "도

33　『노자』, 1장. "道可道, 非常道. 名可名, 非常名."

에 뜻을 두다"에 대한 반성이다. 유가는 '일일삼성─日三省'과 학문 탐구 및 도덕 수양을 하는 반면, 『도덕경』에서는 "높은 덕은 덕스럽지 않으니 덕이 있고, 낮은 덕은 덕을 잃어버리려 하지 않으니 덕이 없다"[34]라는 말로 "덕에 의거한다"를 비판한다.

인생의 방향은 동서남북을 불문하고 상하로 구분하는 것이 옳다. 송명宋明 유가는 "유가·도가·불가 삼교三敎의 차이점을 논하기 전에 먼저 인간과 금수의 차이를 먼저 구분하라"고 한다. 인간의 가치를 승화시키는 길은 크게 둘로 나눌 수 있다. 하나는 유가가 열었던 인문人文의 길이다. 유가는 덕성심德性心으로 인생의 대도大道를 열었고, 유구한 역사를 통해 문화적 전통과 인문적 업적을 이루었다. 다른 하나는 '스스로 그러한' 자연自然의 길이다. 인문의 길은 유가가 개척한 길이며, '인문'으로 '자연'을 변화시켜, '자연'이 원래 간직한 소박한 세계에 시詩와 예禮의 교화를 통해 인문적 색채와 성격을 부여했다. 그러나 도가는 '자연'이라는 또 다른 길을 열었다. '자연'의 의미는 두 가지다. 첫째는 '인문'의 상대적인 말이다. 인문은 도가적 이해에 의하면 인위적 조작이다. 인위적 조작은 많은 문제를 일으키며, 허위虛僞·허식虛飾으로 바뀌어 예禮가 형식화되고 이로 인해 인성은 속박을 받는다. 자연의 두 번째 의미는 타연他然의 상대적인 의미다. 도가에 의하면 인간의 생명은 외부 조건에 의해 결정된다. '연然'은 '이와 같다如此'란 뜻이다. '타연'은 '외부 조건이 그것을 이와 같이 했다'는 의미로 '외부 결정론'처럼 '자기'가 없다. '자연'은 인간의 참모습을 가리킨다. 인간은 자신의

---

34 같은 책, 38장. "上德不德, 是以有德. 下德不失德, 是以無德."

진실한 생명을 온전히 가지고 있다. 따라서 외부 요인에 의해 결정되는 것이 아니다. 도가의 '자연'은 '가치' 관념이다.

유가는 주나라 문화의 예악이 형식으로 흐르는 것을 보고, "사람이 불인不仁하면 예는 해서 무엇 하느냐? 사람이 불인하면 악樂은 해서 무엇하느냐?"[35]고 반성했다. 공자는 "꾸밈(외형)과 질박함(내용)이 고루 어울린 뒤에야 군자이다"[36]고 말했다. 외형이 내용을 이기고, 내용이 외형을 이기는 것은 모두 좋지 않다. 도가는 바로 주나라 문화가 외형(형식)으로 흘러 허위 허식화 된 것에 대한 반성이다. 그래서 인문에 반대하여 자연의 길로 돌아갔다. 공자는 "내용으로 외형을 구했다以質救文". 즉 인을 바탕으로 예악을 만들어 내용 없는 예악에 내용을 부여했다. 도가는 "내용으로 외형을 막았다以質抗文". 그래서 도가는 소박한 자연의 길로 돌아가는 길을 열었다.

2. '도라고 할 수 있는 도'와 '낮은 덕'

먼저 "도라고 말할 수 있는 도는 영원한 도가 아니다道可道, 非常道"를 살펴보자. '도라고 할 수 있는 도'는 마음心을 통해 '도'라고 말할 수 있는 '도'로서 마음이 규정한 '도'이다. 노자에 의하면 말할 수 있는 도는 인간의 언어를 통해 개념화된 것으로, 도의 진정한 정신·진정한 의미는 이 개념에 의해 제한된다. 그러므로 말할 수 있는 도는 영원한 도가 아

---

35 『논어』, 「팔일八佾」, 3. "人而不仁, 如禮何? 人而不仁, 如樂何?"
36 같은 책, 「옹야雍也」, 16. "文質彬彬, 然後君子."

니라, 마음이 규정한 도이고, 유가의 "도에 뜻을 두다志於道"이다. 노자는 이 도를 '도라고 할 수 있다'는 마음에 의해 정해진 것이라고 생각했다.

"높은 덕은 덕 같지 않으니 덕이 있고, 낮은 덕은 덕을 잃어버리려 하지 않으니 덕이 없다"를 살펴보자. '높은 덕上德'을 가지고 있는 사람은 덕을 제약하지 않고, 무심으로 자득하기 때문에 오히려 덕이 있다. 낮은 덕下德을 가지고 있는 사람은 덕을 잃을까 두려워하고, 표준이 되는 덕에 집착하니, 안락함도 얻지 못하고 자신도 모르게 제약을 받는다. 노자는 유가의 도와 덕을 마음이 규정한 규범적인 도와 덕으로 본다. 그래서 마음의 집착으로 도는 '말할 수 있는 도可道'로 바뀌어 영원한 도가 되지 못하고, 덕은 '낮은 덕'으로 변해 더 이상 '높은 덕'이 되지 못한다. 유가의 도덕은 인仁을 통해 마음으로 드러나서, 의義가 되고, 예禮로 전환된다. 인은 근원이고, 의는 도덕 판단이고, 예는 통로다. 이것이 인간의 무한한 가능성을 제한한다. 노자의 반성에 의하면 유가의 도와 덕은 '인'을 통해 나온다. 이것이 "인에 의지하다依於仁"이다. 도덕의 근원은 인에 있다. 그래서 노자는 먼저 인을 깨려고 했다.

3. 천지는 어질지 않고, 성인도 어질지 않다

노자는 "천지는 어질지 않으니 만물을 풀이나 개로 삼고, 성인은 어질지 않으니 백성을 풀이나 개로 삼는다"[37]고 말한다. 이것은 유가의 '인'에 대한 비판이다. 유가의 도와 덕을 비판하려면 먼저 유가의 인을 비

---

37 『노자』, 5장. "天地不仁, 以萬物爲芻狗. 聖人不仁, 以百姓爲芻狗."

판해야 한다. 그러나 불인不仁은 인을 부정하는 것이 아니다. '불인'은 무심無心이다. '불不'은 초월적인 의미이지 반대의 의미가 아니다. 노자의 말로 말하면 '불인'은 '무심'이다.

유가는 천지의 작용을 인이라고 말한다. 그래서 천지는 쉬지 않고 만물을 낳는다. 성인의 도덕인격은 인간을 교화하는데, 이것은 당연히 인의 발현에 의해서이고, 이렇게 해야 인간의 대도를 활짝 열 수 있다. 그런데 노자는 오히려 '천지는 어질지 않다天地不仁'·'성인은 어질지 않다聖人不仁'고 말한다. 노자는 유가의 "도에 뜻을 두고, 덕에 의거한다"를 유심有心으로 보았다. '유심'은 인간을 위해 길을 개척해야 할 책임이 있다. 노자가 묻는 것은 '유심'으로 길을 개척할 때, 그것으로 타인이 속박을 받느냐? 받지 않느냐? 도덕적 사명감이 강박감을 일으켜 고통스럽게 만들지 않는가? 등이다. 도가는 유가를 반대하는 것이 아니라, 유가의 도덕적 사명감이 너무 강할 때, 타인에게 압박감을 주는 것에 대한 반성이다. 그래서 노자는 천지는 자기 자신이 없어야 만물을 완성할 수 있고, 성인은 자기 자신이 없어야 백성을 편안하게 할 수 있다고 보았다. 자기 자신이 없다는 것은 무심無心이다. 유심으로 타인을 책임지고 타인을 위해 길을 개척하지만, 결과적으로는 오히려 상대방이 나의 책임감으로 인해 속박을 느낀다. 이 점에 대한 노자의 반성은 매우 의미 있다. 노자는 타인을 위한 길을 개척하지 않고, 타인의 존재를 책임지지 않는 것이 그를 위한 진정한 방법이고, 타인의 존재를 책임지는 것이라고 생각했다. 이것이 불인이고 무심이다. 유가는 유심이다. 그래서 유위有爲다. 도가는 무심이다. 그래서 무위無爲다. 무위는 무불위無不爲를 열 수 있다. 내가 무위이면 더 이상 다른 사람을 어떻게 하려고 결정하지 않고, 타인에 대한 책임을 내려놓는다. 내가 무위이면 나는 자유인이 되고 다른 사람 또한 간섭을 받지 않는다. 우리는 왜 늘 십자가를 짊어져야 하는가? 이것은 자신에 대한 일종의 부담이다. 타인의 입장에서 말하면, 나는 타인을 등에 업고 있는 것이다. 이때 그의 느낌은 어떨까? 내 자신이 부담스러워하면, 그 또한 감당할 수 없다. 그는 자신을 원망스럽다고 말한다. 왜냐하면 자기 스스로 우뚝 설 수 없이 다른 사람에게 업혀 있기 때문이다. 나는 도대체 무엇인가? "나는 언제 스스로 설 수 있는가?"라고 자조한다. 도가에 의하면, 자신을 풀어놓은 바로 그때 자신은 자유를 얻고 해탈을 얻으며, 타인 또한 더 이상 위축되지 않고 자유롭게 된다.

4. 아무것도 하지 않는데 되지 않는 것이 없는 무위무불위의 실현원리

도가는 '무위無爲'에서 '무無'를 말하고, '무불위無不爲'에서 '유有'를 말한다. '무위'는 공부工夫이고, '무'는 일종의 경지다. '무위'의 공부를 통해 '무'의 경지가 드러나고, 다시 '무위'의 '무'에서 '무불위'의 '유'가 드러난다. '무불위'의 '유'는 천지 스스로 이룬 천지이고, 만물 스스로 이룬 만물이고, 인간 스스로 이룬 인간이다. 모든 사물과 모든 인간은 스스로 존재하고 자득한다. 이것이 '유'다. "천하의 만물은 유에서 생겨나고, 유는 무에서 생긴다"[38]는 말은 천하의 만물을 존재하게 하는 것은 '유' 자신이라는 것이다. 즉 '유'는 '무위'의 무에서 '무불위'의 '유'

---

38 『노자』, 40장. "天下萬物生於有, 有生於無."

를 실현한다는 의미다. 내가 놓으면 네 스스로 대지 위에 설 수 있고, 내가 물러서면 너는 스스로 자신의 길을 갈 수 있다. 그래서 도가의 실현원리는 인심덕성仁心德性으로 책임을 짊어지는 것이 아니라, 허정심虛靜心으로 풀어주는 것이다. 즉 내가 놓아줄 때, 내가 물러설 때, 나 자신은 자유로워지고, 다른 사람 또한 위축되지 않고 자기 자신을 실현하며, 나 또한 자신을 실현한다. 이렇게 된다면 각 개인은 모두 진정한 생명을 갖게 되며, 이것이 바로 '도'이다. 실현원리는 도이고, '무위'의 '무'에서 '무불위'의 '유'를 실현한다.

도가는 '천지는 어질지 않다天地不仁'·'성인은 어질지 않다聖人不仁'는 말로 유가를 해석했다. '불인不仁'은 '놓아둠'이고, '무심'이고, '물러남'이다. 예를 들면, 선생님은 자기 자신을 내세우지 않아야, 학생 스스로 성공할 수 있고, 또 학생 스스로 자라도록 이끌 수 있다. 도가는 유가의 유심有心·유위有爲적 도덕적 책임감과 그로 인해 나타나는 사회적 폐단, 예를 들면 인위적 재난, 의식意識의 재난, 조장된 재난 등에 대해 통렬하게 반성했다.

얼마나 많은 사람들이 성인임을 자처하여 자기도 모르는 사이에 타인을 해쳤는가? 진정한 성인은 자기가 없다. 그러므로 "성인은 정해진 마음이 없이, 백성의 마음을 자신의 마음으로 삼는다"고 말한다.[39] 이 말이 무심·무위의 가장 좋은 해석이다. 성인은 자신의 마음이 없고 백성들의 마음이 자기의 마음이다. 이것이 위대한 정치가다.

정견 발표 때 "나는 어떠어떠하게 생각한다"고 말하지 말라. 왜냐하면 당신이 어떠어떠하게 생각하는 것이 아니라, 그들이 어떠어떠하게

---

39 같은 책, 49장. "聖人無常心, 以百姓心爲心."

생각하는 것이다. 미국의 한 국회의원은 기자가 방문했을 때 "제 생각이 어떠냐는 것은 별로 중요하지 않다. 나를 선택한 주민들이 어떻게 생각하는 가가 중요하다"고 말했다. 이것이 진정한 국회의원의 태도다. 만약 정견 발표 때 늘 자기 자신의 생각만 말하면, 그는 자신이 국민의 대리인이라는 것을 잊어버린다. "성인은 정해진 마음이 없이, 백성들의 마음을 자신의 마음으로 삼는다"는 말은 바로 이러한 측면에 대한 반성이고 지혜다. 그러므로 도가는 가장 좋은 민주주의의 모습이다. 한 발 뒤로 물러나 다른 사람이 자신의 길을 가도록 하는 것 이것이 진정한 민주다. 내가 너를 내려놓고 네 스스로 자유로운 선택을 하는 것 또한 민주가 아닌가? 이러한 측면으로 도가를 감상할 수 있다.

우리는 언제나 무엇을 이룰 것이며 무엇을 책임질 것이냐를 생각한다. 그러나 무엇을 이루려고 하거나 책임지려고 하는 바로 그때 자신을 제약하고, 다른 사람을 구속한다. 이런 이치는 모성애에서 알 수 있다. 노자는 모성애인 '자애慈'에 대해 깊이 깨달았다.

인생을 돌이키며 나는 자신이 가려고 하는 길을 갔는지 스스로 반성해 본다. 자신의 길을 성취하는 것은 어머니가 나를 성취하게 해주었기 때문이다. 그러면 어머니는 나를 어떻게 성취하게 하나? 어머니는 나의 삶을 결정하지 않는 방식으로 나를 결정한다. 어머니는 나를 풀어놓고 내가 나를 결정하도록 한다. 어머니는 나를 결정하지 않는 방식으로 나를 결정한다. 도가의 정신은 바로 여기에 있다. 어머니는 자기가 없기 때문에, 자식들의 길이 자신의 길이 되고, 자신의 생명이 자식에 따라 성장한다. 만약 천지에 천지 자신이 있다면, 과연 만물이 있겠는가? 만약 성인에게 자기 자신이 있었다면 백성이 과연 있겠는가? 만약 어머니에게 자기 자신이 있었다면 과연 자녀가 있었는가? 만약 어머니에게 자기 자신이 있다면, 식탁 위에 좋은 반찬이 없을 것이고, 아침에 주방에도 보이지 않을 것이다.

　이것이 실현원리다. 도가는 결코 허황되게 실현원리를 생각하지 않는다. 만물은 어디서 왔는가를 고민하다가 제1원리를 생각하고, 이성적 사고를 통해 합리적인 해석을 했다. 이것은 생명 이외의 관점이다. 도가의 말은 인생의 깊은 체험에서 나왔으며, 실현원리는 무심·무위에 있고, 무위를 통해 무불위를 드러낸다. 즉 무가 있어야 비로소 유가 드러날 수 있다. 그래서 도가는 무에서 유가 나오는 것이 아니다. 무는 수양공부를 통한 무심·무위로서, 가도록 내버려두어 타인의 위축됨과 속박을 해소함으로써 개개인에게 스스로 존재하고 자득自得하도록 한다. 여기서 실현원리가 나온다. "백성을 풀이나 개로 삼는다"·"만물을 풀이나 개로 삼는다"의 '풀이나 개'는 '던져 버린다'는 뜻이 아니라, '놓아주다'는 뜻이다. 천지가 무심하게 만물을 놓아주기 때문에 만물은 자기 자신을 스스로 이룰 수 있고, 성인이 무심하게 백성을 놓아주기 때문에 백성은 스스로의 길을 갈 수 있다.

5. 심지의 집착과 욕망의 응집[40]

『도덕경』은 인생의 고달픔과 정치적 혼란이 인간의 유심有心과 앎에서

40　동양철학에서 앎은 심心을 통해야 한다. 따라서 심지心知란 간단히 말하면 '앎'을 의미한다.—옮긴이

오는 것에 대한 반성이다. 노자는 "천하의 사람들은 모두 아름다운 것이 아름다운 줄 알지만 아름다운 것이 아니다. 천하의 사람들은 모두 선한 것이 선한 것인 줄 알지만 선한 것이 아니다"[41]고 말했다. 여기서 관건은 '앎知'에 있다. "천하의 사람들은 모두 아름다운 것이 아름다운 줄 안다"에서 심지心知가 어떤 것이 아름답다고 집착할 때, 다른 것은 이 기준에 맞지 않아 아름답지 않다고 폄하한다. 원래 인간은 모두 아름답다. 『장자』 내편에 나오는 인물은 대부분 추하고 불구자다. 그러나 그들은 장자 글 안에서 "재능이 온전하면서 덕을 드러내지 않는"[42] 아름다운 사람으로 묘사된다. 문제는 사람들이 아름다운 것을 아름답다고 알 때, 그것은 이미 어떤 기준에 의해 정해진 것이며, 이 기준에 맞지 않는 것은 모두 아름답지 않다고 판단한다. 이것은 인간에 대한 속박이고 침해다.

"모든 사람이 선한 것이 선한 것인 줄 알지만, 선한 것이 아니다." 이 말은 선한 것이 무엇인지 알 때, 선한 것은 선하지 않은 것으로 변한다는 것을 의미하는 것이 아니다. 이것은 선善의 본질을 말한 것이 아니라, 인간의 주관적 기준을 말한 것이다. 무엇이 선하다고 말할 때 여러 가지 조건을 근거로 선한 것의 외연을 규정하고, 이 규정에 맞지 않는 것은 선한 것이 아니라고 판단한다. 그래서 노자는 사람들이 무엇이 선이고, 무엇이 아름다움이라는 것을 앎과 동시에 선과 아름다움은 정해져서 유한한 것이 되어 버린다고 생각했다. 왜냐하면 인간의 심지心知

---

41 『노자』, 2장. "天下皆知美之爲美, 斯惡已! 皆知善之爲善, 斯不善已."
42 『장자』, 「덕충부德充符」. "才全而德不形者."

는 일단 선에 집착하면 상대적으로 불선不善이 나타나고, 일단 아름다움에 집착하면 상대적으로 아름답지 않은 것이 나타난다. 아름다움이 있으면 아름답지 않은 것이 있다.

인간은 본래 소박하고 자유로운 세계 속에 존재한다. 모든 사람은 자신의 길이 있다. 그러나 심지心知에 집착할 때, 인간은 세계를 둘로 나눈다. 그리고 자신도 상대적 세계에 있음을 깨닫지 못하고, 타인을 이 상대적 세계 속에 밀어 넣는다. 인간은 불선不善하고, 아름답지 않다고 규정된 것들이 정말로 선하고 아름답다는 것을 깨닫지 못한다. 그래서 노자는 "착하지 않은 것도 나는 또한 착하게 여긴다"[43]고 말했다. 이것은 시비是非가 없음을 말하는 것이 아니라, 심지心知의 집착으로 자신이 옳다는 아집을 버리고 무심으로 모두 선하다는 것을 말한 것이다. 심지의 집착으로 가치 있는 것이 정해지면, 사람들은 모두 아름다움·선을 찾으려고 서로 다투고, 스스로를 버리고 스스로를 위축시킨다. 마침내 가치가 정해지면, 기피 혹은 쫓는 행위로 바뀌어 선한 것과 아름다운 것을 쫓고, 불선하고 추한 것은 기피한다. 인간의 갈 길은 시작부터 결정되고, 심지의 집착으로 사람들은 모두 같은 목표를 찾아 간다. 그러나 금메달은 하나뿐이니, 많은 사람들은 좌절감을 느끼게 된다.

기피 혹은 쫓는 행위에서 욕구가 쌓인다. 스트레스·낙담·초조·두려움 등과 같은 고통과 괴로움은 모두 욕구에서 생긴다. 그래서 도가는 무심無心을 말한다. 무심은 주관적 기준도 없고, 심지의 집착도 없

---

43 『노자』, 49장. "不善者, 吾亦善之."

다. 본래 소박하고 자유로운 세계를 둘로 나누어, 스스로 상대적 세계 속으로 들어가고, 새장처럼 조그마한 구역을 만들고, 타인을 그 속으로 밀어 넣는다. 그 결과 '속박을 받는다. 세계가 너무 좁다'라고 외친다. 세계가 작은 것은 심지가 세계를 조그마한 테두리로 만들었기 때문이다. 인간은 자신을 이 조그마한 구역 속에 집어넣고 그 속에 얽매여 '세계는 너무 작다'고 외친다. 도가의 관점에 의하면, 무심·무위는 이러한 틀을 제거하여, 세계를 다시 무한하고 광활한 세계로 만들어 자유롭게 소요逍遙한다. 그래서 노자는 '무심'을 '선善'으로 보고, '덕선德善[44]'이라고 했다. '덕선'·'무심'이어야만 선을 자득自得할 수 있다.

정치적인 면에서도 노자는 똑같은 반성을 한다. "현자를 받들지 않으면 백성들이 다투지 않고, 얻기 어려운 재화를 귀하게 여기지 않으면 백성들이 도둑질하지 않고, 욕심낼 만한 것을 좋아함을 보이지 않으면 백성들의 마음은 혼란해지지 않는다."[45] 노자는 결코 현자나 구하기 어려운 귀한 보물을 반대하지 않는다. 현자는 자연스러운 것이고, 귀한 보물 또한 자연스러운 것이다. 그것은 본래 황금이고, 본래 다이아몬드일 뿐이다. 황금과 다이아몬드를 보고 "이 황금과 다이아몬드는 너무 인위적으로 만들어졌다"고 말해서는 안 된다. 황금과 다이아몬드는 원래 스스로 귀하다고 자신의 가치를 높인 적이 없다. 문제는 군왕君王이 그것을 귀하게 여기고 받드는 데 있다. 군왕이 이것을 받들고, 저것을

---

44 '덕선德善'이란 백성 자신이 본래 가지고 있는 덕의 선함을 선으로 삼는 것을 말한다. 이에 대해서는 197~204쪽에 자세히 설명되어 있다.—옮긴이
45 『노자』, 3장. "不尙賢, 使民不爭. 不貴難得之貨, 使民不爲盜. 不見可欲, 使民心不亂."

귀하게 여기며, 현자를 받들고, 구하기 어려운 보물을 귀하게 여기면, 사람들은 그 소문을 듣고 귀한 것을 찾으려고 돌아다닌다. 그래서 백성들끼리 서로 다투고, 또 도둑이 되어 귀한 보물을 훔치고, 현자가 되려고 다툰다. 현자가 되려고 다투면, 사이비 인의仁義가 나온다. 만약 군왕이 인의를 좋아하면, 사람들은 인의로 가장하고, 그래서 인의는 조작되고 오염된다. 그래서 탕쥔이唐君毅는 "세계에서 가장 좋은 물건은 가장 나쁜 것으로 불려진다"고 말했다. 네가 인의를 말하니, 그도 인의를 말한다. 네가 해탈을 말하니, 그도 해탈을 말한다. 도대체 어느 것이 진정한 인의이고 해탈인가? 그러므로 군왕이 받들고 귀하게 여기는 것은 백성들을 호도한다. 군왕이 어떤 것을 공경하고 중시하면 졸지에 모든 사람들이 군왕이 찾는 것을 구하려고 다투고, 이로 인해 권모술수의 투쟁이 일어난다.

이에 대한 도가의 방법은 군왕이 받들고 귀하게 여기는 것에서 출발한다. '받듦尙'과 '귀함貴'은 유심有心·유위有爲다. 군왕이 유심·유위하면 사람들은 다투고 도둑질한다. 노자는 이런 의미에서 총명聖을 끊고 지모智를 버리라고 말했다.[46] 끊고 버려야 할 것은 스스로 총명하고 영웅이라고 생각하는 것과 사이비 인의다. 결론적으로 말하면 '욕심낼 만한 것을 드러내지 않는 것不見可欲'이다. '욕심낼 만한 것可欲'은 사람들에게 기대와 희망을 준다. 즉 장래에 무엇을 가질 수 있다, 혹은 몇 년 후 무엇이 될 수 있다는 기대와 희망을 주게 된다. 여기서 사람들의 마음은 혼란해진다. 그래서 군왕이 하고자 하는 것을 드러내지 않으면 사

---

46 같은 책, 19장. "絶聖棄智."

람들의 마음은 혼란해지지 않는다. 부모의 마음은 어떤 때 자식에게 조건을 말한다. 예를 들면 "1등 하면 작은 자전거를 사 주겠다"고 말하는데, 이런 말이 가장 나쁘다. 아이는 작은 자전거를 가질 수 있다는 희망을 가지고 공부를 하는데, 만약 1등을 하지 못하면 갖지 못하게 되는 것 아닌가? 이처럼 아이는 엄청난 스트레스를 갖게 된다.

우리 아이는 유치원 졸업반이다. 어떤 학생이 미국에서 예쁜 트럼프를 선물했는데 장식품으로 보관해 두었다. 우리 아이는 매일 트럼프를 보면서 "아빠 언제 저 트럼프를 가지고 놀 수 있어?"라고 물었다. 나는 대수롭지 않게 초등학교 4학년 때라 말했다. 그 후 조용한 날이 없었다. 아이는 틈만 나면 2학년 때는 안 되는지, 1학년 때는 안 되는지 물었다. 심지어 자기 생일날은 어떠냐고도 물었다. 이처럼 '욕심낼 만한 것'은 마음을 혼란스럽게 한다. '욕심낼 만한 것을 드러내지 않는다'란 바로 어떤 기대를 마음속에 두지 않도록 하는 것이다. 그래야 마음이 혼란해지지 않는다. '욕심낼 만한 것'은 맹자의 "욕심낼 만한 것을 선"[47]이라고 하는 것과 다르다. 맹자의 '욕심낼 만한 것'은 양심에 비추어 해도 되느냐 안 되느냐는 도덕 판단이다. 도가의 '욕심낼 만한 것'은 마음에서 나오는 일종의 기대감이다. 그러므로 맹자의 '욕심낼 만한 것'은 선善이지만, 노자의 '욕심낼 만한 것'은 마음을 혼란스럽게 한다.

---

47 『맹자』, 「진심하盡心下」, 25. "可欲之謂善."

6. 성인은 사람을 다치게 하지 않는다

다시 사람들을 깊이 반성하게 하는 노자의 말을 살펴보자. "도로써 천하에 임하면 귀신이 조화를 부리지 못한다. 귀신이 조화를 부리지 못하는 것이 아니라, 신이 사람을 해치지 못하는 것이다. 신만 사람을 다치지 않게 하는 것이 아니라, 성인도 사람을 다치게 하지 않는다".[48] 만약 청정한 무위無爲로 천하를 다스리면, 온갖 귀신들이 조화를 부리지 못한다. 이것이 "도로써 천하에 임하면 귀신이 조화를 부리지 못한다"이다. 성인이 청정무위하면, 백성들은 자유롭게 자득할 수 있어서 유감도 좌절감도 없다. 유감도 좌절감도 없으니, 이상한 말에 현혹되지 않는다. 백성들은 항상 부족감이 없으니, 귀신들도 뒤로 물러나 괴력을 발휘하지 못한다.

"귀신이 조화를 부리지 못하는 것이 아니라 신이 사람을 해치지 못하는 것이다". 이 말을 더 깊이 살펴보면 귀신들의 위력이 없다는 말이 아니라, 온갖 귀신이 위력을 가지고 있을지라도 사람을 다치게 하지 못한다는 말이다. 왜냐하면 사람들이 부족하다고 느끼지 않아서 심적으로 자유롭기 때문에 귀신이 신력神力을 가지고 있다고 하더라도 사람들을 괴롭히지 못한다. 비참하고 의지할 곳이 없을 때 귀신들이 마음속에 들어와 해친다.

"신만 사람을 다치지 않게 하는 것이 아니라, 성인도 사람을 다치지 않게 한다". 근본적으로 말하면, 귀신이 사람을 해치지 못하는 것이 아니라, 성인이 사람을 해치지 않는다. 귀신이 인간의 마음속에 들어오는

---

48 『노자』, 60장. "以道莅天下, 其鬼不神. 非其鬼不神, 其神不傷人. 非其神不傷人, 聖人亦不傷人."

것은 성인이 먼저 사람을 해치기 때문이라는 것이 노자가 말하고자 하는 의미다. 성인이 도道로 천하에 임하지 않으면, 사람들은 비참해지고, 그래서 외부에 의지하게 된다. 이때 귀신이 사람을 해친다. 어떤 교리가 사회에 비이성적 영향력을 일으킨 것에 대해 깊이 생각해 볼 필요가 있다. 인간만이 인간 자신을 구할 수 있다. 만약 스스로 수양하지 않고, 자신에게 충실하지 않으면 하나님도 그를 구할 수 없다. 하물며 황당하고 괴상한 교리는 더 말할 필요가 없다. 그냥 하나님 신앙으로 말하자. 만약 도와주는 사람 없이 홀로 있을 때, 비로소 하나님과 대화할 수 있다면, 하나님은 자선가일 뿐이다. 내가 원수에게 보복하려고 할 때, 하나님께 기도하여 힘을 얻었다면, 하느님은 또 다른 원수가 되지 않겠는가? 도덕 수양과 인격 수양만이 일정한 경지에서 무한히 전개될 수 있으며, 이때 비로소 하나님이 무한하게 되고, 천도天道가 무한하게 된다.

7. 생명의 유한성 — 어버이 사랑의 명命과 임금 섬김의 의로움義

『장자』를 통해 인간의 유한성에 대한 도가의 태도를 살펴보자. 노자는 생명의 유한성은 인간의 유심·유위에서 나온다고 보았다. 인간이 유심·유위하기 때문에 무한한 세계가 유한한 세계로 변한다. "도에 뜻을 두고, 덕에 의거한다"는 '도덕'은 모두 마음의 규범에서 나온다는 의미이다. 스스로 한정한 세계 속에 얽매여 있기 때문에 자유롭지 못하고, 사물 역시 자유롭지 못하다. 장자는 "자식이 어버이를 사랑하는 것은 운명이니, 마음에서 해체할 수 없다. 신하가 임금을 섬기는 것은 의로움이니, 어디를 가나 그 임금을 모셔야 한다. 이것은 하늘과 땅 사이에 피할 수 없는 것이다. …… 어쩔 수 없는 것을 알면 운명이라 여기고 편안하게 있는다".[49] 생명에 대한 장자의 체험은 『논어』처럼 친근하다. 『논어』와 『장자』 모두 친근감을 느끼며 읽을 수 있다. 『장자』 내편의 「인간세人間世」와 「덕충부德充符」 두 편은 인생의 깊은 깨달음을 묘사하고 있는데, 맹자, 순자보다 더 친근하고 자세하다. 맹자, 순자는 이론적으로 여러 가지 주장을 내세우지만, 생명의 체험이라는 관점에서 볼 때 장자의 심오함과 깨우침에는 미치지 못한다.

"자식이 어버이를 사랑함은 운명命이다". 유가는 절대로 이렇게 말하지 않는다. 자식의 어버이 사랑은 운명이기 때문에 마음에서 벗어나서는 안 된다. 부자간의 사랑은 갈라놓을 수 없는 마음으로 맺어져 있다. 따라서 부자관계를 끊는다고 언론에 성명을 발표해도 소용없다. 부자간의 정은 본질적으로 내적 관계이지, 무슨 의의意義가 발생하는 것이 아니다. 의의가 발생함은 외적 관계다. 따라서 '좋다'·'싫다'라고 말할 수 있다. 부부관계가 이와 같다. 본질적인 관계는 그럴 수 없다. 그러므로 부자관계는 해체시킬 수 없다. 장자가 어버이를 사랑함이 운명이라고 한 것은 어버이에 대한 자식의 사랑을 부담이나 한계로 본 것 같다. 이렇게 이해하는 것은 잘못이다. 장자가 말하고자 하는 것은 부자간의 정은 인간의 참모습으로서 해체할 수 없다. 생사生死·시비是非에 대한 집착과 곤혹스러움을 풀려고 시도할 수는 있다. 자녀의 어버이 사랑

---

49 『장자莊子』,「인간세人間世」."子之愛親, 命也, 不可解於心. 臣之事君, 義也, 無適而非君也. 無所逃於天地之間.…… 知其不可奈何, 而安之若命."

은 유가의 입장에서 볼 때, 인심仁心의 자연스러운 발로이고, 모든 덕목의 기초다. 그러나 도가의 입장에서 볼 때, 마음에서 풀어 버릴 수 없기 때문에, 마음은 허정虛靜한 자유를 얻을 수 없다. 따라서 당연히 운명이다. 그러나 장자는 어버이 사랑을 회피하려는 것이 아니다. 도가는 일체를 놓아주라고 말한다. 그러면 일체를 놓아준다고 할 때 자신의 가족도 놓아주어야 하는가? 도가의 무심·자유자재는 인문도덕人文道德 전부를 부정해 버리는 것 같다. 이처럼 정신이 해방되면 생명 또한 자유롭다. 그러나 자신의 가족은? 국가는? 그래서 장자가 비록 정신적 자유·생명의 자득을 말했지만, 자식의 어버이 사랑은 여전히 풀 수 없는 운명이다. 인간은 어버이를 사랑하면서 자유자재할 수 있고, 가정과 국가 천하에 대한 책임감을 짊어지고도 자득할 있다. "마음에서 해체할 수 없다"는 말을 감당할 수 없어서 도피한 것이라고 오해해서는 안 된다.

이제 "신하가 임금을 섬기는 것은 의로움義이다"를 살펴보자. 신하의 임금 섬김은 의로움이다. 의로움은 인간이 마땅히 행해야 하는 개인의 책임이다. 이는 세상을 살아가는 데 엄연한 사실이다. 이 세상에 왔으면 낳아 준 부모가 있을 것이며, 육친의 정情은 선천적이며 끊을 수 없다. 또 세상에 왔으면 거주할 곳이 있어야 한다. 어디에 있든지 정치와 법률을 만난다. 인간의 한계는 반드시 정치 사회적 시공 속에 있어야 한다는 데 있다. 이것이 "하늘과 땅 사이에 피할 수 없는 것이다"이다. 어디로 도망갈 수 있는가? 하와이? 미국? 어디를 가든 임금을 모셔야 한다. 미국에서 중국인에게 무슨 지위가 있는가? 미국이 더 좋다 해도 마음속으로 자유로울 수 있는가? 국외로의 도피는 자신을 버리는 것이며, 객지 생활을 하더라도 여전히 도망갈 수 없다. 그래서 도망갈 곳이 없다고 하는 것이다. 어디로 도망가든 모두 정치·법률을 직면해야 한다. 그래서 도망갈 곳이 없다. 인간은 이미 지구 속에 있다는 사실을 인정해야 한다.

장자는 천명天命을 좇아 마음을 안정시키는 입명立命을 주장하지 않았다. 다만 "어쩔 수 없는 것을 알면 운명이라 여기고 편안히 있는다"고 말할 뿐이다. 이것은 도망갈 수 없고, 어쩔 수 없다는 것이다. 도망갈 수 없다는 것은 벗어날 수 없다는 것이다. 그러므로 의로움義 또한 운명이니, 편안히 여길 수밖에 없다. 유가는 어버이를 사랑하고 임금을 섬기는 것을 운명으로 여기지 않고, 인의에서 드러나는 '당연히 그러한應然' 표출이라고 여긴다. 그러나 도가는 어버이를 사랑하고 임금을 섬기는 것을 인간의 어쩔 수 없는 한계로 여긴다. "운명이라 여기고 편안하게 있는다"란 이러한 한계를 받아들이는 것이다. 유가의 '편안安'은 마음이 편안한 것을 구하는 것이고, 도가의 '편안'은 무심無心으로 초월하는 '편안'이다. 인간의 무한은 존재의 한계를 뚫고 어버이를 사랑하고, 나라를 사랑하는 것이다. 어버이를 사랑하고 나라를 사랑하는 속에서 무한성을 말하고 소요逍遙하는 자유자재를 말한다. 그러므로 어버이를 사랑하고 임금을 섬기는 것은 장자에게 있어서 부담 없는 부담이고, 번뇌 없는 번뇌다. 유가는 대도大道가 행해지지 않고, 불치의 병에 걸려도 여전히 효도를 해야 한다고 말한다. 유가는 덕성심德性心의 자각을 통해 당당하게 책임을 짊어지는 것이며, 그것은 도덕실천을 통해 생명의 무한한 가치를 펼치는 것이다. 도가의 가치 실현의 도道는 세상에 들어가 책임을 담당하는 것이 아니라, 초월하고 놓아줌이다. 초월하고 놓아줌 역시 가치를 펼칠 수 있다. 열어 주고, 놓아주고, 자신을 실현하고 또 타인의 진실한 생명을 실현시킨다. 누구도 부담을 느끼지 않고, 누구도 위축되지 않는 것, 이것이 바로 도가가 말하는 '무위이면서무불위無爲而無不爲'한 실현원리다.

5. 생명의 '위대함'과 초월의 '조화'

유가는 공자에서 맹자로, 도가는 노자에서 장자로 이어진다. 맹자는 공자의 천도天道를 인간의 생명 속으로 끌어내려 전개해 나갔다. 그래서 "마음을 다하면 성을 알고 하늘을 안다盡心知性以知天"[50]고 말했다. 장자 또한 노자의 초월적 천도天道를 인간의 생명 주체에 내재시켜 실현해 나갔다. 그래서 "진인이 있은 후에 참된 지혜가 있다"[51]고 말했다. 『맹자』에서 말하는 대장부大丈夫·대인大人·성聖·신神은 모두 생명의 가치를 드높인 것이고, 『장자』에서 말하는 천인天人·지인至人·신인神人·성인聖人·진인眞人 역시 생명의 가치를 실현한 것이다. 두 학파의 사상은 모두 생명의 가치를 실현하는 것인데, 맹자·장자 때 최고의 경지에 이르렀다. 그래서 마지막으로 『맹자』와 『장자』를 근거로 설명하고자 한다.

맹자는 "욕심낼 만한 것을 선이라 하고, 몸에 있는 것을 믿음이라 하

---

50 『맹자』, 「진심하盡心下」, 1. "盡其心者, 知其性也. 知其性, 則知天矣."
51 『장자』, 「대종사大宗師」. "眞人而後有眞知."

고, 충실한 것을 아름답다 하고, 충실하면서 빛이 있는 것을 위대하다 하고, 위대하면서 조화로운 것을 성이라 하고, 성스러워서 알 수 없는 것을 신묘하다고 한다"[52]라고 말했다. 이와 같이 맹자의 덕을 완성하는 역정은 인간의 성장 역정이다.

"욕심낼 만한 것을 선이라고 한다". 인간은 생리적 욕구인 '욕망欲'이 있는데, 이것이 '육체形'다. 육체는 본래 선·악이 없다. 그러면 무엇이 자연적인 인간의 생명을 상향과 하향의 여정을 만들었는가? 태어나 육체의 자연적인 길을 따르면, 동서남북을 막론하고 표류하지 못할 곳이 없다. 삶에 방향이 없다면, 동서남북을 물을 필요가 없다. 즉 미국도 좋고, 브라질도 좋고, 도박장도 카바레도 괜찮다. 따라서 욕심낼 만한 것은 선이라고 할 수 있다. 문제는 '낼 만하다可'라는 말에 있다. '낼 만하다'는 양지良知가 '낼 만하다'·'내서는 안 된다不可'라고 판단한 것이다. 육체는 양지의 주재 아래에 있어야 선을 이룬다. 인간이 인간인 까닭은 인간의 도道, 인간의 길을 가기 때문이다. 그렇지 않으면 인간에게는 욕망의 길·자연의 길만 있을 뿐이다. "욕심낼 만한 것을 선이라고 한다"와 노자의 "욕심낼 만한 것을 드러내지 않는다不見可欲"는 다르다. 노자의 '욕심낼 만한 것'은 심지의 집착이고, 맹자의 '욕심낼 만한 것'은 도덕본심道德本心의 가치 판단이다.

"몸에 있는 것을 믿음이라고 한다"에서 '유제기有諸己'의 '제諸'는 '지호之乎'로서, '지어之於'라고 말할 수 있다. 따라서 "유지어기有之於己"의

---

52 『맹자』, 「진심하盡心下」, 25. "可欲之謂善, 有諸己之謂信, 充實之謂美, 充實而有光輝之謂大, 大而化之之謂聖, 聖而不可知之之謂神."

'지之'는 대명사로 '하고자 해서' 이룬 선을 가리킨다. '선'은 자기 자신에게 있으며, 스스로의 실천을 통해 실현되며, 이때 비로소 믿음信이 된다. 그러므로 '믿음'은 자기 생명을 향한 책임이다. 사람人의 말言을 믿음信이라 한다. 공자는 여기에 전제를 붙여 "믿음이 의에 가까우면, 말을 실천할 수 있다"[53]고 말했다. 말이 의로움에 부합되는 조건 아래에서만 약속이라는 행동이 동반된다. 이러한 유가의 관점은 깊이 생각해 볼 가치가 있다. "자기가 서고자 하면 타인을 세우고, 자기가 이루고자 하면 타인을 이루게 한다"[54]는 말은 내 자신만 서는 것이 아니라 다른 사람도 서게 한다는 말일 뿐 아니라, 자신이 가서 서려고 하면 다른 사람도 스스로 가서 설 수 있도록 한다는 말이다. 이것이 '나도 서고 타인도 서는 것己立而立人'이다. '나도 이루고 타인도 이루는 것己達而達人' 역시 같은 의미다. 다른 사람이 대신해서 설 수도 없고, 다른 사람 대신 설 수 있는 사람도 없다. 유가는 인문적 교화를 담당하여 인이 드러나는 속에서 자각하고 자립하며, 스스로 주재자가 되고, 스스로 곧게 서서 스스로 편안하고 자족하게 한다. 이것이 "몸에 있는 것을 믿음이라고 한다"는 말의 의미다.

"충실한 것을 아름답다고 한다". 즉 선에 충실함을 아름다움美이라고 한다. 유가는 선善으로 아름다움을 규정한다. 도덕생명의 충실함이 드러난 것이 아름다움이다. 충실하면서 빛을 발하는 것이 위대한大 인격을 성취한다. '하고자 하는 것'으로 말하면, 인간은 본래 왜소하고 연약

---

53 『논어』, 「학이學而」, 13. "信近於義, 言可復也."
54 같은 책, 「옹야雍也」, 28. "己欲立而立人, 己欲達而達人."

하면서 생리적 욕구가 있는 존재다. 생리적 욕구라는 측면에서 인간은 동물보다 약하다. 그러나 양지를 통해 자신을 스스로 주재하면 오히려 크게大 될 수 있다. "충실하면서 빛이 있는 것을 크다고 한다"란 인격 수양의 '위대함大'이고 또 생명의 가치를 확립한 '위대함大'이다. 꼬마는 유치원에서 초등학교·중학교·고등학교를 거쳐 대학에 간다. 이것은 끊임없는 성장의 역정이다. 이런 성장은 생명이라는 존재의 가치를 개발하고, 생명이라는 존재의 존엄성을 수립한다. 이것이 충실하면서 찬란한 '위대함大'이다.

"위대하면서 조화로운 것을 성이라고 한다". 도가는 유가의 성인을 유심·유위하고, 사람을 다치게 하며, 반드시 성인이 될 수 있는 것도 아니라고 보았다. 『논어』는 "멀리 바라보면 엄연하고, 가까이 나아가 보면 온화하다"[55]고 말한다. 성인은 '위대한' 인격을 이루었지만 '위대한' 형상을 지워 버렸다. 이것이 바로 "위대하면서 교화하는 것을 성이라고 한다"는 의미다. 수양은 평범함을 뛰어넘어 성인으로의 입문이다. 원만한 생명은 성인을 뛰어넘어 평범한 사람으로 들어가는 것이다. 공자는 50세에 천명을 알았고, 60세에 '순리대로 이해耳順'하게 되었다. 이것이 진정한 성인이다. 성인은 사람들이 접근하기 어려운 높은 데 있지 않고 우리 주위에 존재한다. 예수·공자·석가모니 성자 중 누가 인간에게 압박감을 주는가? 사람들에게 압박감을 주는 사람은 성인이 아니다. '위대하면서 교화'하여 위대한 인격을 이루고, 다시 수양을 통해 '위대한' 형상을 지워 버리고 스스로 평범하게 사람들에게 가까이 간

---

55 같은 책, 「자장子張」, 9. "望之儼然, 卽之也溫."

다. 이것이 성인이다. 이것은 선종의 삼관三關과 같다. 산을 산으로 보다가, 다시 산을 산으로 보지 않고, 또 다시 산은 산일 뿐이라고 본다. 산을 산으로 보는 첫 번째 관문이 '소小'이다. 산을 산으로 보지 않는 것이 두 번째 관문으로 '대大'이다. 산은 산일 뿐이라는 세 번째 관문이 바로 '조화化'이다. 이러한 성인이라야 사람들을 이끌고 교화할 수 있다. 비범한 형상을 가지고 사람들로 하여금 엎드려 절하게 하는 것이 아니라, 스스로 비천하고 미약하다고 여기는 것이다. 이것은 어떤 교파를 지적하는 것이 아니라, 유가에 이런 수양이 있고, 도가 또한 이와 같은 반성이 있음을 말한다.

"성스러워서 알 수 없는 것을 신묘함이라고 한다". 성인의 인격을 이룬다는 것은 무한한 도약의 역정이다. '성聖'을 최고의 경지라고 하면, 성인은 이미 정해진다. 그래서 도가는 유가가 성인을 한 장소에 머물게 하면서 더 이상 무한히 펼쳐나가지 못하게 한다고 보았다. 그러므로 도가는 "총명을 끊고 지모를 버리라"고 주장한다. 사실 유가가 펼친 '성스러워 알 수 없는' 영역은 무한한 경지로의 도약이다. 유가의 '욕심낼 만한 것'의 '낼 만한 것'은 덕성·양지를 말하며, '욕심'은 육체를 말한다. '욕심낼 만한 것'은 양지가 육체의 주재자가 되어 위대하고, 성스럽고, 신묘한 경지에 도달하는 것이다. 성스러움·신묘함은 인격의 위대함과 생명의 무한함을 가리킨다. 생명의 무한성으로 말하면 '신묘함'이고, 인격의 극치로 말하면 '성스러움'이다. 성스러움은 내성외왕內聖外王이다. 내성외왕은 스스로 위대하다는 것이 아니라, 모든 사람이 자기 자신을 책임지고 위대하게 되는 것이다. 유가의 내성외왕은 내성외왕으로부터 형이상의 도道를 이루는 것으로, 자기 자신뿐 아니라 형이하의 기器도 성취하는 것이다. 유가의 입장에서 말하면 모든 사람이 성인되어야 비로소 외왕外王이 완성되었다고 할 수 있다.

『장자』「소요유逍遙遊」에 힘차게 날아오르는 대붕大鵬의 우화를 살펴보자. 우화는 "북쪽 바다에 물고기가 있는데, 그 이름은 곤이라고 한다"[56]로 시작한다. '북명北冥'은 북해北海다. 북해는 생명이 잉태되는 장소인데, 여기에 '곤'이라는 큰 물고기가 있다. '곤'은 물고기다. "곤의 크기가 몇 천리가 되는지 알 수 없다."[57] 물고기는 작다. 그러나 장자는 오히려 알 수 없을 정도로 너무나 크다고 말한다. 장자는 이처럼 두서없는 황당한 말로 시작한다. 가장 작은 것을 가장 큰 것으로 만든 것은 주석가들이 말하는 익살스러운 시작이 아니다. 우화는 이야기다. 이야기 속의 주인공은 물고기와 대붕이다. 그러나 이들이 가리키는 것은 인간의 인격이다. 물고기는 크기를 알 수 없는 큰 것으로 변하는데, 작은 것小에서 큰 것大으로의 전환이다. 이것은 바로 맹자의 "욕심낼 만한 것을 선이라고 한다"에서 "충실하면서 빛이 있는 것을 크다고 한다"에 이르는 것이고, 생명이 '욕심낼 만한 작은 것欲之小'에서 '빛이 있는 큰 것有光輝大'으로 가는 성장의 역정을 가리키는 것이다.

"물고기가 변해서 새가 되니, 그 이름을 붕이라고 하며, 붕의 등 넓이가 몇 천리가 되는지 알지 못한다".[58] 곤에서 새가 되는 변화는 어떤 경지에서 더 높은 경지로의 도약을 의미한다. 인간은 늘 땅 위에서 동서

---

56 『장자』,「소요유逍遙遊」. "北冥有魚, 其名爲鯤."
57 같은 곳. "鯤之大, 不知其凡千里也."
58 같은 곳. "化而爲鳥, 其名爲鵬, 鵬之背不知其幾千里也."

남북으로 분주히 뛰어다니고, 수백 권의 책을 읽었어도 여전히 땅이라는 테두리 안에서 빙빙 돈다. 불원천리 먼 길을 걸었지만 뜻밖에도 자기가 가고자 하는 길도, 삶을 고양시키는 길도 아니다. 인간이 자신들이 계량화한 길, 기록을 깨는 길 등과 같이 똑같은 길만 간다면 수천 번을 빙빙 돈다고 무슨 의의가 있는가? 만약 이것이 가치 없는 길이라면, 수천만 리를 걸었다 한들 또 무슨 의의가 있단 말인가?

인생이 장엄하다는 것은 상(形而上의 上)·하(形以下의 下)의 구분에 있다. "변해서 새가 되다"는 생명의 성장 이외에 생명의 단계적 도약을 말한다. 작은 곤鯤에서 커다란 붕으로의 변화는 이미 대지로부터 도약이고, 평면적 생명에서 입체적 생명으로의 전환이다. "힘차게 기운 내서 날아가면 날개는 마치 하늘에 드리운 구름과 같다".[59] 대붕이 힘차게 날아오를 때 두 날개는 마치 하늘을 덮은 구름처럼 위세가 있다. "이 새는"[60] 이처럼 매우 큰 새이다. "바다 기운이 움직일 때 남쪽 바다로 가려고 한다".[61] 바다에 큰바람이 불 때 대붕은 남쪽 바다南冥로 날아가려고 한다. 해상의 바닷바람은 자연이다. 도가의 생명은 자연 속에서 드러난다. 인간의 생명은 작은 것小에서 큰 것으로, 큰 것에서 성장과 도약을 거쳐 다시 자연 전체와 결합하여 생명의 최고 경지에 이른다. 유가는 그렇지 않다. 유가의 생명 또한 작은 것에서 큰 것으로 변하고, 큰 것에서 다시 변화하여 장대하게 도약한다. 그러나 자연 세계 속에 감추

---

59 같은 곳. "怒而飛, 其翼若垂天之雲."
60 같은 곳. "是鳥也."
61 같은 곳. "海運則將徙於南冥."

지 않고, 인문세계로 들어가 역사 문화의 전통 속에서 생명 존재의 가치를 드러낸다.

작은 것에서 큰 것으로, 큰 것에서 변화化로 진행되는 것은 유가·도가 모두 비슷한데 이는 우연한 일치가 아니다. 왜냐하면 유가·도가 모두 도道를 언급하고, 또 생명이 나아가야 할 길과 경지를 언급하기 때문이다. 유가는 작은 것에서 큰 것으로, 큰 것에서 변화로 나아가는 과정에서, 인문人文으로 자연自然을 변화시켜 이상적 인간을 이룬다. 도가는 인문에서 자연으로 돌아간다. 생명은 자연 속에서 그 이상을 드러낸다. 바다에 거센 바람이 불어 올 때를 기다려 대붕은 날개를 활짝 펴고 날아올라 '남명南冥'으로 날아간다. 북해北海의 북명北冥에서 남해의 남명으로 날아간다. 장자가 말하는 '남명'은 천지天池다. 천지天池는 궁극적인 이상향이다. 북해·남해는 우화일 뿐이다. 사실 북해는 남해다. 이를 도가의 이상향으로 여겨서는 안 된다. 도가의 이상향은 이 세계 밖에 있는 무릉도원이 아니다. 도가의 무릉도원은 인간 세상 속에 있다. 도가의 산수山水와 전원田園은 인간의 마음속에서 열리며, '자식의 부모 사랑子之愛親'·'신하의 임금 섬김臣之事君' 안에서 소요를 말하고 자유를 말한다. 이것은 도망갈 수도 없고 풀 수도 없다. 그래서 선종禪은 '번뇌가 보리菩提(bodhi)'라고 말한다. 보리는 어디에 있는가. 보리는 번뇌 속에 열린다. 그러므로 번뇌를 거치지 않으면 보리를 말할 수 없다.

6. 결론
―유가와 도가의 종교정신

중국철학에서 특히 두드러진 것은 유한한 생명에서 무한한 가치의 길을 열어 가는 것이다. 이런 관점에서 볼 때 중국철학은 종교정신을 가지고 있다. 유한으로부터 무한을 열면, 자신의 존재를 책임질 뿐 아니라 모든 인간을 책임진다. 종교의 가장 위대한 정신은 모든 존재의 고난을 책임지는 데 있다. 법률은 개인의 외부 행위만 판단하지만, 도덕은 자신의 마음을 심판할 수 있다. 인간은 죄악에 빠지면 도망갈 수 없다. 죄를 짓고 사회로부터 도망갈 수 있고, 법률의 제재로부터 도망갈 수 있다. 그러나 양심의 심판으로부터 도망갈 수 있는가? 도망갈 수 없다. 왜냐하면 항상 자신의 양심과 대면하기 때문이다. 양심의 입법과 심판 아래서 타인을 거절할 수 있고 타인을 배척할 수 있다. 그는 죄가 있으니, 그를 악으로 판단할 수 있다. 그래서 심지어 그의 가족마저도 그를 구제할 수 없다고 포기할 수 있다. 사실 인간이라는 존재에게는 상당히 비이성적인 내적 요소가 있다. 그것은 유가·도가에서 말하는 '운명'이고, 불교의 고업苦業이며, 기독교의 원죄다. 인간의 이성적 생명은 비이성적인 것을 통해 표현된다. 이것이 바로 인생의 운명이며, 또한 생명이 함유하고 있는 비극의 원인이다. 그래서 타락한 사람을 만나면 동정하고 불쌍히 여긴다. 사회가 모두 그를 포기하고 심지어 그마저 자기 자신을 거절할 때, 그 사람은 이미 편안히 있을 곳이 없게 된다. 이때 삶의 여정에서 남아 있는 길은 두 가지뿐이다. 하나는 자살이고, 다른 하나는 종교가 그를 받아들이는 것이다. 이런 관점에서 볼 때, 종교는 어떤 충격과 고통을 받더라도 여전히 존재해야 할 가치가 있다. 그러므로 생명가치의 무한한 길을 일깨울 때 종교적 정신은 있어야 한다. 50세에 지천명知天命해야 할 뿐만 아니라 60세에 이순耳順해야 비로소 우주를 끌어안는 마음이 일어나고, 그래서 타인의 존재를 짊어지고, 타인의 선을 짊어질 뿐 아니라 타인의 악도 짊어진다. 이것이 진정한 책임감이다. 유가·도가는 모두 이러한 심경心境을 가지고 있다.

소박하게 결론을 내리면, 도道는 인간이 가는 길이고, 인간이 걸어가야 할 길이다. 인간적으로 말하면, 유가·도가가 인간을 위해 개척한 길은 모든 사람이 실현할 수 있는 진실로 장엄한 길이다. 그러므로 도는 올바른 길이고, 인생의 대도이다. 궁극적으로 말하면, 도는 올바른 길이고, 대도이기 때문에 생명의 가치와 존재자의 의의를 실현할 수 있다. 그러므로 도는 실현원리이고, 또한 천도天道의 형이상적 특성이 있다. 유가·도가의 '도'는 유한에서 무한의 길을 여는 것으로, 인간에게 어떠한 부담이나 부족감도 없게 하며, 생명에 진실성과 장엄함을 갖도록 한다. 이것이 모든 존재를 책임지고, 모든 존재를 실현시키는 종교정신이다. 오직 유가와 도가만 인간 세계에서 궁극적이면서 이상적인 경지를 펼친다. 이것이 인간 세계의 원만함이다. 그러므로 유가·도가의 도는 모두 정치를 통해 전개되며, 마침내 내성외왕의 도는 중국 지식인 들의 종교가 되었다. 이것이 바로 인간의 마음으로 개척하고 실현한 도 이다.

제1부

—

노자와『노자』의 관계

예부터 중국철학의 쌍벽이라는 『노자』와 『논어』는 중국의 고전이면서 동시에 인류 사상사에 있어서 예지叡智와 영감靈感이 가장 잘 갖춰진 명저다. 그러나 애석하게도 노자의 행적은 지금까지 수수께끼로 남아 있고, 『노자』라는 책 또한 신비로운 것으로 포장되어 다양한 해석과 더불어 오해를 불러 일으켰다. 이는 노자철학 관점에서 매우 안타까운 일이다.

노자의 철학사상을 논함에 있어서, 먼저 학술발전사적으로 객관적인 평가가 있어야 한다. 따라서 필자는 노자의 시대적 공간적 배경과 『노자』라는 책의 사상적 원류를 통해 그의 철학사상과 가치를 파악하고자 한다. 이렇게 해야 노자와 『노자』의 철학사상을 이해할 수 있다.

만약 이렇게 하지 않으면 노자의 『도덕경』[1]을 사상사로부터 고립된 관점에서 보게 된다. 이렇게 되면 노자철학은 철학자의 서재에서 우연

---

1 『노자』를 『도덕경』이라고도 한다. — 옮긴이

히 생각해 낸 현학적인 사상이 되어, 시대의 맥박과 함께 숨 쉬고 사상 사적으로 상호 연결된 풍부한 내용을 잃게 되며, 당시의 악폐를 바로 잡으려는 적극적인 의미 또한 보이지 않을 뿐 아니라 심지어 영원히 드러나지 않게 된다. 따라서 노자의 철학적 혜안을 이해하지 못하고 자연주의적 숙명론자 혹은 권모술수가로 규정되는 것 또한 이상할 것도 없다.[2] 그러므로 수수께끼 같은 노자의 행적을 밝히고, 『노자』라는 책의 정확한 연대를 고증하는 것은 노자철학 연구의 최우선 과제이다. 이 것은 또 사상의 발전 과정을 탐구하는 데 관건이 된다. 당대 유명한 학자들이 쓴 중국철학사는 노자의 『도덕경』에 대해 서로 다른 입장을 취하고 있다. 후스胡適는 노자를 공자 이전에 두었지만, 평유란馮友蘭은 오히려 맹자 뒤에 두었다.[3] 노자에 대한 두 사람의 추정 연대가 2~3백 년 차이가 나는 것만 봐도 노자의 정확한 생존 연대가 결정적인 전환점이 된다는 것을 알 수 있다.

이와 같은 서로 다른 주장은 주로 다음과 같은 문구 해석에서 유래한다. 즉 『사기史記』의 「노자한비열전老子韓非列傳」과 「공자세가孔子世

---

2 후스는 "우리는 외부로부터의 압력을 참고 견디어 낼 수 있을 뿐이고, 또 천도의 자연적 인과 관계만 볼 뿐이다"라고 말했다. 『중국고대철학사中國古代哲學史』, 商務印書館, 1960, 1권, 63쪽. 량치차오는 "노자철학에서 가장 독한 것은 권모술수의 말이다. …… 얻으려고 하면 반드시 주어야 한다. 이것이 노학이 사회 속으로 들어가게 된 근본"이라고 말했다. 『중국학술사상변천의대세中國學術思想變遷之大勢』, 中華書局, 1971, 20쪽. 첸무는 "노자사상은 가장 자연적일 뿐 아니라, 가장 공리적이고, 가장 너그럽고 자애로우며, 계획적이다 …… 이후 중국의 황노학黃老學이 음험한 권모술수로 변하는 것도 자연스럽다"고 말했다. 『중국사상사中國思想史』, 中華文化出版事業社, 1963, 57~58쪽.
3 후스, 『중국고대철학사中國古代哲學史』, 제1권, 43쪽. 평유란, 『중국철학사中國哲學史』, 宜文出版社, 210쪽.

家」의 "공자가 주나라로 가서 노자에게 예를 물었다"[4]는 말이 연대적으로 가능한가?『장자』「천도天道」「천운天運」「지북유知北游」등 각 편에 "공자가 노담老聃에게 물었다"[5]는 말과 관련된 우화는 믿을 만한 것인가?『예기禮記』「증자문曾子問」에 공자가 "나는 노담에게 들었다"라는 말에서 예禮를 말하는 노담과『도덕경』의 저자인 노자가 사상적 특성에서 모순이 없는가? 등이다. 만약 사료 고증 결과 공자가 주나라에 가서 노자에게 예를 물었던 시기가 가능하다면, 90%가 우언寓言인『장자』의 "공자가 노담에게 물었다"는 말 또한 믿을 만하다. 게다가 사상적 특성에 대한 연구 결과 예禮를 말한 노담과 도가의 노자가 일치한다면, 노자가 공자 이전이라는 후스의 주장은 성립된다.

후스의 주장에 대해 량치차오梁啓超는 다음과 같은 의문을 제기했다.

제자백가의 연대에 대한 후스의 고증은 매우 상세하다. 이것은 그의 명저의 특색 중 하나다. 그러나 옛 것에 대해 철저하게 의문을 갖는 선봉자가 어째서 돌연 노자의 연대에 대해서는 문제를 제기하지 않았는지 모르겠다.[6]

사실 량치차오는 후스의 어쩔 수 없이 그렇게 할 수 밖에 없는 고충을 모른다. 후스는 "제자백가는 관리官吏에서 나오지 않았다"는 주장을 하면서 다음과 같이 말했다.

---

4 "孔子適周, 將問禮於老子."
5 "孔子問於老聃."
6 「평호적지중국철학사대강評胡適之中國哲學史大綱」,『고사변古史辨』, 제4책, 307쪽.

제자백가는 노자·공자에서 한비자에 이르기까지 모두 혼란한 세상을 구하려고 고민했다. 그러므로 그들의 학문은 모두 시대적 산물이지 관리와는 관계가 없다.[7]

그는 『시경詩經』에 비친 '그 시대(시인詩人시대)의 정치 사회 상태'를 중국철학의 발생 시기로 보았다. 그는 또 이 시기에 형성된 사상적 조류에 대해 소극적인 학파가 없을 정도로 적극적이었다고 주장한다. 그는 이 시대에 이르러 사상계에는 이미 혁명의 씨앗이 뿌려졌다고 판단했다. 공자는 소극적이지는 않지만 또한 혁명적이지도 않았기 때문에 공자가 그 시대의 대변인이 될 수는 없는 것은 당연하다. 그래서 전례를 깨뜨린 태사공太史公(사마천)의 대담한 가설을 아무런 논증도 없이 받아들였고, 나아가 혁명가의 칭호를 노자에게 주면서, "노자의 사상은 완전히 그 시대의 반동이다"라고 말했다. 이처럼 후스는 경솔하게 제자백가의 수장 자리를 노자에게 부여했다.

그가 이처럼 노자를 끌어올리자 곧바로 중대한 문제가 발생했다. 춘추전국시대 이전 하夏·은殷·주周 삼대三代 이래 역사적 전통과 학술 원류는 갑자기 단절된 철학사가 되어 1~2천 년 내려온 선현들의 문화적 성과가 사라져 버렸다.

량치차오는 노자가 공자보다 앞선다는 후스의 주장에 반대했다. 그는 태사공의 주장에 대해 여섯 가지 의문을 제기했다. 첫째, 노자의 가계家系와 「공자세가」에 있는 공자의 가계를 비교해 볼 때 시간적으

7 같은 책, 7쪽.

로 불합리한 부분이 있다. 둘째, 공자는 도를 즐기는 선한 사람들을 좋아했으며, 노자를 용에 비유하며 찬탄했다. 그런데 어째서 다른 책에는 이에 대해 한마디도 언급하지 않는가? 또 묵자와 맹자 모두 비평을 매우 좋아한다. 고루하지도 않은 그들이 어째서 5천자 정도 되는 『노자』를 지은 '박대진인博大眞人'[8]을 한마디도 언급하지 않았는가? 셋째, 설사 공자가 노담에게 예를 물었다는 것을 인정한다 하더라도, 『예기』「증자문」의 내용에 의하면 노자는 예를 잘 지킨 사람이다. 이것과 『노자』 5천자의 정신은 공교롭게도 상반된다. 넷째, 『사기』의 많은 신화는 대부분 『장자』「천도天道」「천운天運」「외물外物」 등 세 편의 내용을 뒤섞어 놓은 것이다. 『장자』의 우화 대부분을 역사적 사실로 간주해서는 안 된다. 다섯째, 사상적 체계에 있어서 노자의 말은 매우 자유롭고, 매우 격렬하다. 예를 들면 "백성이 편리한 기구를 많이 가지면 국가는 더욱 혼미해지고, 사람들이 기교가 많아지면 기이한 일들이 더욱 일어나고, 법령이 복잡해지면 도적이 많아진다"[9]와 "육친이 화목하지 못해서 효성과 자애가 있고, 국가가 혼란해서 충신이 있다"[10] 등이다. 이런 종류의 말은 춘추시대와 어울리지 않으며, 『좌전左傳』·『논어』·『묵자』 등의 책에서는 이와 유사한 사상적 흔적을 찾아볼 수 없다. 여섯째, 용어 사용에 있어서, 『노자』에 '왕후王侯'·'후왕侯王'·'왕공王公'·'만승지군萬乘之君' 등을 사용한 곳이 다섯 곳이고, '용천하用天下'를 사용한 곳은 세

---

8 장자가 노자를 존경하여 붙인 호칭. 『장자』「천하天下」편 참고. ─옮긴이
9 『노자』, 57장. "民多利器, 國家滋昏, 人多伎巧, 奇物滋起, 法令滋彰, 盜賊多有."
10 같은 책, 18장. "六親不和, 有孝慈. 國家昏亂, 有忠臣."

곳이다. 이런 용어는 춘추시대 때 사용한 용어가 아니며, '인의仁義'를 짝으로 나열한 말은『맹자』의 전유물로 이전에는 없었다. 또 "군대가 머문 곳에는 가시덤불만 자라고, 대군이 지나간 후에는 흉년이 든다"[11]와 같은 식의 말은 꺼낼 수 없는 말이며, "부장은 왼쪽에 있고, 대장은 오른쪽에 있다"[12]와 같은 관직 명칭은 전국시대 때 비로소 있었다. 그래서 량치차오는『노자』를 전국시대 말기의 작품으로 보고, "후스 말처럼 300년간 품고 있다가 낳아 기른 노자의 이력은 불분명하다"고 말했다.[13] 이후 노자라는 사람과 그 책에 대한 토론이 활발하게 전개되었다. 평유란의『중국철학사』가 출판되었을 때 또 다시 활발한 토론이 전개되었다. 비록 그의 논증은 량치차오와 다르지만,[14] 량치차오의 영향을 받은 것은 확실하다.

두 차례 논쟁은 크게 두 진영으로 나눌 수 있다. 그 하나는 노자가 시기적으로 공자보다 앞서고,『도덕경』은 바로 노자의 작품이라는 것이다. 후스 이외에 장쉬張煦·탕란唐蘭·황팡강黃方剛·마쉬룬馬敍倫 등이 있다.[15] 다른 하나는 전자의 주장에 대해 의문을 갖는 학자들로, 량치차

---

11 같은 책, 30장. "師之所處, 荊棘生焉, 大軍之後, 必有凶年."

12 같은 책, 31장. "偏將軍居左, 上將軍居右."

13 「평호적지중국철학사대강評胡適之中國哲學史大綱」,『고사변古史辨』, 제4책, 307쪽.

14 평유란은 다음과 같이 말했다. "첫째, 공자 이전에 개인적인 저술은 없었다. 그러므로『노자』는『논어』보다 이르지 않다. 둘째,『노자』의 문체는 문답체가 아니다. 그러므로『논어』·『맹자』이후로 보아야 옳다. 셋째,『노자』의 문장은 간명한 경전의 문체와 비슷하다. 이는 전국시대 작품이라는 것을 보여주는 것이다."『중국철학사中國哲學史』, 210쪽.

15 장쉬, 「양임공제소노자시대일안판결서梁任公提訴老子時代一案判決書」, 제4책, 307~317쪽. 탕란, 「노담적성명화시대고老聃的姓名和時代考」, 제4책, 332~351쪽. 「老子時代新考」, 제6책, 597~631쪽. 황팡강黃方剛, 「노자시대신고老子年代之考證」, 제4책, 353~383쪽. 후스, 「여전목선생론노자문제서與錢穆先生論老子問題書」, 제4책, 411~413쪽. 「여풍우란선생론노

오 이외에 장서우린張壽林 · 첸무錢穆 · 쑤츠(素癡 혹은 張蔭麟) · 평유란 · 장지퉁張季同 · 뤄건쩌羅根澤 · 구지강顧頡剛 · 슝웨이熊偉 등이 있다.[16] 같은 진영에 있지만 서로의 견해에는 약간의 차이가 있다. 예를 들면 장지퉁과 뤄건쩌는 노자를 맹자 · 장자 앞에 두었으나, 평유란은 맹자 이후이면서 장자보다 앞선다고 주장한다. 평유란의 주장에서 가장 난감한 것은 맹자와 장자는 거의 같은 시대인데 노자를 어디에 끼워 넣을 수 있는가이다. 첸무는 사상적 개념을 기준으로 선후를 나누었다. 즉『도덕경』의 두 가지 핵심 관념인 '도道'와 '명名'은 장자의 도道와 공손룡公孫龍의 '명' 개념 이후에 나온 것이라고 보는 것이 옳다.[17] 그래서 가장 먼저 장자를 노자 이전이라고 주장했다. 구지강은『도덕경』과『여씨춘

자문제서與馮友蘭先生論老子問題書」, 제4책, 418~421쪽.「평론근인고거노자연대적방법評論近人考據老子年代的方法」, 제6책, 387~410쪽. 마쉬룬, 「변노자비전국후기지작품변老子非戰」, 제6책 526~533쪽. 이상의 논문은 모두『고사변古史辨』에 실려 있다.

16 장서우린, 「노자도덕경출어유후고老子道德經出於儒後考」, 제4책, 317~332쪽. 첸무, 「관어노자성서년대지일종고찰關於老子成書年代之一種考察」, 제4책, 383-410쪽. 장인린, 「노자적년대문제老子的年代問題」, 제4책, 414~417쪽. 평유란, 「중국철학사중기개문제中國哲學史中幾個問題答胡適先生及素癡先生」, 제4책, 421~423쪽.「독평론근인고거노자년대적방법讀評論近人考據老子年代的方法-답호적지선생答胡適之先生」, 제6책, 410~417쪽. 장지퉁, 「관어노자년대적일가정關於老子年代的一假定」, 제4책, 423~448쪽. 뤄건쩌, 「노자급노자서적문제老子及老子書的問題」, 제4책, 449~462쪽.「재론노자급노자서적문제再論老子及老子書的問題」, 제6책, 643~684쪽. 구지강, 「종여씨춘추추측노자지성서년대從呂氏春秋推測老子之成書年代」, 제4책, 462~520쪽. 슝웨이, 「종선진학술사상변천지대세관측노자적문제從先秦學術事狀變遷之大勢觀測老子的問題」, 제6책, 566~596쪽. 이상의 논문은 모두『고사변古史辨』에 실려 있다.

17 첸무는『장자』의 도와『논어』는 소박한 의미에서 근접해 있지만,『노자』의 도는 이미 매우 현묘玄妙하다고 보았다. 이 주장은 매우 독특하다.『장자』「제물론」의 "도는 행해서 이루어진다道行之而成"는 개념은 확실히『논어』「위령공衛靈公」편의 "사람이 도를 넓힐 수 있다人能弘道"는 개념과 유사하다. 필자는 이것이 장자가 안회顔回 계통의 유학에 깊은 영향을 받았기 때문이라고 생각한다. 도를 언급하지 않고 '천天'으로 살짝 돌려 말한 것은 객관적이지 않은 천도天道의 절대적인 의미를 인간의 수양을 통해 이룬 자유자재하고 어디에도 의지하지 않는 인간의 인격으로 끌어내렸다. 그래서 천인天人 · 지인至人 · 신인神人 · 진인眞人이라고 부른다.

추』를 비교 대조한 후 다음과 같이 생각했다.

『여씨춘추』에 『노자』 사상이 거의 갖추어져 있지만, 절대로 노담 계통은 아
니다. 『회남자淮南子』에 이르러 노담의 독보적인 지위가 확립된다. 따라서
『노자』의 완성 시기는 반드시 이 두 책 사이다.[18]

또 말하기를

『노자』는 전국시대 말 혹은 양한兩漢 초기의 작품으로 여러 학파의 학설을
모아 이루어졌다.[19]

장인린張蔭麟은 영국의 허버트 자일스(H. A. Giles)의 말을 근거로 『회
남자』 이전에 『노자』를 인용한 말을 모아 『도덕경』과 비교한 후 다음과
같이 말했다.

본래 일관성 있는 말이 있었지만, 『도덕경』은 갈라놓았다. 본래 서로 상관없
는 글이 있었지만, 『도덕경』은 그것을 뒤섞어 놓았다. 『도덕경』에는 다른 사
람이 인용한 말을 취한 것이 있지만, 인용자가 해석한 말을 잘못 집어넣기도
했다.

---

18 『고사변古史辨』, 제4책, 517쪽.
19 같은 책, 488쪽.

이를 근거로 다음과 같이 단정했다.

『도덕경』이 완성된 시기는 『맹자』 이후일 뿐 아니라 『회남자』 이후이어야 한다.

또 다음과 같이 말했다.

노학老學의 진정한 창시자에 대해, 노자의 연대가 장자 이전이라는 것을 아는 것과 그의 책이 장자 시대에 이미 세상에 전해졌다는 것 이외에 아무것도 모른다. 그는 자신의 이름은 감추고 노담의 이름을 빌려 책을 썼다. 그래서 진秦나라 이전의 사람들은 그의 말을 인용할 때 노자 혹은 노담이라고 부르지, 다른 이름을 사용하지 않았다. 그의 책은 진나라의 분서갱유 이후 사라졌거나 일부만 남아 있다. 현존하는 『노자』는 한대漢代 사람이 이전 사람들의 것을 수집하고 거기에 상관없는 자료를 보충해서 이루어진 것이다.[20]

이상 두 사람의 주장은 책의 완성 연대에 관한 문제뿐 아니라, 『도덕경』의 사상은 이것저것 모아서 이루어진 것으로, 한 시대 한 사람이 지은 체계 있는 저서가 아니라는 것이다.

이러한 맥락을 바탕으로 첸무는 「『노자』의 완성 연대를 다시 논함再論老子成書年代」과 「『노자』에 대한 보충 논증老子書晩出補證」이라는 논문에서 『장자』가 『노자』보다 이전이라는 주장을 더욱 견지했다. 전자의 논문은 『노자』에 반영된 정치 사회적 배경을 통해 『노자』가 늦게 나

---

20 이상의 인용문은 모두 같은 책, 416~417쪽 참고.

왔다는 것을 증명할 만한 것이 없고, 또 사상적 관점에서『노자』는 여러 학파의 학설을 모아 이루어진 책이라고 주장한다. 후자에서는『노자』에 있는 중요한 개념과『장자』를 비교·분석하여『노자』사상이『장자』보다 더 진일보했다는 점을 제시한다.[21]『장자』가『노자』보다 이전이라는 주장을 인정한다 하더라도,『장자』「내편內篇」「외편外篇」「잡편雜篇」등에 자주 인용된『노자』를 어떻게 이해해야 하는지는 매우 혼란스럽다.

첸무의 관점에 대해 쉬푸관徐復觀은「사상사와 관련된 약간의 문제有關思想史的若干問題」에서 노자라는 사람은 반드시 공자·묵자 이후 장자 이전이며, 그 책은『장자』이후로 보는 것이 타당하다고 주장했다.[22]

첸무, 쉬푸관 모두『노자』는 편집된 것이고, 한 사람에 의해 특정 시기에 지어진 것이 아니며,『장자』이후의 작품이라고 주장한다. 이후 쉬푸관은「노자라는 사람과 그 책에 대한 재검토有關老子其人其書的再檢討」에서 기존의 자신의 관점을 다음과 같이 대폭 수정했다. 즉 노자는 공자보다 약간 앞선 공자와 같은 시대의 사람이고, 그 책은 편집되어 이루어진 것이 아니라 한 사람이 지었으며, 그 사람은 노자의 제자 관關(函谷關)의 영令(벼슬이름) 윤희尹喜이며, 책은『장자』보다 앞서고 장자 사상에 영향을 주었다. 그는『사기』본전本傳과『장자』각 편에 기록된 노자와 관련된 언행은 모두 믿을 만하다고 여겼으며,『예기』「증자문」에 나오는 노자는 예에 대해 조예가 깊어서 예를 반대한 것은 매우

21『노장통변老莊通辨』, 新亞研究所, 1957, 61~102, 287~314쪽 참고.
22『중국사상사논집中國思想史論集』, 私立東海大學, 1968, 98쪽.

자연스러운 것이라고 생각했다. 그래서『도덕경』은 도가의 노자와 사상적으로 모순되지 않으며, 더 나아가『도덕경』과『장자』,『순자』,『여씨춘추』,『한비자』,『전국책戰國策』 등에 인용된『노자』의 말을 근거로 전국시대 중기 이후『노자』는 이미 가장 유행하는 학설이 되었다고 생각했다. 이와 동시에 그는 량치차오, 펑유란, 첸무, 구지강 등 여러 주장을 반박했다.[23]

이상의 노자와『노자』에 대한 논쟁은 다음 세 가지로 종합할 수 있다. 첫째, 노자의 생존 연대는 여전히 알 수 없다. 그러나『노자』라는 책의 사상이 확립된 연대는 공자 이전에서, 공자·묵자 이후, 그리고 맹자·장자 이후로 나누어진다. 둘째, 책의 사상이 언제 이루어졌는지에 대해서는 묻지 않고, 현존하는『도덕경』의 완성 연대만 추정한다. 그래서『맹자』,『장자』 이후에서『여씨춘추』 이후, 그리고『회남자』 이후까지 나오는데, 완성 연대가 점차 늦춰지고 있다. 셋째,『노자』의 저자를 한 사람으로 보지 않고, 여러 학파의 사상을 모아 구성된 것으로 판단하여『노자』는 이미 잡가雜家가 되었다.

이는 옛것을 의심하는 풍조 속에 고증학들이 내린 대담한 추측이다. 비록 그들의 설명에는 그 나름의 논거가 있지만, 한 쪽에 치우친 감이 있어서 노자『도덕경』의 전모와 진상을 밝히지는 못했다. 사실 현재 우리가 보는『도덕경』은 노자 자신의 저술인지 혹은 제자들이 쓴 것인지 모르지만, 분명한 것은 후학들의 수정을 거쳤고, 혹은 전해 내려오면서 잘못 기록되기도 하고, 빠진 부분도 있고, 주석이 본문에 들어왔을

23『중국인성론사·선진편中國人性論史·先秦篇』, 私立東海大學, 1963, 464~508쪽 참고.

가능성도 있으며, 분서갱유 이후 한대漢代 유학자들의 편집을 거쳤다는 점이다. 이 때문에『도덕경』의 일부 사상이나 일부 장절章節을 근거로 전체를 개괄하고, 책의 완성 연대를 추정하는 것은 믿을 수 없다. 아울러 노자 사상이 여러 학파의 철학 개념을 담고 있다고 하는데, 어째서 도가에서 여러 학파가 갈라져 나왔다고 할 수는 없는가? 어째서 사마담司馬談이「육가의 요지를 논함論六家要旨」에서 언급한 제자백가들의 말이 반드시 그 학파들의 말이라고 할 수 있는가? 노자『도덕경』전체는 일관된 체계를 가지고 있는데, 어째서 이것저것 잡다하게 끌어 모은 책이라고 하는가?

태사공太史公이 쓴 노자의 전기는 모호하고 약간 신화적이다. 그는 노자의 학문에 대해 "그는 학문을 함에 있어서 스스로 숨고 이름을 드러내지 않으려고 힘썼다"고 평하고, "그의 마지막을 본 사람은 아무도 없다"고 말했다.[24] 이는 태사공 당시에 이미 믿을 만한 사료가 없었지만, 역사가의 입장에 선 태사공은 전해 내려오는 노자의 행적이 자신의 손에서 유실되는 것을 원치 않았기 때문이다. 그래서 가능한 객관적인 입장에서 전해 내려오는 이야기에 의문을 가지면서 조심스럽게 기록했다. 이것은 위대한 역사가의 실증 정신이다. 매우 간략하면서 여러 가지 설을 함께 보존한 사마천의 기록은 오히려 후대 학자들에게 영원히 풀 수 없는 수수께끼를 남겨두었다.

위에 언급한 여러 주장 중 량치차오와 쉬푸관의 논거가 가장 설득력을 가진다. 여러 주장을 체계적으로 설명하고 논리적으로 추론한 학

---

24 『사기史記·노자한비열전老子韓非列傳』. "其學以自隱無名爲務.……莫知其所終."

자는 라오쓰광勞思光이다. 그는『중국철학사』제1권에서『사기』의 노자 행적에 대한 기록에 대해 6가지 문제를 제기했다. 첫째 성명姓名 문제. 둘째 공자가 예禮를 물은 것에 대한 문제. 셋째 '관關'의 뜻 및 저서에 관한 문제. 넷째 연령문제. 다섯째 노래자老萊子 및 태사담太司儋 문제. 여섯째 노자 조상의 문제.[25] 노자에 관한 문제는 그야말로 첩첩산중이다. 확실한 자료의 발굴이나 더 좋은 방법이 나오지 않으면 노자의 행적을 해결하기는 거의 불가능하다. 필자는 노자는『도덕경』의 저자이고, 노자의 행적에 대한 수수께끼는 해결할 수 없는 문제로 남겨두고자 한다.

남은 문제는『노자』라는 책이 언제 완성되었느냐이다. 노자라는 사람의 행적을 알 수 없으므로, 책을 근거로 할 수밖에 없다. 책의 연대 문제에 대해 라오쓰광은 문체와 어휘를 통해 고찰했다. 그는 다음과 같이 말했다.

『도덕경』의 문체는 확실히 운문체다. 그러나 이것과 문답체를 비교해 볼 때, 남북의 차이만 있을 뿐 시간의 선후를 나타내지는 않는다. …… 『도덕경』에는 후대 사람들이 몰래 고친 부분이 많이 있으며, 후대에 나온 말은 모두 후대 사람들이 보충한 것이다.[26]

이처럼 문헌 고증은 어떤 때는 매우 빈약하다.『장자』「천하」편에 인

---

25 『중국철학사中國哲學史』, 崇基書局, 1968, 120~150쪽.
26 같은 책, 153쪽.

용한 노자의 말과 오늘날 볼 수 있는 『도덕경』은 비록 완전히 같은 것은 아니지만, 사상적인 측면에서 볼 때 별 차이가 없다. 『한비자』 「해로解老」와 「유로喩老」 두 편에 인용된 노자의 말은 현재 우리가 보고 있는 『노자』에서도 모두 볼 수 있다. 이는 노자 사상이 『장자』 「천하」편보다 먼저 이루어졌고, 현재 우리가 보는 『도덕경』은 아무리 늦어도 『한비자』 이전에 이미 책으로 완성되어 유행했다는 것을 증명하고도 남는다.[27]

종합해서 말하면, 노자라는 사람이 어떤 사람인지 알 수 없으며, 사상의 기원이라는 맥락 속에서 객관적인 지위를 부여하는 기초 작업을 시도하는 것은 증거를 잃어버리고 백지 답안지를 내는 것과 같다. 책 또한 후대 사람들의 교정과 증보增補를 거쳤으니, 문체와 어휘로 책의 확실한 완성 연대를 고증한다는 것 또한 어려운 일이다. 유일하게 가능한 방법은 『노자』 책 전체의 사상과 정신을 총체적으로 살펴보고, 학술사적 맥락에서 노자의 사상을 어디에 두어야 하는지 가늠하는 것이고 이는 비교적 합리적이다. 이 방법은 직접적인 증거 부족이라는 단점때문에 필연성이 없지만, 그래도 실마리를 찾는 유일한 방법이다.

『도덕경』은 철학 작품이다. 문체와 어휘 모두 형식이다. 관계된 문헌 또한 외적인 것에 불과하다. 이를 바탕으로 『도덕경』을 이해한다는 것은 결국 간접적일 뿐이다. 간접적인 방법은 노자의 사상을 드러내어 그 속에 있는 실질적인 내용을 꿰뚫는 것보다 못한다. 이것을 철학적 추론이라고 한다. 조금 더 나아가면, 노자는 "바른 말은 반대되는 것 같다正

---

27 같은 책, 154~155쪽.

言若反"고 말했다.[28] 만약 공자·묵자의 정正적인 유위有爲의 학설이 먼저 성립되지 않았다면, 노자의 많은 반反적인 무위無爲의 말은 무엇을 가리키는지 그 대상을 잃어버리게 된다. 그리고 『장자』에는 황당한 말, 광대무변한 말 등이 많은데, 만약 그 앞에 『노자』가 도가의 사상을 열지 않았다면, 우언寓言·중언重言·치언巵言 등과 같은 비분석적인 표현 방식을 어떻게 사람들이 이해하고 받아들여 도가의 철학 사상을 드러냈겠는가?[29] 그래서 비록 더 직접적이고 믿을 만한 문헌이 부족하여 참고할 만한 것이 없지만, 이러한 철학적 추론을 바탕으로 한다면, 노자철학은 여전히 공자·묵자 이후, 장자 이전이며 도가 사상의 창시자다.

---

28 『노자』, 78장.
29 머우쫑산, 타이완대학臺灣大學 1977년 '위진현학魏晉玄學' 강의 내용.

제2부

———

철학 문제

선진先秦 제자백가 사상의 전승傳承과 상호 격동의 과정에 있어서 노자철학은 공자·묵자와 맹자·장자 사이에 두어야 사상적 맥락이 분명해진다. 이 장에서는 이를 바탕으로 노자 『도덕경』의 철학 문제를 분석하고자 한다. 여기서는 시대적 배경·사상적 맥락과 지리적 특색 등 세 가지 측면을 통해 고찰한다.

이 중 한 가지 문제는 되새겨 볼 가치가 있다. 노자의 행적은 미궁에 빠져 있고, 책의 완성 연대 또한 여러 가지 견해가 있어 정확한 시기를 정하기 어렵다. 앞의 논리적 추론에서 보았듯이 그 책의 사상은 공자·묵자 이후 장자 이전에 완성되었다는 것이 유일한 근거다. 노자의 철학 문제를 논함에 있어서 책의 완성 연대를 통해 그것의 시대적 배경과 사상적 맥락 및 지리적 특색으로 사상과 철학 문제를 해결한다면 순환논법에 빠진다.

이런 까닭에 여기서는 연대부터 말하지 않고, 오직 노자 『도덕경』의 삶에 대한 가치 문제 및 형이상학적 철학체계를 확립하여 시대를 반성하고 그것이 반영한 시대가 도대체 어떤 시대인가를 설명하고자 한다. 노자의 형이상학적 비판은 도대체 어떤 학파의 관념을 비판한 것인가? 이렇게 하면, 먼저 그 철학 문제의 중심점과 그로 인해 형성된 철학 문제의 시대적 배경과 사상적 맥락이 드러나게 된다. 그 다음에 비로소 『노자』가 가지고 있는 입장에 대해 비교적 자세하고 유력한 증명을 할 수 있게 된다. 그렇지 않고 후스의 말처럼 노자라는 사람 혹은 『노자』라는 책을 공자 이후라고 주장하려면 반드시 충분한 증거를 제시해야 한다.* 이렇게 되면 그 어떤 말도 할 수 없게 된다. 『노자』의 사상이 고립되어 허공에 떠 있으면, 그 사상이 나오게 된 시대적 배경과 사상적 맥락의 근본이 되는 토양으로 되돌아올 수 없다.

* 「평론근인고거노자년대적방법評論近人考據老子年代的方法」, 『고사변古史辨』, 제6책, 387쪽.

1. 시대적 배경

1. 예의 경직화와 가혹한 형벌

노자는 독보적인 형이상학 철학을 확립했지만, 『도덕경』 전체를 관통하는 사상의 핵심은 현실 속의 고달픈 삶이다. 노자의 관찰에 의하면 백성들의 고통은 정치제도의 호도와 과장된 통치 권력에서 나온다. 후스는 다음과 같이 말했다.

> 내가 서술한 노자철학은 먼저 그의 정치론을 설명했다. 이는 철학이 허공에서 발생한 것이 아니라는 것을 보여 주기 위한 나의 의도다.[1]

이 설명이 비록 어떤 학파의 사상이 발생하게 된 배경을 설명하기에

---

[1] 쉬푸관은 "도가와 묵가 모두 전쟁을 반대했다. 도가는 권력을 더 반대했지만, 권력의 집중을 더욱 반대했다"고 말했다. 『주·진·한의 정치 사회 구조 연구周秦漢政治社會結構之研究』, 新亞研究所, 1972, 112쪽.

는 충분하지 않지만, 중국의 학술 사상을 설명하는 데 매우 탁월한 식견이다. 적어도 그는 중국의 학문은 서생書生이 터무니없이 생각해 낸 것이 아니라, 살고 있는 시대에 대한 장엄한 도전이라는 것을 알고 있다. 먼저 『노자』의 말을 살펴보자.

> 백성들의 굶주림은 위에서 세금을 많이 거둬 먹어 버리기 때문에 백성들이 굶주린다. 백성들을 다스리기 어려운 것은 위에서 억지로 시키기 때문에 다스리기 어려운 것이다. 백성들이 죽음을 가볍게 생각하는 것은 위에서 잘 살려고 하기 때문에 죽음을 가볍게 생각하는 것이다.民之饑, 以其上食稅之多, 是以饑. 民之難治, 以其上之有爲, 是以難治. 民之輕死, 以其上求生之厚, 是以輕死. (75장)[2]

이 장의 내용은 당시 백성들의 고통에 대한 노자의 통렬한 반성을 보여 주기에 충분하다. 노자는 민생의 고통은 모두 통치자의 이기심과 유위有爲 때문이라고 생각했다. 소위 "세금을 많이 거둬 먹는다食稅之多"란 『논어』의 "어찌 철법을 하지 않습니까?"와 "(10개 중에) 2개도 나에게는 오히려 부족하다"의 균형이 아니다. 『논어』의 말은 애공哀公이 흉년이 들어 쓸 것이 부족하게 되자, 유약有若에게 어떻게 해야 하는

---

2 이옌링펑嚴靈峰은 다음과 같이 말했다. "'以其求生之厚'는 부혁본傅奕本·두도견본杜道堅本에는 '求生' 앞에 '上'자가 있다. 왕필王弼은 '백성이 비뚤어지고 정치가 어지러워지는 까닭은 모두 위로부터 연유하는 것이지 아래에서 연유하는 것이 아니다言民之所以僻, 治之所以亂, 皆由上, 不由其下也. 民從上也'라고 말했다. 왕필주에 의하면 앞 두 구절에 '上'자를 붙였다. 따라서 '求生' 앞에 '上'자가 있어야 옳다. 부혁본을 근거로 보충하는 것이 타당하다."『노자달해老子達解』, 藝文印書館, 1971, 300쪽 참고.

지 가르쳐 달라고 했을 때, 유약의 답변과 애공의 거듭된 물음이다.[3] 이처럼 이 당시의 징세제도는 '10에서 2를 취하는 것'이다. 따라서 "세금을 많이 거둬 먹는다"는 『논어』 당시의 상황과 맞지 않는다. 그러나 『맹자』의 "도로의 관문을 살피기만 하고 세금을 징수하지 않으면, 천하의 여행자들이 모두 기뻐하여 그 길로 나가기를 기뻐할 것이다. 농사짓는 사람들을 공전公田을 도와서 경작하게만 하고 세금을 내지 않게 하면, 천하의 농부들이 모두 기뻐하여 그 들에서 경작하기를 원할 것이다"[4]와 시대적 상황이 비슷하다. 더구나 "위에서 잘 살려고 하기 때문에 죽음을 가볍게 생각하는 것이다"는 『맹자』의 "부엌에 살찐 고기가 있고, 마구간에 살찐 말이 있는데, 백성들은 굶주린 기색이 있고, 들판에는 굶어 죽은 시체가 있다면, 이것은 짐승을 몰아서 사람을 잡아먹게 한 것이다"[5]와 거의 유사하다.

당시의 예제禮制에 대한 『도덕경』의 비판을 살펴보자.

예란, 충성과 믿음이 희박해져서 혼란스러워지는 시발점이다.夫禮者, 忠信之薄, 而亂之首 (38장)

주 문화의 예제에 대한 반감이 분명할 뿐 아니라, 심지어 반대하는

---

3 『논어』, 「안연顔淵」, 9. "盍徹乎? 曰. 二, 吾猶不足." ['철徹'은 주나라 조세제도. 한 농부가 밭 100이랑을 맡아서 여러 사람과 함께 경작하고, 수확물은 고루 나눈다. 이때 백성들은 대개 9를 갖고 공공은 1을 취한다. 이것이 '철徹'이다. 주자朱子, 『사서집주』참고. ― 옮긴이]
4 『맹자』, 「공손추상公孫丑上」, 5. "關, 譏而不征, 則天下之旅, 皆悅而願出於其路矣. 耕者, 助而不稅, 則天下之農, 皆悅而願耕於其野矣."
5 같은 책, 「양혜왕상梁惠王上」, 4. "庖有肥肉, 廐有肥馬, 民有飢色, 野有餓莩, 此率獸而食人也."

입장을 취하고 있다. 노자의 도가철학은 원래 '주 문화의 허위성에 대한 반발로 나타난 철학'이다.[6] 주 문화의 붕괴는 비록 춘추시대 때 이미 그 징조가 나타나기 시작했지만, 예제의 쇠락은 결국 전국시대 주나라 왕실의 '명분과 실질'이 모두 사라진 후에야 비로소 나타난다.[7] 그렇지 않으면 공자의 "문화가 찬란히 빛나는구나. 나는 주나라를 따르겠다"와 "시에서 일어나고, 예에서 서고, 악에서 조화를 이룬다"[8]는 말 모두 설명이 안 된다. 오히려 『맹자』의 "제후의 예는 내가 아직 배우지 않았다. 비록 그렇다 해도 나는 일찍이 들은 적이 있다"와 "제나라 환공桓公과 진晉나라 문공文公의 일을 말한 사람이 없다"[9]라고 하여 '예禮'를 들어본 적이 없다고 했다. 그러나 다른 곳에서는 인정仁政 "한 곳으로 정해진다"[10]는 말을 한다. '한 곳으로 정해졌다'라는 말은 예禮가 한 곳으로 집중되어 충성과 믿음이 희박해져서 혼란스러워지는 원인이 된다는 『노자』 38장의 말과 유사하다.

세 번째로 『노자』는 당시의 학정에 대해 항의했다.

---

6 머우쭝산, 『지적직각과 중국철학智的直覺與中國哲學』, 臺灣商務印書館, 1987, 203쪽.

7 와타나베 히데카타渡邊秀方은 "대체로 당시의 주대周代의 문화는 찬란함에서 쇠퇴기로 들어갔고, 예법은 번잡하고, 혼란이 그치지 않았다"고 주장했다.『중국철학사개론中國哲學史概論』, 臺灣商務印書館, 1967, 110쪽.

8 『논어』,「팔일八佾」, 14. "郁郁乎文哉! 吾從周" 「태백泰伯」, 8. "興於詩, 立於禮, 成於樂."

9 『맹자』,「등문공상滕文公上」, 2. "諸侯之禮, 吾未之學也. 雖然, 吾嘗聞之矣."「양혜왕상梁惠王上」, 7. "無道桓文之事." [공자의 제자들은 오패五覇를 언급하는 것을 부끄러워했다. 오패란, 제나라 환공, 진나라 문공, 초楚나라 장왕莊王, 오吳나라 왕 합려闔閭, 월越나라 왕 구천勾踐을 말한다. 오백五伯이라고도 한다. ― 옮긴이]

10 같은 책,「양혜왕상梁惠王上」, 6. "定於一."

백성이 죽음을 겁내지 않는데, 어찌 죽음으로 그들을 두려워하게 할 수 있는

가.民不畏死, 奈何以死懼之 (74장)

백성들이 죽음을 가볍게 여기고 두려워하지 않는 지경에 이르면, 죽음으로 그들을 위협하는 패도 정치 또한 극에 이른 것이다. 이것은 『논어』의 "백성에게 믿음을 못 받으면 나라를 지탱하지 못한다"·"비록 상을 주더라도 도둑질을 하지 않는다"[11]는 시대 배경과 다르지만, 『맹자』의 "군주가 신하 보기를 검불처럼 하면, 신하가 군주보기를 원수 같이 한다"·"급기야 죄에 빠진 연후에 그들을 형벌에 처하면, 이는 백성을 잡는 것이다"[12]는 시대 배경과 가깝다. 『노자』의 이와 같은 격렬한 말은 『맹자』의 "군주에게 커다란 잘못이 있으면 간하고, 반복하여도 듣지 않으면 군주를 바꾼다"[13]는 의미와 같다. 어쨌든 학정이 뒤덮었던 전국시대에 이런 일들이 일어날 가능성이 있다.

이상과 같이 『도덕경』에 나타난 시대적 배경은 예의 경직성과 가혹한 형벌 및 권위적인 학정이 범람했던 시기로서, 그 시대적 배경은 전국시대이지 춘추春秋시대가 아니다.

---

11 『논어』, 「안연顏淵」, 7. "民無信不立." 같은 곳, 18. "雖賞之不竊."
12 『맹자』, 「이루하離婁下」, 3. "君之視臣如土芥, 則臣視君如寇讎." 「등문공상滕文公上」, 3. "及陷乎罪, 然後從而刑之, 是罔民也."
13 같은 책, 「만장하萬章下」, 9. "君有大過則諫, 反覆之而不聽, 則易位."

2. 대규모 전쟁과 생명 경시

노자는 다음과 같이 말했다.

천하에 도가 없게 되자, 군마가 교외에서 자란다.天下無道, 戎馬生於郊 (46장)

큰 군대가 지나간 후에, 반드시 흉년이 든다.大軍之後, 必有凶年 (30장)

암말조차 전쟁터에서 달리고,[14] 농부는 군대에 징벌되고 징세에 시달린다. 이로 인해 농촌에는 농사지을 사람과 가축이 없고 해마다 흉년이 든다. 이런 묘사는 귀족 무사들이 수십 대 혹은 수백 대의 기마병과 싸우는 전투가 아니라, 수십만 농민 보병들의 백병전으로 수십 년간 계속되는 대규모 전쟁이다. 이것은 전국시대에나 있는 현상이다.[15]

이것은 『논어』의 "먹을 것을 풍족하게 하고, 군사를 풍족하게 하라"와 "가르치지 않은 백성으로 전쟁하게 하면, 이는 백성을 버리는 것이다"[16]는 논조와 크게 어긋난다. 그러나 "사람을 죽인 것이 들에 가득하

---

14 "옛날 전투마는 수말을 쓰지 암말은 쓰지 않는다. 천하에 도가 사라지니, 서로 무기를 찾고, 수말이 절멸하니 암말마저 전쟁에 동원되고, 군대는 성 밖에 주둔해 있다. 그래서 '군마가 교외에서 자란다'고 했다." 가오헝高亨, 『노자정고老子正詁』, 開明書店, 1968, 101쪽.
15 쳰무는 "전차나 갑옷 및 군마軍馬 같은 군기 제조는 모두 귀족들이 자신의 지위를 유지하기 위한 일종의 사업으로서, 평민들은 참여할 여력이 없다." 또 "진泰나라와 진晉나라의 전쟁이나 진晉나라와 초楚나라의 성성 복복複濮·필郷·언능鄢陵 등의 전쟁처럼 『좌전左傳』에 기록된 커다란 전쟁은 모두 귀족식의 전쟁이다. …… 전국시대에 이르러 전국이 농민 위주의 보병으로 전쟁을 했다"고 말했다. 『국사대강國史大綱』, 商務印書館, 1968, 58~59쪽 참고. 또 "환공은 제후를 9번 규합했으나, 무력으로 하지 않았다桓公九合諸侯, 不以兵車"(『논어』, 「헌문憲問」, 17)고 말했는데, 이 또한 춘추시대 전쟁의 한 예다.
16 『논어』, 「안연顏淵」, 7. "足食, 足兵." 「자로子路」, 30. "以不教民戰, 是謂棄之."

다"·"저들이 백성들의 농사철을 빼앗아, 백성들로 하여금 농사지어 부모를 봉양하지 못하게 하면, 부모가 얼고 굶주리며, 형제·처자가 흩어진다"[17]는 『맹자』의 서술과 비슷하다. 『노자』는 또 다음과 같이 말했다.

이겨도 좋아하지 않고, 이기는 것을 좋아하는 사람은 사람 죽이는 것을 즐긴다. 사람 죽이는 것을 즐기는 사람은 천하에 뜻을 얻을 수가 없다.勝而不美, 而美之者, 是樂殺人, 夫樂殺人者, 則不可得志於天下矣 (31장)

이 또한 "천하가 어디에 정해지는가? 대답하기를, 한곳에 정해질 것이다. …… 사람 죽이기를 좋아하지 않는 사람이 통일할 수 있다"[18]는 『맹자』의 논조와 유사하다. 그리고 "전쟁에 이기더라도 상례로써 처하라戰勝以喪禮處之"(31장)라는 말 또한 『맹자』의 "전투를 잘하는 자는 극형을 받아야 한다"[19]는 말과 비슷하다. 제자백가 중 반전反戰 사상이 가장 강한 사람은 노자와 맹자다. 『노자』의 "대국이면서 소국에 낮춘다大國以下小國"(61장)와 『맹자』의 "대국을 가지고 소국을 섬긴다"[20]는 말은 모두 국가 간의 전쟁을 해소하는 방법이다. 그러므로 『노자』, 『맹자』 사이의 시간적 간격은 그리 멀지 않으며, 동일한 시간적·공간적 배경을 반영하고 있다고 보는 것이 옳다.

---

17 『맹자』, 「이루상離婁上」, 14. "殺人盈野." 「양혜왕상梁惠王上」, 5. "彼奪其民時, 使不得耕耨以養其父母, 父母凍餓, 兄弟妻子離散."
18 같은 책, 「양혜왕상梁惠王上」, 6. "天下惡乎定? 吾對曰, 定於一. …… 不嗜殺人者能一之."
19 같은 책, 「이루상離婁上」, 14. "善戰者服上刑."
20 같은 책, 「양혜왕하梁惠王下」, 3. "以大事小."

전쟁의 화염 속에서 "병사는 상서롭지 못한 도구다兵者不祥之器"(31장) 라는 말은 너무나 왜소해져 버린 인간의 생명을 엿볼 수 있다. 『노 자』는 다음과 같이 말한다.

거처를 속박하지 말고, 개인의 삶을 압박하지 말라.無押其所居, 無厭其所生 (72장)

이는 살아서 받는 고통이 죽는 것보다 더함을 설명하고 있다. 그래서 '다투지 않는不爭而善勝'(73장) 덕德과 "두터이 덕을 쌓으면 이기지 못할 것이 없다重積德, 則無不克"(59장)라고 말을 돌렸다.

아울러 『노자』는 '작은 나라 적은 백성小國寡民'(80장)을 이상사회로 보았는데, 만약 춘추시대였다면 설명될 수 없다. 봉건국가는 하나의 성 곽에 한정되어 있으며, 당시 대략 200여개 국가가 있었으며, 각 나라의 인구는 매우 적었다.[21] 그러므로 『노자』는 틀림없이 봉건제도 붕괴 이 후 국가 권력이 집중된 전국시대를 겨냥한 것이다.[22] 이 또한 『노자』가 전국시대에 이루어졌다는 증거다.

이상을 통해 볼 때, 『도덕경』의 연대는 『맹자』에 가깝고 『논어』와는 상당한 거리가 있다. 따라서 『도덕경』의 연대가 전국시대라는 것이 성 립될 것 같다.

---

21 『국사대강國史大綱』, 44~45쪽 참고.
22 쉬푸관은 『주·진·한 정치사회 구조의 연구周秦漢政治社會結構之硏究』에서 "봉건국가의 붕괴로 귀족정치는 변질되었고, 전국시대 국가의 권력은 춘추시대와 비해 덜 집중되었고, 국가의 성격은 이로 인해 변했다"고 말했다. 104쪽 참고.

3. 상공업의 발달과 욕망의 증대 및 민심의 요동

정전제井田制는 봉건 종법宗法의 붕괴에 따라 폐지되고, 토지에 세금이 부과된 이후 토지를 자유롭게 매매할 수 있는 상업적 행위가 이루어졌다. 농상農商 겸업에 따라 농민들은 한편으로는 농업의 징세를 피할 수 있게 되었고, 다른 한편으로는 토지를 잃게 되었다. 토지의 구속으로부터 벗어남으로 인해 여러 국가를 오가는 자유 상인이 점차 늘어났다.[23]

이러한 변화는 한곳에서 농사지며 살아가는 농민들 입장에서 볼 때 커다란 충격이었다. 『노자』는 말했다.

얻기 어려운 재화를 귀하게 여기지 않으면, 백성들이 도둑질하지 않는다.不貴難得之貨, 使民不爲盜 (3장)

금과 옥이 집 안에 가득 차도, 그것을 지킬 수 없다.金玉滿堂, 莫之能守 (9장)

이것은 『논어』의 "백성을 부유하게 해야 한다·백성을 가르쳐야 한다", "군자는 덕을 생각하고, 소인은 땅을 생각한다"[24]는 의미와 맞지 않는다. 그러나 『맹자』의 "과인에게 병폐가 있는데, 과인은 재물을 좋아한다", "군신·부자·형제가 마침내 인의를 버리고, 이익을 생각하여 서

---

23 첸무는 "춘추시대 때 상공업은 모두 관리에게 세습되어 귀족들의 어용이 되었다. …… 봉건귀족의 붕괴로 자유 상공인들이 점차 늘어났다."고 말했다. 『국사대강國史大綱』, 60쪽. 또 "농민은 점점 경작지를 떠나 금지된 땅으로 들어가 새로운 생업을 찾았지만, 귀족들은 그것을 저지할 수 없었다"고 말했다. 같은 책, 61쪽 참고.
24 『논어』, 「자로子路」, 9. "富之·敎之." 「이인里仁」, 11. "君子懷德, 小人懷土."

로 대한다"[25]는 상황과 매우 가깝다. 재물의 유혹으로 욕망은 증대하고, 민심 또한 들뜬다. 그래서 노자는 다음과 같이 말했다.

너무 아끼면 반드시 크게 낭비하고, 너무 쌓아 두면 반드시 많이 잃게 된다.
甚愛必大費, 多藏必厚亡. · (44장)

욕심낼 만한 것에 좋아함을 보이지 않으면, 백성들의 마음은 혼란해지지 않는다. 不見可欲, 使民心不亂 (3장)

아울러 인간에게 깊이 생각할 문제를 제시한다.

명성과 자신 중 어느 것이 더 친한가? 자신과 재물 중 어느 것이 더 중요한가? 名與身孰親, 身與貨孰多? (44장)

이것은 노자의 낭만적인 성격을 표출한 것이 아니라, '무지무욕無知無欲'(3장)과 '소박함을 간직한다見素抱樸'(19장)는 당시의 정치적 폐단을 해결하는 데 집중했음을 보여준다. 이러한 단서를 통해 볼 때, 책이 완성된 시기는 전국시대이지 춘추시대가 아니다.

---

25 『맹자』, 「양혜왕하梁惠王下」, 5. "寡人有疾, 寡人好貨." 「고자하告子下」, 4. "君臣父子兄弟終去仁義, 懷利以相接."

4. 사士 집단의 팽창과 명리名利 쟁탈의 열기

『노자』는 다음과 같이 말한다.

현자를 받들지 않으면 백성들이 다투지 않는다. …… 꾀 있는 사람들로 하여금 감히 어떻게 하지 못하게 한다.不尙賢, 使民不爭. …… 使夫智者不敢爲也 (3장)

이것은 『논어』의 "어질고 유능한 사람을 등용하다", "군자는 도를 얻지 못할까 걱정하지 가난한 것을 걱정하지 않는다"[26]는 말과 다른 내용이다. 떠돌아다니는 유사遊士들의 증가로 벼슬 없는 사람들이 공경대부가 되는 길이 열렸다. 이에 명리의 다툼이 고조되었다. 이렇게 된후에야 비로소 '백성들이 다투게 하지 않으려면 어떻게 해야 하는가?', '꾀 있는 사람들이 함부로 어떻게 하지 못하게 하려면 어떻게 해야 하는가?'의 논의가 있을 수 있다. 예를 들면 다음과 같다. 맹자 자신은 '뒤에 따르는 수레 수십 대와 따르는 자 수백 명을 거느리고, 제후에게 밥을 얻어 먹었으며',[27] 백성들과 함께 농사짓고 같이 먹을 것을 주장하는 허행許行 또한 따르는 자가 수십 명이 된다.[28] 또 직하稷下에는 정치는 하지 않고 토론하기 좋아하는 전병田騈·순우곤淳于髡이 있다.[29] 그

---

26 『논어』, 「자로子路」, 2. "擧賢才." 「위령공衛靈公」, 32. "君子憂道不憂貧."

27 『맹자』, 「등문공하滕文公下」, 4. "後車數十乘, 從者數百人, 以傳食於諸侯."

28 같은 책, 「등문공상滕文公上」, 4. "其徒數十人." 참고.

29 첸무는 『국사대강國史大綱』에서 "제齊 나라 직하에 있는 선비들은 모두 정치는 하지 않고 토론만 한다. 순우곤·전병이 그 대표자다"라고 말했다. 74쪽 참고.

리고 "한 번 노하면 제후들이 두려워하고, 편안히 거주하면 천하가 조용하다"는 공손연公孫衍·장의張儀는 순종을 정도正道로 삼았기에 맹자는 첩·부녀자의 순종의 도리라고 했다.[30] 이처럼 당시 선비 집단의 위풍과 기세는 대단했다. 전국시대의 사공자四公子 또한 현자와 선비를 양성하는 바람을 일으켰다.[31] 그러므로 현자를 받들지 않고, 감히 어떻게 하지 못하게 한다는 것 등은 모두 전국시대 명리 쟁탈 현상에 대한 반작용이다.

『노자』는 또 다음과 같이 말했다.

총애는 아래가 되니, 얻어도 놀란 듯이 하고, 잃어도 놀란 듯이 하는 것을 총애 받음과 모욕을 당함에 놀란 듯이 하라고 하는 것이다.寵爲下, 得之若驚. 失之若驚, 是謂寵辱若驚 (13장)

어떤 관점에서 볼 때, 총애는 모욕이다. 왜냐하면 총애와 모욕의 이해득실은 나에게 있는 것이 아니라, 외부에 의해 결정되기 때문이다. 이 또한 『맹자』의 말과 같다.

타인이 귀하게 해 준 것은, 양귀가 아니다. 조맹이 귀하게 해준 것을 조맹이

---

30 『맹자』,「등문공하藤文公下」, 2. "一怒而諸侯懼, 安居而天下熄. …… 以順爲正. 妾婦之道也."
31 『국사대강國史大綱』, 74쪽 참고. 또 쉬푸관은 『주·진·한 정치사회 구조의 연구』에서 "토지제가 행해지지 않자, 각국은 율록栗祿 제도를 채택하여, 군주들이 유사遊士들을 등용하는데 자유롭지 못하게 했다."고 말했다. 104~105쪽 참고.

천하게 만들 수 있다.[32]

이처럼 『노자』와 『맹자』의 연대는 상당히 가깝다.

이 절에서 필자는 『도덕경』의 내용을 『논어』・『맹자』와 비교・대조하여 거기에 반영된 시대적 배경을 살펴보았는데, 『맹자』에 가깝고, 『논어』와는 다른 시기라는 것을 알았다. 즉 『도덕경』의 완성 연대는 맹자가 있었던 전국시대이지, 공자가 있었던 춘추시대는 아니다.

---

32 『맹자』, 「고자상告子上」, 17. "人之所貴者, 非良貴也. 趙孟之所貴, 趙孟能賤之."

2. 사상적 맥락

『도덕경』에 반영된 시대적 배경을 통해 볼 때 노자의 철학 문제는 주로 생명 경시와 고통스러운 삶에 대한 반성임을 알 수 있다. 아울러 생명 경시와 삶의 고통은 정치제도의 방해와 통치 권력의 압박에서 왔다. 이러한 시대에 대한 도전은 철학자에게 정열을 불태우게 한다.

문제는 한 철학자의 철학은 비록 그가 처한 시공을 벗어날 수 없지만, 그렇다고 그의 철학이 시대적 배경에 의해 결정되는 것은 아니라는 점이다. 사실 철학자의 철학은 그만의 사상적 근원이 있다. 만약 사상적 연원이 없다면 시대적 문제에 대한 어떠한 반성과 비판도 시간적 영속성을 잃게 되고, 해결하고자 했던 문제나 가지고 있던 신념 또한 역사의 흐름에서 고립되어, 단순히 개인의 감회나 독백으로 전락해 버린다. 이렇게 되면 대대로 전승되어 내려오는 민족의 지혜는 불가능하다. 그래서 이 절에서는 사상의 맥락을 통해 『노자』가 학술사에서 계승한 철학적 문제를 살펴보고자 한다.

도가사상은 허공에서 나온 것도, 갑자기 노자로부터 나온 것도 아니다. 그것은 기나긴 역사적 연원을 가지고 있다. 전설에 의하면 요堯임금 때 소부巢父, 허유許由 등 고고한 선비들이 있었다. 소부는 산에 살면서 나오지 않았고, 늙어서는 나무를 집 삼아 거기서 잠을 잤다. 그래서 소부라는 이름을 얻었다. 요임금은 그에게 천하를 선양禪讓하려고 했으나 그는 받지 않았다. 허유는 패택沛澤에 숨어 살았는데 요임금이 천하를 그에게 선양하자 받지 않고 기산箕山에 숨어 농사를 지었다. 요임금이 구주九州의 장長으로 삼으려고 다시 부르자 듣고 싶지 않아 영수潁水의 물가에서 귀를 씻었다. 이러한 전설은 비록 신빙성은 없지만, 속세에 대해 소극적인 태도를 가지고 속세를 떠나 은둔한 자성청정自性淸淨한 고사들이 있었음을 알려 준다.

『노자』에 증거가 있다. "~말이 있게 되었다建言有之"(41장), "병사를 쓰는데 ~라는 말이 있다用兵有言"(69장) 등 선인들의 격언을 인용한 사례가 있는데,[33] 이는 노자 사상이 유가처럼 전통문화의 일부분을 계승하고 있다는 것을 증명하고도 남는다. 『논어』에 도가사상과 유사한 구절이 있다.

증자가 말하기를, 재능이 있으면서 재능 없는 사람에게 묻고, 많이 알면서 적게 아는 사람에게 묻고, 있으면서 없는 것 같고, 충실하면서 공허한 것 같고,

---

33 쉬푸관은 다른 견해를 가지고 있다. 그는 "'성인聖人'이라는 말뿐 아니라, 15장, 22장, 62장, 65장의 '고지古之'는 노자를 가리킨다. 39장의 '석지昔之', 41장의 '~말이 있게 되었다建言有之' 등은 모두 노자를 가리키는 말이라고 생각한다"고 말했다. 『중국인성론사·선진편中國人性論史·先秦篇』, 498쪽.

다른 사람이 나를 범해도 개의치 않는다. 옛날에 내 친구는 그렇게 했었다.[34]

공자가 말하기를, 아무것도 하지 않으면서 다스리는 사람은 순임금이다. 무슨 일을 하겠는가? 몸을 공손히 하여 남면할 뿐이다.[35]

"있으면서 없는 것 같고, 충실하면서 공허한 것 같다"와 "아무것도 하지 않으면서 다스린다"는 말이 유가적 체계 속에서 그 의의가 반드시 도가와 같을 필요는 없다. 유가와 도가 사상이 공동의 역사적 전통을 계승했다고 말해도 문제될 것은 없다. 이 절에서는 은자隱者의 행적과 양주楊朱 그리고 유가의 '성지인의聖智仁義(총명·지모·인·의)'의 도덕규범에 대한 근본적인 반성 등 세 가지 측면에서 노자의 사상적 근원을 탐구하고자 한다.

1. 은자隱者의 행적

『논어』에는 공자와 그 제자들의 언행에 대해 동정의 태도를 취하지 않는 은자에 대한 기록이 있다.

자로가 석문에서 잤다. 새벽에 문지기가 말하기를 '어디에서 오시오?' 자로

---

34 『논어』,「태백泰伯」, 5. "曾子曰, '以能問於不能, 以多問於寡, 有若無, 實若虛, 犯而不校, 昔者吾友嘗從事於斯矣.'"
35 같은 책,「위령공衛靈公」, 5. "無爲而治者, 其舜也與. 夫何爲哉? 恭己正南面而已矣."

가 말하기를 '공자에게서 왔소.' 말하기를 '그 사람은 안 되는 줄 알고도 하는 그 사람 아닌가?

공자가 위나라에서 경쇠를 치는데, 삼태기를 지고 문을 지나는 사람이 있어서 말하기를 '(세상을 구하려는 진실한) 마음이 있구나, 경쇠를 치는 사람이여!' 얼마 있다가 말하기를 '천하다. 고집스러운 소리여! 자기를 알아 줄 사람이 없으면 그만둘 따름이니, 깊으면 옷을 벗지 않고 건너고, 얕으면 걸어서 건너는 것과 같다.' 공자가 말하기를 '세상을 잊고 사는 것이 용감하지만, 그렇게 생각하면 어려움이 없다.'

초나라 미친 사람 접여가 공자의 수레 앞을 지나며 노래하기를 '봉황이여! 봉황이요! 너의 덕이 어찌 이리 쇠했는가? 지나간 것은 충고해도 고치지 못하지만, 오는 일은 오히려 좇을 수 있으니, 하지 말아라! 하지 말아라! 오늘 정사를 좇는 것은 위태롭다.' 공자가 수레에서 내려 얘기 좀 하려고 하자, 빨리 도망가 피해서 말하지 못했다.

장저와 걸익이 밭을 가는데, 공자가 지나가다가 자로를 시켜 나루터를 물어보게 했다. 장저가 말하기를 '저 수레 고삐를 잡은 사람이 누구인가?' 하니, 자로가 말하기를 '공자이시다' 하니, 말하기를 '그러면 노나라 공자이냐?' 하고 물으니, 말하기를 '그렇다' 하니, 말하기를 '그렇다면 나루터를 알 것이다.' 걸익에게 물으니, 걸익이 '자네는 누구인가?' 하고 물으니, '중유이다'라고 말했다. 묻기를 '그렇다면 노나라 공자의 제자냐?' 하니, 대답하기를 '그렇다' 하니, 말하기를 '도도한 것이 천하에 다 이러니, 누구와 함께 고칠 수 있겠는가? 또 네가 사람을 피하는 선비를 따르는 것보다는 세상을 피하는 선비를 따르는 것만 같겠는가?' 하고 씨앗 덮는 일을 멈추지 않았다. 자로가 돌아와서 공자에게 고하니, 공자가 탄식하며 말하기를 '금수와 함께 무리를 지을 수 없으니, 내가 이 사람들과 함께하지 않고 누구와 더불어 함께하겠는가? 천하에 도가 있다면 내가 구태여 고치려고 하지 않을 것이다.

자로가 공자를 따라 뒤에 가다가 지팡이에 대그릇을 맨 장인을 만났다. 자로가 '당신은 공자를 못 봤습니까?'라고 물으니, 대답하기를 '사지를 조심하지 않고, 오곡을 분별하지 못하는데, 누가 공자인가?' 하고 지팡이를 꽂고 김을 매었다. 자로가 공손하게 서니, 노인은 자로를 머물러 묵게 하고, 닭을 잡고 밥을 지어 먹이고, 두 아들을 만나게 했다. 다음날 자로가 공자에게 고하니, 공자가 말하기를 '은자로다' 하고, 자로에게 '다시 돌아가 찾아뵈어라' 했다. 가서 보니 그는 떠나가 버렸다. 자로가 말하기를 '벼슬하지 않으면 의가 없어질 것이다. 장유유서의 예절은 폐지할 수 없다. 군신의 의를 어떻게 폐지할 수 있겠는가? 자신의 몸을 깨끗이 하고자 하면 도리어 커다란 인륜을 어지럽게 한다. 군자가 벼슬하는 것은 의를 행하고자 하는 것이고, 도가 행해지지 못하는 것은 이미 알고 있다.'[36]

---

36 『논어』,「헌문憲問」, 41. "子路宿於石門. 晨門曰, '奚自?' 子路曰, '自孔氏.' 曰, '是知其不可而爲之者與?'"

같은 곳, 42. "子擊磬於衛, 有荷蕢而過孔氏之門者, 曰, '有心哉, 擊磬乎!' 旣而曰, '鄙哉, 硜硜乎! 莫己知也, 斯己而已矣. 深則厲, 淺則揭.' 子曰, '果哉! 末之難矣.'"

같은 책,「미자微子」, 5. "楚狂接輿歌而過孔子曰, '鳳兮鳳兮! 何德之衰? 往者不可諫, 來者猶可追. 已而已而! 今之從政者殆而!' 孔子下, 欲與之言. 趨而辟之, 不得與之言."

같은 곳, 6. "長沮桀溺耦而耕, 孔子過之, 使子路問津焉. 長沮曰, '夫執輿者爲誰?' 子路曰, '爲孔丘.' 曰, '是魯孔丘與?' 曰, '是也.' 曰, '是知津矣.' 問於桀溺. 桀溺曰, '子爲誰?' 曰, '爲仲由.' 曰,

이처럼 공자와 제자들이 천하를 돌아다닐 때, 산간 외진 곳에 묻혀 사는 은자들이 있었으며, 그들은 천하를 구하려는 공자의 마음에 대해 천박하다고 비웃었고, '안 되는 줄 알면서 하고자 하는' 것에 대해서도 '너의 덕이 어찌 이리 쇠했는가?' 하며 안타까워했다. 그들은 도도히 흐르는 온 세상의 난세를 둘러보고 '오늘 정사를 좇는 것은 위태롭다'고 가슴 아파했다. 마침내 천하의 일은 어찌할 수 없음을 깨닫고 '자신의 몸만 깨끗이 하고' 세상을 바꾸려고 하지 않았다. 그들은 난세의 비상 시국에 직면해 공자와 공자의 제자들처럼 의義를 행하다가, 도道가 행해지지 않아서 오히려 광匡 땅에 갇혀 식량도 없이 '사람을 피하는 선비'가 되기보다는, 조수鳥獸와 함께 산림에 묻혀 사는 맑고 깨끗한 '세상을 피하는 선비'가 되고자 했다.

'새벽의 문지기', '삼태기를 짊어진 사람', '초나라 미치광이 접여', '장저', '걸익', '하조장인荷蓧丈人' 등은 스스로 '자기를 알아 줄 사람이 없는' 은자라고 생각하여, 묵묵히 농사를 짓고 벼슬을 구하지 않았다. 그러나 그들은 도도히 흘러가는 천하를 두 눈으로 보고 '누가 그것을 바꿀 것인가?'라고 했다. 이는 그들의 마음이 천하에 있음을 엿볼 수 있는 대목이다. 그들은 공문孔門 제자들의 언행을 비난했는데, 이 또한 그들

'是魯孔丘之徒與?' 對曰, '然.' 曰, '滔滔者天下皆是也, 而誰以易之? 且而與其從辟人之士也, 豈若從辟世之士哉?' 耰而不輟. 子路行以告. 夫子憮然曰, '鳥獸不可與同羣, 吾非斯人之徒與而誰與? 天下有道, 丘不與易也.'"
같은 곳, 7. "子路從而後, 遇丈人, 以杖荷蓧. 子路問曰, '子見夫子乎?' 丈人曰, '四體不勤, 五穀不分. 孰爲夫子?' 植其杖而芸. 子路拱而立. 止子路宿, 殺雞爲黍而食之, 見其二子焉. 明日, 子路行以告. 子曰, '隱者也.' 使子路反見之. 至則行矣. 子路曰, '不仕無義. 長幼之節, 不可廢也, 君臣之義, 如之何其廢之? 欲絜其身, 而亂大倫. 君子之仕也, 行其義也. 道之不行, 已知之矣.'"

역시 무엇을 하고자 하는 마음이 있다는 것을 증명한다. 그들은 정치가의 행위를 달갑게 여기지 않고 스스로 은둔의 길을 택했을 뿐이다. 다만 그들은 왜 은둔하는지에 대한 이론적 기초를 확립하지 않았을 뿐이다. 이와 같은 그들의 행적이 도가 사상의 전신이라고 할 수 있다.

2. 양주楊朱 사상

차이위안페이蔡元培는 양주를 장주莊周(莊子)라고 했다.[37] 이 주장은 당시 학계에 많은 토론과 반향을 일으켰다.[38] 여러 학설 중, 가오헝高亨은 양주는 양자거陽子居이지만 도가가 아니고 하나의 학파라고 보았다. 먼치밍門啓明은 양주는 장주도 양자거도 아니라고 주장했다. 두 사람 모두 양주는 양주이고, 장주는 장주이지 혼동해서는 안 된다고 주장했다. 필자는 양주의 '위아爲我' 사상이 노자사상의 근원일 가능성이 있다고 생각한다. 그래서 먼저 시간적 선후를 살펴본 후 다시 그 사상이 도가류道家類인지 가늠해 보고자 한다.

『맹자』는 다음과 같이 말한다.

성왕이 나오지 않아서, 제후가 방자하고, 초야의 선비들이 멋대로 의논하여,

---

37 『고사변古史辨』, 제4책, 539~540쪽 참고.
38 탕위에唐鉞, 「양주고楊朱考」·「양주고보楊朱考補」·「양주고재보楊朱考再補」, 앞의 책, 540~561쪽, 567~578쪽. 정빈즈鄭賓子, 「양주전략楊朱傳略」, 앞의 책, 561~569쪽. 가오헝, 「양주학파楊朱學派」, 앞의 책, 578~592쪽. 먼치밍, 「양주편화양자지비교연구楊朱篇和楊子之比較研究」, 앞의 책, 592~620쪽.

양주 묵적의 말이 천하에 가득하여, 천하의 말은 양주에게 돌아가지 않으면 묵적에게 돌아간다.······ 양주 묵적의 도가 종식되지 않으면 공자의 도가 드러나지 않는다.[39]

맹자는 양주·묵적을 막을 것을 주장하는 성인聖人의 무리라고 자부했다. 이는 양주의 사상이 맹자 때 이미 크게 유행하여 유가, 묵가와 더불어 천하를 삼분했음을 보여 준다. 따라서 반드시 맹자 이전이다. 묵자는 유학을 반박했지만 양주는 언급하지 않았고, 양주는 묵자의 제자 금활리禽滑釐와 논쟁했다.[40] 이처럼 양주의 연대는 공자·묵자 이후 맹자 이전이다. 다시 『회남자淮南子』를 살펴보자.

현을 타고 노래 부르며 북을 치고 춤을 추는 것으로 음악을 만들고, 머물고 읍하고 사양하는 것으로 예를 다듬고, 후하게 장례 지내고 오랫동안 상복을 입음으로써 죽은 자를 보내는 것은 공자가 만든 것인데, 묵자는 그것을 반대한다. 겸애와 상현尚賢, 귀신을 존경하고 천명을 믿지 않는 것은 묵자가 만든 것인데, 양자는 그것을 반대한다. 천성을 보존하고, 사물에 몸이 얽매이지 않는 것은 양자가 만든 것인데, 맹자는 그것을 반대한다.[41]

---

39 『맹자』, 「등문공하藤文公下」, 9. "聖王不作, 諸侯放恣, 處士橫議, 楊朱 墨翟之言盈天下. 天下之言不歸楊, 則歸墨.······ 楊墨之道不息, 孔子之道不著."
40 『순자』, 「왕패王覇」. "양주가 갈림길에서 울면서 말하기를楊朱哭衢涂曰······"에 대해 양경楊倞 주注는 다음과 같이 말하고 있다. "양주는 전국시대 사람이며, 묵자보다 후대 사람으로, 묵자의 제자 금활리禽滑釐와 논쟁했다.楊朱戰國時人, 後於墨子, 與墨子弟子禽滑釐辯論"
41 『회남자』, 「범론훈氾論訓」. "夫弦歌鼓舞以爲樂, 盤旋揖讓以修禮, 厚葬久喪以送死, 孔子之所立也, 而墨子非之. 兼愛上賢, 右鬼非命, 墨子之所立也, 而陽子非之. 全性保眞, 不以物累形. 楊子之所立也, 而孟子非之."

이 구절은 은연중 선진 제자백가의 시대적 선후 관계를 서술하고 있는데, 이 또한 증거가 된다.

그 다음 '양주의 위아주의爲我主義와 노담老聃(노자)의 이물주의利物主義는 서로 모순이다'·'양주의 평민사상과 노담의 왕후사상王侯思想은 서로 모순이다'는 가오헝의 주장처럼 정말 모순인가? 만약 가오헝의 주장이 옳다면 양주 사상이 노자사상의 근원이 된다는 가오헝 자신의 주장은 성립될 수 없다. 따라서 위아사상의 이해는 시간의 전후와는 관계없다.

『열자列子』는 이미 위작임이 알려졌는데,[42] 특히 「양주」편은 욕망대로 행하는 사상으로 충만하며, 그야말로 위진魏晉시대 퇴폐풍조의 반영이다. 이는 이미 양주사상이 아니라는 것을 보여 준다. 양주 사상이라고 할 수 있는 것은 다음 세 구절이다.

양자는 자신만을 위하는 것을 취했는데, 털 하나를 뽑아서 천하가 이롭더라도 하지 않았다.(『맹자』)

양생陽生(양주)은 자신을 귀하게 여기는 귀기貴己를 주장했다.(『여씨춘추』)

천성을 보존하고, 사물에 몸이 얽매이지 않는 것은 양자가 만든 것이다.(『회

---

42 마쉬룬,「열자위서고列子僞書考」,『고사변古史辨』, 제4책, 520~529쪽. 천원보陳文波,「위조열자지일증僞造列子之一證」, 같은 책, 529~539쪽.

남자』)⁴³

양자의 위아爲我·귀기貴己(자신을 귀하게 여김)는 사물에 얽매이는 육
체에 있는 것이 아니라, 생명의 참모습에 있다. "털 하나를 뽑아서 천하
가 이롭더라도 하지 않는다"는 맹자의 판단은 유학의 관점에서 규정한
것인데, 양자의 사상을 제대로 파악하지 못하고 잘못 이해한 것 같다.
이것이 양주와 노자사상이 서로 모순이라는 가오헝의 주장이 나오게
한 것 같다.

『한비자』를 살펴보자.

천하의 이익을 위해 자기 정강이의 털 한 올도 바꾸지 않는다.⁴⁴

여기서 이해해야 할 것은, 양주의 사상은 극단적인 위아주의자가 아
니라, 묵가철학의 반동으로 천하의 이익을 위해 손톱만큼의 생명도 훼
손하지 않는다는 점이다(이 또한 양주사상이 묵자 이후 맹자 이전이라는 것을
증명한다). 만약 모든 사람이 자신을 위하고爲我, 스스로 편안하고 만족
스러워 타인을 간섭하지 않고 함부로 시비가 생기지 않게 된다면, 어지
러운 문제가 해결되지 않겠는가? 이것이 양주사상이 사람들을 놀라게
하지 않고 한 시기를 풍미하게 된 원인이다.

---

43 『맹자』, 「진심상盡心上」, 26. "楊子取爲我, 拔一毛利而天下, 不爲也." 『여씨춘추』, 「불이不
二」, "陽生貴己." 『회남자』, 「범륜훈氾論訓」, "全性保眞, 不以物累形, 楊子之所立也."

44 『한비자』, 「현학顯學」, "不以天下大利, 易其脛一毛."

이상을 통해 볼 때, 양주 사상은 은자들 언행에서 진일보된 것이라고 할 수 있다. 자로子路는 하조장인荷蓧丈人에 대해 "자신의 몸을 깨끗이 하고자 하면 도리어 커다란 인륜을 어지럽게 한다"고 말했는데, 맹자 또한 "양씨는 위아爲我인데, 군주가 없는 것이다"라고 말했다.[45] '위아'는 자신의 몸을 깨끗이 하는 것을 추구하는 것이고, '무군無君'(군주가 없는 것)은 군신의 윤리를 어지럽히는 것이다. "조수鳥獸와 함께 같이 하지 못한다"는 공자의 탄식이 있는데, 맹자 또한 부자父子의 친親·군신의 의義 두 가지 윤상倫常을 근거로 양주를 '금수'라고 했다. 양주의 위아·무군으로부터 노자의 허정虛靜·무위無爲는 매우 합리적인 발전인데, 어째서 모순이라고 할 수 있는가? 그리고 『노자』의 "성인은 일정한 마음이 없이, 백성들의 마음을 자신의 마음으로 삼는다"[46]는 것이 어째서 평민平民사상이 아니고 왕후王侯사상인가? 이 또한 문장에 너무 집착한 것이다.

여기에 문제가 하나 있다. 노자와 양주 모두 공자·묵자 이후, 맹자·장자 이전이다. 어째서 맹자는 양주만 막고 노자는 언급하지 않았는가? 『장자』「천하」편과 『순자』「해폐解蔽」「비십이자非十二子」에서 제자백가 사상을 평할 때 모두 묵자는 있는데 양주는 없다. 한비자가 세상을 논한 「현학顯學」 또한 유가·묵가만 있다. 이는 양주사상이 맹자 때 크게 유행했고, 『장자』「천하」와 순자와 한비자 때에는 이미 몰락했음을 보여준다. 이 원인에 대해 라오쓰광勞思光은 아주 명쾌하게 다음

---

45 『맹자』,「등문공하藤文公下」, 9. "楊氏爲我, 是無君也."
46 『노자』, 49장. "聖人無常心, 以百姓心爲心."

과 같이 추론했다.

> 양주의 학설은 한때 크게 유행했으며, 쇠퇴 시기는 맹자 이후, 「천하」편 시
> 대 이전으로 보는 것이 옳다. 이 시기는 노장 사상이 유행했던 때이기도 한
> 다. 맹자의 생졸 연대는 장자보다 겨우 몇 년 앞이다. 맹자 당시에 장자는 본
> 래 없었고, 양자·묵자만 언급했다. 이는 당시 노장사상이 독립적인 학파가
> 아니라는 것을 보여 주기에 충분하다. 왜 그런가? 왜냐하면 노장사상은 양주
> 에 근접해 있기 때문에 양주에 의해 가려져 있어서 함께 한 학파를 이루었다.
> 이후 양주사상이 쇠퇴하고 이로 말미암아 노장사상이 유행했다. 노장사상은
> 양주사상의 성숙과 거리가 멀다. 『도덕경』·『남화南華』(장자를 가리킴)의 유
> 행으로 양주의 말은 마침내 쇠락했다.[47]

이상을 근거로 말하면, 노자철학은 시대적 혼란 속에서 혼란의 근본
적인 해결 방법을 찾으려는 것과 동시에 은자의 행동과 양주사상을 이
어받아 한층 높은 차원의 초월적 근거를 건립하려고 했다.

3. 유가 '성지인의'의 도덕규범에 대한 반성

선진先秦 제자백가 사상은 모두 주나라 문화에 대한 반성을 통해 서로
다른 입장을 취해 각기 독특한 길을 열었다.

유가는 하·은·주 삼대의 문화적 전통을 계승했다. 유가는 주나라 문

---

47 『중국철학사中國哲學史』, 제1권, 127쪽.

화의 붕괴에 직면해 근본적인 반성을 통해 문화적 전통을 재건할 수 있는 가능성을 찾고자 했다. 공자는 "사람이 인하지 않으면서 예는 해서 무엇하느냐? 사람이 인하지 않으면서 음악은 해서 무엇하느냐?"[48]고 말했다. 공자 철학의 핵심은 주나라 예악을 인성의 뿌리 속에 심는 데 있다. 인이라는 내재적 근거가 있어야, 예악의 옥·비단·종·북[49] 등의 형식에 도덕적 자각의 의의가 있게 된다. 공자는 인·의·예를 모두 중시했다. 인이 발현된 마음은 마음의 안락과 자족을 구한다. 인심의 발현은 여러 가지 객관적인 상황을 고려하고, 나와 타인 사이에서 각각의 안락의 도를 추구한다. 모든 사람의 안락한 도덕 판단이 바로 의義이고, 사람들의 마음이 서로 교감하는 통로가 바로 예禮이다.[50]

그러나 전국시대에 이르자 예악은 붕괴되고, 주나라 문화는 재건될 가능성이 없었다. 그래서 맹자는 전통적 예제禮制 회복을 추구하지 않고 인간의 도덕 양지良知를 내세워 왕도정치의 청사진을 제시했다. 예의禮義는 내 마음속에 있다는 내재설內在說을 통해 '의'를 입신처세의 가치표준으로 삼았다. 그래서 "인에 살고 의를 따른다면, 대인의 일이 구비된 것이다"[51]라고 말했다. 외부의 객관화된 규범의 예를 내재된 주체성의 자각으로 끌어들였다. 그래서 '인의仁義'라고 병칭했다. 순자에 이르러 인간의 본성에 대한 고찰은 실연實然의 경험 세계로 끌어내려

---

48 『논어』, 「팔일八佾」, 3. "人而不仁, 如禮何? 人而不仁, 如樂何?"

49 『논어』, 「양화陽貨」, 11 참고. ─옮긴이

50 졸저, 「종화과표령도영근자식從花果飄零到靈根自植」, 『어후월간鵝湖月刊』, 33기, 鵝湖月刊社, 1978 참고.

51 『맹자』, 「진심상盡心上」, 33. "居仁由義, 大人之事備矣."

인성이 본래 가지고 있는 가치의 선善을 인정하지 않았다. 그래서 "인간의 본성은 악하고, 그 선한 것은 인위적 노력이다"[52]라고 말했다. 인심仁心이 존재하지 않고, 의義는 외적인 것으로 전환되어 객관적인 예제禮制적 규범으로 전락했다. 그래서 '예의禮義'라고 병칭했다. 공자의 의는 인과 예 사이에 있고, 맹자의 의는 내재해 있는 인에 근원을 두고 있으며, 순자의 의는 외부에 있는 예다. 이런 인·의·예는 점점 내부에서 외부로 밀려났다. 마음에 내재되어 있는 생명의 근원은 물욕에 이끌려 외부에서 잃어버리고, 이로 인해 내외가 단절되어 말라 버린다면, 의는 주관적인 편견으로 바뀌고, 예 또한 외부에서 들어온 구속이 되어 버린다.

노자의 생존 연대는 맹자, 순자 이전이지만, 맹자, 순자 이전의 공자 제자들 또한 크게 두 부류로 나뉜다. 하나는 내면에서 구하는 증자曾子이고, 다른 하나는 성인聖人을 독실하게 믿는 자하子夏다. 전자는 내성內省의 인仁을 중시하고, 후자는 외부로 드러난 예를 중시한다. '의'의 집착과 '예'의 경직화는 맹자, 순자 이후까지 기다릴 필요가 없었다. 공자는 이미 "너는 군자다운 선비가 되고, 소인 같은 선비가 되지 말라"[53]고 자하에게 충고했다. 그래서 노자는 자신의 철학적 문제를 주로 유학의 인·의·예에 두고, 자기 철학의 형이상학적 근원을 개척했다.

『노자』는 다음과 같이 말했다.

---

52 『순자』,「성악性惡」. "人之性惡, 其善者僞也."
53 『논어』,「옹야雍也」, 11. "女爲君子儒! 無爲小人儒."

성인은 어질지 않으니 백성을 풀이나 개로 삼는다.聖人不仁, 以百姓爲芻狗 (5장)

대도가 없어지니 인의가 있고, 지혜가 나타나니, 큰 거짓도 있게 되었다.大道 廢, 有仁義. 慧智出, 有大僞 (18장)

총명을 끊고 지모를 버리면 백성들의 이익이 백배가 된다. 인을 끊고 의를 버리면 백성들이 다시 효성스럽고 자애로워진다.絶聖棄智, 民利百倍. 絶仁棄義, 民復孝慈 (19장)

도를 잃어버린 후에야 덕이 있고, 덕을 잃어버린 후에야 인이 있으며, 인을 잃어버린 후에야 의가 있고, 의를 잃어버린 후에야 예가 있으니, 예란 충성과 믿음이 희박해져서 나오고 혼란의 시초다.失道而後德, 失德而後仁, 失仁而後義, 失義而後禮, 夫禮者, 忠信之薄, 而亂之首 (38장)

'성지인의聖智仁義(총명·지모·인·의)를 끊다'는 본질적 부정이 아니라, '총명·지모·인·의'의 작용의 보존이다. 도덕실천의 가치를 부정하는 것이 아니라, 도덕적 형이상학의 근원을 통해 '총명·지모·인·의'의 가능성을 지켜내는 것이다. 이와 같이 노자철학은 공자 이후임을 알수 있다. 유학의 덕화德化·예치禮治에 대한 보다 높은 단계에서의 반성이다. 팡둥메이方東美는 공자의 유학은 인간의 생명을 시간의 흐름 속에 집어넣어 가치의 창조적 활동을 전개하는 것이라고 보았다. 앞으로 나아가는 역정 속에서 노자의 반성을 통해 "다시 그 어미를 지키지復守

其母"(52장) 못하고 도의 형이상학적 근원으로 되돌아오면, 첫째 인간의 창조력이 쇠퇴하고, 둘째 속세로 들어갔기 때문에 극도의 위기가 닥치게 된다. 이렇게 되면 앞으로 나아간다는 것이 상향적 상승이라고 할 수 없을 뿐 아니라, 오히려 아래로 타락할 수도 있다.[54]

앞으로 나간다는 것은 공자의 유학으로 말하면 "사람이 도를 넓히는 것이지, 도가 사람을 넓히는 것이 아니다".[55] 도道란 "근본이 서면 도가 생긴다"[56]의 도道로서, 인문人文의 도이다. 또 "정치는 덕으로 한다"[57]는 덕은 "덕을 닦지 못하다"[58]는 덕으로, 인격 수양을 통해 얻은 덕이다. 이러한 인문의 도, 인격의 덕은 모두 형이상학적 선재성先在性이 없다. 근본은 "내가 인을 실천하고자 하면, 인은 이른다"[59]의 인仁에 있다. 그래서 "도에 뜻을 두고, 덕에 의거하며, 인에 의지하고, 예에서 노닌다"[60]고 말했다.

노자의 반성에 의하면, 인격수양을 통해 얻은 유가의 도덕은 간섭과 파괴로 부도덕不道德이다. 도가에 의하면 인간은 무위허정無爲虛靜하므로 인의예지의 규범에 얽매이지 않을 때 비로소 진정한 도덕이 드러난다. 그래서 "높은 덕은 덕 같지 않으니, 덕이 있고, 낮은 덕은 덕을 잃으려 하지 않으니, 덕이 있다上德不德, 是以有德., 下德不失德, 是以無德"(38장)

---

54 타이완臺灣 보인대학輔仁大學 1974년 '중국철학적정신급기발전中國哲學的精神及其發展' 수업 중 필기.

55 『논어』, 「위령공衛靈公」, 29. "人能弘道, 非道弘人."

56 같은 책, 「학이學而」, 2. "本立而道生."

57 같은 책, 「위정爲政」, 1. "爲政以德."

58 같은 책, 「술이述而」, 3. "德之不修."

59 같은 곳, 29. "我欲仁, 斯仁至矣."

60 같은 곳, 6. "志於道, 據於德, 依於仁, 游於藝."

고 말한다. 이처럼 인문적 수양의 의미를 통해 도덕을 끌어올려 그것에 형이상학적 근원의 의미를 부여했다.

　이상의 사상적 근원을 통해 다음과 같은 것을 알 수 있다. 노자는 은 자의 행적과 양주의 사상을 이어받은 것이 있고, 유가적 인의예지의 도 덕규범과 덕화德化, 예치禮治의 치도治道에 대해 비판적이다. 이를 바탕 으로 노자는 도를 받들고 덕을 귀하게 여기는 '존도귀덕尊道貴德'의 형 이상학적 철학체계로 전환했다.

3. 지역적 특색

제자백가는 똑같이 전국시대라는 혼란한 시기에 처해 있었을 뿐 아니라, 삼대 이후의 역사적 전통을 공유하고 있었다. 그런데 어째서 제자백가의 정치적 성향은 서로 다른가? 이런 독특한 풍격의 지혜는 천성적인 성향과 기질 이외에 그들의 행적과도 관계 있다. 그들이 자라난 지리적 환경에서도 그 가능성을 찾아볼 수 있다.

『사기』는 노자에 대해 "스스로 숨고 이름을 드러내지 않으려고 힘썼다"고 말하며, 노자의 성씨 또한 세 가지 학설이 있어 단정하기 어렵다고 했다. 그러나 노자의 고향에 대해서는 "초나라 고현 여향 곡인리 사람"[61]이라고 할 정도로 상세하게 기록해 놓았다. 이에 대해 마쉬룬馬敍倫은 다음과 같은 의문을 제기했다.

사마천은 (노자를) 상相의 사람이라고 했는데, 몽蒙(河南 · 商邱 東北)의 장

---

61 『사기史記 · 노자한비열전老子韓非列傳』. "楚苦縣厲鄕曲仁里人也."

자·경京(河南省)의 신불해申不解와 같은 지역이다. 육륙陸씨는 『사기』의 '담聃'에 대해 '인리仁里 사람이라고도 하고, 또 진陳나라 상相 사람'이라고도 한다. 육씨의 견해에 의하면 『사기』 본문은 진陳나라 상相 사람이다.[62]

향鄕·리里 또한 두 가지 학설이 있는데, 사마정司馬貞은 『색은索隱』에서 다음과 같이 말했다.

> 고현苦縣은 본래 진陳나라였는데, 춘추시대 때 초楚나라가 진나라를 멸했고, 그래서 다시 초나라가 되었다. 그래서 초나라 고현이라고 한다. 고제高帝 11년 회양국淮陽國을 세우니, 진현陳縣 고현苦縣 모두 초나라에 속했다.[63]

이것은 향·리 두 가지 학설이 모두 통하는 이유이다. 노자가 진나라 상 사람이든, 혹은 초나라 고현 사람이든 모두 중원의 남쪽 지역이다. 『논어』속의 은자 중 접여接輿는 초나라 미치광이라고 불리니 당연히 초나라 사람이고, 장저長沮·걸익桀溺은 채蔡나라 사람이다. 양주는 송나라 사람이라는 설이 있고, 또 진秦나라 사람이라는 설도 있다.[64] 장자는 송나라 몽蒙 사람이다. 이처럼 도가 특성의 사람은 대부분 당시의 남방 지역에 집중되어 있다. 아마도 지리적 환경의 영향으로 상상력

---

62 재인용, 가오헝,「사기노자전전증史記老子傳箋證」,『고사변古史辨』, 제6책, 441쪽 참고.

63 앞의 논문, 442쪽 참고.

64 쩡빈즈鄭賓之는「양주전략楊朱傳略」에서 『장자』「변무駢拇」편의 '楊墨是己'에 대한 성현영成玄英 소疎는 "양자楊者의 성은 양楊이고 이름은 주朱이며, 자字는 자거子居이고 송宋나라 사람이다"이고 「산목山木」편의 '陽子之宋'에 대한 성현영成玄英 소疎는 "성은 양陽, 이름은 주朱, 자字는 자거子居, 진秦나라 사람이다"로 되어 있다고 한다.

과 낭만적인 정서가 풍부한 것 같다. 중국 문학사에서 대표적인 시가詩歌 총집인 『시경』과 『초사楚辭』는 남과 북의 지리적 차이를 상징하는데, 리우따지에劉大杰의 다음과 같은 말로 증명할 수 있다.

『시경』과 『초사』의 풍격은 확실히 차이가 있다. 왜냐하면 이러한 차이는 남북 문학의 경계선을 긋기 때문이다. 그 차이의 중요성은 글의 길이나 구절의 양식에 있지 않고, 사회를 그대로 묘사한 사실寫實문학에서 상징적인 낭만문학으로의 전환에 있다. 『시경』에 낭만적인 색채가 완전히 없다고 말할 수는 없다. 예를 들면 「진풍陳風」· 「남南」에 나오는 시 또한 정열적인 감정을 내포하고 있다. 그러나 상징적이고 환상적인 요소가 부족하여 낭만문학이 갖는 신비한 느낌을 느낄 수 없다. [반면 『초사』는] 개인의 역사와 감정의 표현은 말할 것도 없고, 귀신이나 무당까지도 아름다운 의상을 입은 낭만적인 정서로 나타난다. 『시경』을 읽은 후, 『초사』를 읽으면 완전히 다른 두 세계를 느낄 수 있다. 하나는 일상적으로 접하는 현실사회이고, 다른 하나는 환상적이고 신비로운 자연이다.[65]

어째서 남방 문학은 독특하게 낭만적인 감정과 허무사상을 가지고 있을까? 이에 대해 리우따지에는 유협劉勰과 왕부지王夫之그리고 량치차오의 주장을 근거로 그것을 증명했는데,[66] 한마디로 말하면 지리적

---

65 『중국문학발달사中國文學發達史』, 中華書局, 1962, 63~64쪽.
66 같은 곳. 저자는 『중국문학발달사』 본문을 인용했다. 여기서는 그것의 핵심 내용만 요약했다―옮긴이 주.

환경과 산수山水는 문학적인 격조를 윤택하게 하는 데 많은 도움을 준다는 것이다. 이것은 학술사상사에도 영향을 미친다. 이에 대해 량치차오는 남방을 염세적이라고 규정하고, 양주의 위아爲我주의와 주어진 삶을 즐거운 마음으로 받아들이는 낭만주의는 모두 염세관에서 왔다고 보았다. 사실 량치차오는 『열자列子』의 「양주楊朱」편을 양주 사상이라고 여겼다. 그래서 이처럼 잘못 판단했다. 량치차오는 더 나아가 학파 특성의 차이는 지리적 환경을 어떻게 이용하느냐에 따라 차이가 있다고 주장했다. 민족의 차이성에 대해서는 자세히 언급하지 않았다. 이에 대해 씨아우꽁취엔蕭公權은 다음과 같이 말했다.

노자와 장자는 초나라와 송나라에서 태어났으며, 은殷 민족의 후예인 것 같다. 이들 외에 제자백가 가운데 사상과 행적이 도가에 가까운 자들 또한 대개 은의 유민이 흩어졌던 땅에서 태어났다.[67]

그는 또 다음과 같이 말했다.

성왕成王이 무경武庚을 멸하고 나서, 미자微子를 송나라에 봉했다.……장주(장자)가 만약 몽 사람이라면, 그 또한 은 민족의 환경 속에서 태어났을 것이고, 그 자신이 은의 백성일 수도 있다. 비록 초나라가 은나라와 가까운 관계가 아니지만, 주나라 태백太白과 중옹仲雍이 형荊의 만족蠻族(남방의 오랑캐)으로 도망한 것을 보면, 은 백성 가운데 불복종하던 자들의 상당수가 남방을

---

67 씨아우꽁취엔, 『중국정치사상사·상中國政治思想史·上』, 聯經, 1982, 27쪽.

세상을 피해 갈 수 있는 낙원으로 생각한 것 같다. 노담(노자)이 초나라의 고현에서 태어났고, 그의 배경 역시 아마도 송나라 몽의 장주와 비슷할 것이다. 노장의 소극적 사상이야말로 망국亡國의 유민이 세상을 분개하는 심리에 딱 들어맞는다.[68]

이처럼 지역적 특색은 지리적 차이뿐 아니라, 역사적 전통도 다르다. 은자·양주 모두 남방에 속한다. 『맹자』는 다음과 같이 말했다.

지금에 남만의 왜가리소리 하는 사람은 선왕의 도가 아니다.[69]

남방과 북방의 학술 특성의 차이가 있다는 것에 대해 『맹자』의 위 인용문도 증거가 된다. 허행許行은 명군明君은 백성과 함께 밭을 갈고 먹어야 한다고 주장한다. 이는 은자가 공자를 "사지를 조심하지 않고, 오곡을 분별하지 못한다"[70]고 조롱하는 태도와 똑같다. 역시 반 주문화周文化적 경향이다.

이 장의 내용을 종합하면 다음과 같다. 노자철학은 첫째, 시대적 배경에서, 정치제도의 호도와 강력한 통치 권력을 해소하고자 했다. 둘째, 사상적 맥락의 전승관계에서, 은자의 행적과 양주 사상에서 진일보했으며, 이론적으로는 초월적인 형이상학적 근거를 확립하고, 유학의

---

68 같은 책, 22쪽.
69 『맹자』, 「등문공상滕文公上」, 4. "今也南蠻鴃舌之人, 非先王之道."
70 『논어』, 「미자微子」, 7. "四體不勤, 五穀不分."

'성지인의(총명·지모·인·의)'의 도덕규범이 되는 형이상학적 근원을 개척했다. 셋째, 지역적 특성의 영향으로, 기후 및 지리적 특성상 낭만주의적 성격과 세상에 대해 분개하는 은나라 유민의 고독한 마음을 나타내는 경향이 있고, 또 반 주문화적 무위사상의 경향을 가지고 있다. 이상과 같이 노자 『도덕경』의 철학적 배경을 간략히 살펴보았다.

제3부

—

인간의 생명은 유한한가?

변화무상한 삼라만상과 인생에서 고통과 불안으로 인해 생긴 좌절과 허무는 오래전부터 존재해왔던 보편적인 사실이다. 다만 혼란기 때 받은 인상이 특별히 깊고 느낌 또한 더욱 뚜렷할 뿐이다. 노자철학은 그가 살았던 시간적·공간적 배경, 그리고 그가 이어받은 역사적 전통 및 태어나고 활동했던 지리적 환경 등을 통해서 짐작할 수 있다. 그러나 『노자』에는 선왕의 도를 서술하거나 단도직입적으로 자신의 이론을 자세히 서술하는 전통적 서술방식은 보이지 않는다. 『노자』는 항상 특정한 시공 속의 인물이나 사건을 떠나, 인류 보편의 존재문제에 대해 언급했다. 여기에 인생의 예지와 통찰이 곳곳에서 드러난다.

노자철학은 절대로 서재에서 우연히 생각해 낸 오묘한 진리도 아니며, 이성적 자아의 잠꼬대 같은 독백도 아니다. 노자는 마치 당시의 사회적 현상과 역사적 사실을 자신의 마음으로 걸러내어 더 이상 격렬하게 열광하지도 더 이상 세속에 끌려 다니지도 않는 것 같다. 행간 속에 드러난 노자철학은 진정한 깨달음과 깊은 체험의 철리哲理다.

중국철학사상은 유가든 도가든 결국 유한한 존재자의 체험과 느낌에 바탕을 두고, 인간의 생명이 어째서 유한한 것인가를 되돌아보고, 정신수양과 도덕실천을 통해 유한에서 무한으로의 가능성을 열려고 한다. 그래서 중국철학은 '마음心'에 중점을 두었지, 세계가 어떻게 만들어졌는지를 탐구하는 우주론에 두지 않았다. 또 유한·무한의 문제 역시 신과 인간이라는 두 세계의 유비적 구분에 두지 않았다. 즉 천인天人 혹은 이기理氣라는 본체론적 문제 역시 인간의 생명 속으로 내재화시켜 말한다.

노자철학의 정신에 대해 쉬푸관의 말로 이것을 증명하고자 한다.

> 노자철학의 동기와 목적은 우주론 확립에 있는 것이 아니라, 인생으로부터 점차적으로 상향하여 우주의 근원을 추구하고, 그것을 인생의 안식처로 삼는 데 있다. 따라서 도가의 우주론은 노자 인생철학의 부산물이라고 할 수 있다.[*]

---

[*] 『중국인성론사·선진편中國人性論史·先秦篇』, 325쪽.

노자철학에 대한 쉬푸관의 관점은 대체로 타당하다. 문제는 '추구하다'는 말에 있다. 노자의 형이상학적 지혜는 이성적 추구를 통해 얻은 것이 아니라, 수양 실천을 통한 깨달음과 체득이다. 만약 이러한 의미가 성립되지 않으면, 중국철학은 인간의 생명 밖에 초연히 독립해 있는 현묘한 도리에 불과할 뿐이다.

노자철학은 특정한 시공의 범주와 역사적 사건의 한계를 뛰어넘어, 예부터 있어 왔던 '인간의 생명은 어째서 유한한가?'라는 보편적인 문제에 집중되어 있다.

1. 마음의 집착과 도의 막힘

1. 도의 초월성과 내재성

유有와 무無의 양면성

노자의 도덕론은 유가의 성명론性命論과 다르지 않다.[1] 노자의 도덕은
『논어』, 『맹자』의 수양을 통해 시작된 소박한 의미와는 달리 형이상학
적·선천적 특성을 가지고 있다.

먼저 도의 본체론本體論적 의미에 대해 살펴보자. 도는 무엇이라고
말할 수 없기 때문에, 노자는 '유'와 '무'라는 가장 보편적인 개념으로
도의 양면성을 설명한다.

> 무는 천지의 시작을 말하고, 유는 만물의 어머니를 말한다.無, 名天地之始. 有,
> 名萬物之母 (1장)

---

[1] 『중국인성론사·선진편中國人性論史·先秦篇』, 338쪽.

이 장에 방점을 찍는 것에 대한 여러 가지 주장이 있다. 하상공본河上公本과 왕필본王弼本에 의하면, '무명無名'·'유명有名'에 방점을 달았고, 이어지는 문장 즉 "그러므로 상무常無로 그 오묘함을 바라보고, 상유常有로 그 돌아감을 본다"[2]에서도 '무욕無欲'·'유욕有欲'에 방점을 찍었다. 사마온공司馬溫公·왕안석王安石·소철蘇轍부터 '유有'·'무無'에 방점을 찍기 시작했다.[3] 전자를 주장하는 이유는, 이 구절 바로 앞에 나오는 "도라고 말할 수 있는 도는 변하지 않는 도가 아니고, 이름 부를 수 있는 이름은 변하지 않는 이름이 아니다"[4]에 이어지는 것으로, 말言이나 명칭名 같은 개념이 형이상학적 도를 형용하는 데 한계가 있음을 반성하는 데서 나왔다. 그래서 '무명'·'유명'에 방점을 찍었는데, 의미가 매끄럽다. 『노자』에 나오는 "짓기 시작하면 이름이 생긴다始制有名"(32장), "도는 이름이 없는 데에 숨었다道隱無名"(41장), "항상 무욕이니 작다고 이름을 부를 수 있다常無欲, 可名於小"(34장) 등이 이것을 증명한다. 그러나 이러한 주장은 견강부회의 측면이 있다. 『노자』 첫머리는 말言과 명칭名 같은 개념은 도체道體를 형용하는 데 한계가 있다고 시작하지만, 그 핵심은 말이나 명칭에 있는 것이 아니라 '도체'에 있다. 이 구절의 요지는 '말할 수 없는 도不可道'·'말할 수 없는 이름不可名'을 통해 추상적인 개념에 고정된 한계성을 뛰어넘어 인지의 대상이 아닌 진정한 '상도常道'를 부각시키는 데 있다. 그러므로 중점은 '무명'·'유명'을 논하

---

2 『노자』, 1장. "故常無, 欲以觀其妙. 常有, 欲以觀其徼."
3 위원魏源, 『노자본의老子本義』 참고.
4 『노자』, 1장. "道可道, 非常道. 名可名, 非常名."

는 것이 아니라, 구체적인 사물이 아닌 '무'와 '유' 개념을 통해 도의 양면성을 드러내는데 있다. 왜냐하면 도道는 정해진 형체도 없고, 어디에 제한도 받지 않으므로 표현할 수 없기 때문이다.

그리고 『노자』에는 '무'·'유' 단독의 독립된 개념이 나오기도 한다. "천하 만물은 유에서 나오고, 유는 무에서 나온다天下萬物生於有, 有生於無"(40장)가 그 예다. 『장자』「천하」편은 노자사상을 평하면서 "변하지 않는 무와 유를 세웠다建之以常無有"고 말한다. '상무常無'·'상유常有' 두 개념을 말하는 것이든 혹은 '상常'·'무無'·'유有' 세 개념을 말하는 것이든, 결국 '무'와 '유'는 모두 독립된 개념이다. 오히려 『노자』에는 '유욕有欲'이라는 말은 없다. 이 중에서 '무'는 그 자체의 해석이 곤란하지만, '유명有名' 즉 유형有形이므로 '만물'과 별 차이가 없는데, 어떻게 만물의 어머니가 될 수 있는가? 그리고 심心은 이미 '유욕'이어서 허정虛靜하지 않는데, 어떻게 만물이 순환하여 돌아가는 도를 직관할 수 있는가?[5] 그러므로 '무명'·'유명'에 방점을 찍는 것은 이론적으로 더욱 곤란하다. 머우쭝산은 다음과 같이 말했다.

('무명'·'유명'으로 방점을 찍으면) 원문은 다음과 같이 되어야 할 것 같다. 즉 무명無名일 때, 도道는 천지의 시작이 된다. '유명'일 때, 도는 만물의 어머니가

---

5 이엔링펑은 다음과 같이 말했다. "『노자』 책에서 '무욕'은 많이 말하는데, '유욕'으로 연결된 문장은 여기 이외에 없다. 더구나 노자는 '치허수정致虛守靜'으로 만물이 되돌아오는 것을 보는데, '유욕'이라면 '허정하지 않다不虛靜'인데 어떻게 돌아감徼을 볼 수 있단 말인가?"『노자달해 老子達解』, 8쪽. 이에 대해 머우쭝산은 『재성과현리才性與玄理』에서 '유욕'을 '요향성徼向性'의 '유'로 해석하여 이러한 곤란을 해결했다.

된다. 이처럼 반드시 '시時'자를 붙이고 또 '도道'자를 보충하여 주어로 삼아야 한다. 그런데 '무명'일 때나 '유명'일 때나 모두 천지만물을 말한다. 이렇게 되면 '무명'에서 직접 '무' 개념이 성립되지 않고, '무'를 '도'로 여겨 만물의 시작으로 보게 되고, 도는 외부로부터 보충을 필요로 하게 되어 결국 원문 밖에 있는 것이 된다. 물론 '유명'에서 '유' 개념도 성립되지 않고 '만물의 어머니'도 성립되지 않는다. '유명'·'유형'일 때는 물物이다. 이렇게 되면 '유'와 '물'은 동일하고 차이가 없다. 결국 유有(物)와 외부에서 보충된 도道(無) 두 층만 있게 된다.[6]

왕필王弼은 귀무론貴無論을 주장한다. 그러므로 '유'를 만물에 놓았다. '유'는 '유명'·'유형'이므로 그 자체가 만물의 어머니가 될 수 없다. 따라서 '도'의 '무'와 사물의 '유' 두 층만 있게 된다. 이러한 해석은 "천하 만물은 유에서 나오고, 유는 무에서 나온다"는 말과 연결시키면 더욱 통하지 않는다. 『노자』 1장은 분명히 만물·유·무 세 개 층이다. "유는 무에서 나온다"는 유는 무로부터 나온다고 풀이할 수 있다. 그러나 "천하 만물은 유에서 나온다"에 대한 왕필의 주는 '유'를 유명有名·유형有形의 만물에 고정시켜 놓았다. 그러므로 '나온다生'는 또 다른 의미만 파생되고, '~로부터 나온다生自'는 의미는 사라져 '만물 자생自生'의 뜻으로 변했다.[7]

"무는 천지의 시작을 이름하는 것이고, 유는 만물의 어머니를 이름

6 『재성과현리才性與玄理』, 131쪽.
7 같은 책, 132쪽.

하는 것이다無, 名天地之始. 有, 名萬物之母"와 "천하 만물은 유에서 나오고, 유는 무에서 나온다"를 비교할 때, 무와 유, 천지와 만물 등 몇 개 층으로 나눌 수 있는가? 혹 도는 '무'가 한 층이 되고, 천지는 '유'가 또 한 층이 되며, 천하 만물이 또 한 층 된다고 할 수 있는가? 만약 이렇게 풀이하면 왕필의 잘못을 피할 수 있고, 1장과 41장의 모순 또한 사라진다. 이처럼 무는 천지의 시작 즉 "유는 무에서 나오고", 유는 만물의 어머니 즉 "천하 만물은 유에서 나온다"이다. 문제는 『노자』에 다음과 같은 말이 또 있다는 점이다.

천하에 시작이 있어서, 천하의 어미가 된다.天下有始, 以爲天下母 (52장)

이것은 시작始과 어미母는 비록 근원적인 의미와 생성의 의미를 나타내지만, 노자는 이 두 가지를 하나로 보고 있다. 도道를 천지만물과 관련시켜 총체적으로 말하면 '시작始'이고, 개별적으로 말하면 '어미母'다. 이렇게 볼 때, 노자의 우주론은 독립적인 혹은 순수 우주론이 아니라, 본체와 연관되어 말하는 우주론이다. 52장과 1장을 비교해서 보면, '천지의 시작인 무'와 '만물의 어머니인 유'는 모두 도를 가리킨다는 것을 알 수 있다. 무와 유는 도道의 무無가 아니고, 천지의 유有가 아니다. 그러므로 무와 유(천지) 그리고 만물을 세 개 층으로 보는 것 또한 문제가 없는 것은 아니다. 그렇다면 두 개 층으로 나누는 것이 비교적 합리적이다. 단 이것은 왕필의 주장과 차이가 있다. 왕필은 도道(無)와 만물有 두 층으로 나누었지만, 이것은 도(無이고 또 有다)와 만물 두 층이다.

만약 주장이 성립되면, 유와 만물의 차이는 분명해진다. 그러므로

"천하 만물은 유에서 나온다"는 말은 이제 문제가 되지 않는다. 그러면 유와 무는 똑같이 도를 말하는데, "유는 무에서 나온다"는 말은 어떻게 이해해야 하는가? 도의 생성작용·유有의 실현원리는 도의 '무無'에서 온다. 유는 작용用이고, 무는 본체體다. 체體와 용用은 하나이지 둘이 아니다. 이에 대해 슝쉬리熊十力는 다음과 같이 말했다.

선산船山은 "역에 태극이 있고, 양의를 낳는다.易有太極, 是生兩儀"의 '낳다生'를 '발현하다'는 의미의 '낳다'이지, (어미가 자식을 낳는) 생산하다의 '낳다'가 아니라고 했는데, 매우 적절하다. 노자의 '도가 일一을 낳는다'의 '낳다' 또한 같은 의미다.⋯⋯ 태극은 도의 다른 명칭이다. 양의는 음양이다. 태극은 발현되어 양의가 되는데, 이것을 즉체성용卽體成用이라고 한다.[8]

슝쉬리 주장을 근거로 하면, "유는 무에서 나온다"는 바로 '즉체성용卽體成用'의 뜻이다. 따라서 무와 유의 구분은 도道의 본체우주론적 의미로 말하면 방편方便적인 것일 뿐이며, 도체道體로 말하면 '무'이고, 총체적인 천지로 말하면 시작始이고, 천지만물과 관련된 도체로 말하면 '유'이고, 흩어져 있는 만물로 말하면 어미母이다. 무는 뒤로 뛰어넘어 근본本을 드러내고, 유는 앞으로 나와 만물을 이룬다.[9]

우징슝吳經熊은 다음과 같이 말했다.

---

8 『십력어요十力語要』, 廣文書局, 1971, 권3, 13쪽.
9 저자는 머우쫑산의 1977년 타이완대학臺灣大學 '위진현학魏晉玄學' 강의 노트필기를 제시했다. 이와 비슷한 내용은 머우쫑찬의 『중국철학십구강中國哲學十九講』, 學生書局, 1983, 101쪽에 있다. 이 책은 『중국철학특강中國哲學特講』으로 번역되어 국내에 출간되었다.─옮긴이

도道는 무無이고 또 유有이다. 무는 형이상形而上이고, 유는 형이하形而下이다. 도는 유·무를 초월하면서 또 유·무를 포함하고 있다. …… 도는 영원히 형이상이다. 그러나 그것은 '만물의 어머니를 말하는 유有'라는 것을 잊어서는 안 된다. 도의 뱃속에서 대지大地 만물이 태어나고 자란다.[10]

이것은 도道의 초월적인 의미에서 무를 말하고, 도의 내재적인 의미에서 유를 말하고, 본체론적 의미에서 무를 말하고, 만물과 관련된 본체 측면에서 유를 말한 것이다. 도는 영원히 '형이상'이라고 말하고, 또 유는 '형이하'라고 말했는데, 모순이 아니다. 왜냐하면 '형이상'의 도는 한편으로는 초월적인 '무'이고, 다른 한편으로는 내재적인 '유'이기 때문이다. 도의 뱃속에서 '형이하'의 대지 만물이 잉태되어 나온다.
　무와 유 모두 도를 가리키는 말이다. 그래서 『노자』는 말한다.

이 둘은 같은 곳에서 나오고 이름은 다르며, 똑같이 현玄이라고 부른다. 현묘하고 또 현묘하여 모든 현묘함의 문이 된다.此兩者同出, 而異名, 同謂之玄. 玄之又玄, 衆妙之門 (1장)

'이 둘'은 무와 유다. 비록 명칭은 다르지만 같은 곳에 속한 도의 양면성이다. 도는 무이지만 무에 얽매이지 않는다. 즉 비록 '무'이지만 또 '유'다. 또 '유'이지만 '유'에 한정되지 않는다. 즉 비록 '유'이지만 또 '무'다. 노자는 양방향으로 원만하게 이루어진 도를 '현玄'이라고 했다.

---

10 『철학과문화哲學與文化』, 三民書局, 1971, 70~71쪽.

'현'은 도의 이중성을 말하고, 절대성과 상대성을 초월한 도의 원만한 작용이다. 이에 대해 머우쫑산은 다음과 같이 말했다.

도에는 양면성이 있으니, 하나는 '무'이고 하나는 '유'이다. 무는 죽은 무가 아니다. 그러므로 무의 오묘한 작용에서 향성向性(자극이 오는 방향으로 자라는 성질)의 유有가 드러난다. 유는 고정된 것이 아니다. 그러므로 '어디로 향向'하지만 '고정된 방향이 없고無向' 또 그 본체를 잃지 않는다. 도를 무라고 말하면 시작始이라고 하고, 도를 유라고 말하면 어머니母라고 한다. 실제로 유·무가 뒤섞여 하나가 된다. 뒤섞여 하나가 되므로 현玄이라고 부른다. 유·무라고 명칭이 다른 것은 사물의 시始·종終과 연관돼서 분화되어 나왔기 때문이다. 그래서 "같은 곳에서 나오고 이름은 다르다"고 했다.[11]

도의 유·무 양면성으로 현玄을 해석했다. 만약 '무'만 말하면, 도는 내용이 없다. 즉 사물도 없이 허공에 떠 있는 도道가 되어 버린다. 만약 '유'만 말하면, 만물은 근원을 잃게 된다. 즉 죽은 도道가 되어 뿌리 없는 사물이 되어 버린다. 그러므로 현玄은 사물의 시작이 되는 도의 오묘함과 사물의 끝終에서 되돌아가는 원만한 완성작용이다. 만물은 '현묘하고 또 현묘한' 원만한 완성작용에서 나온다. 그래서 "현묘하고 또 현묘하여 모든 현묘함의 문이 된다"고 말했다.
다른 장을 통해 이것을 다시 증명해 보자.

11 『재성과현리才性與玄理』, 136쪽.

곡신谷神은 죽지 않으니, 이것을 현빈玄牝이라고 부른다. 현빈의 문은 천지의 뿌리라고 한다. 겨우겨우 끊임없이 이어지는 듯하면서도, 쓰는 데 힘들이지 않는다. 谷神不死, 是謂玄牝. 玄牝之門, 是謂天地根. 綿綿若存, 用之不勤 (6장)

곡신이 죽지 않고 영원히 존재하는 것은 "신은 일一을 얻어서 영험하게 되고, 곡은 일一을 얻어서 꽉 찬다神得一以靈, 谷得一以盈"(39장)는 말에 의하면 '일一'을 얻었기 때문이다. 비어 있어서 담을 수 있고, 오묘하게 사물에 응할 수 있다. '일'은 "유는 만물의 어머니를 말한다"와 "천하 만물은 유에서 나온다"의 '유有'다. 천하 만물은 도의 '유'의 작용에서 발현되고 생성된다. 그러므로 '유'를 '현빈玄牝'이라고 부른다. 현빈의 문은 "무는 천지의 시작을 말한다"와 "유는 무에서 나온다"의 '무'다. 천지의 근원은 겨우겨우 끊임없이 이어지는 듯하면서 영원히 고갈되지 않는 무의 오묘한 작용 속에 있다. 그래서 "현빈의 문은 천지의 뿌리라고 한다"고 말했다.

초월에서 내재內在로

무와 유는 도의 양면성이다. '무'는 도 자체를 말하고, '유'는 만물을 생성하는 도의 작용을 말한다. 그러므로 천지만물로 말하면 도는 만물을 초월하면서 또 내재해 있는 형이상학적 실체다. 도는 만물이 아니지만 또 만물과 떨어져 있지 않다. 노자는 다음과 같이 말했다.

대도가 넘쳐나는구나. 그 좌우로 넘쳐나, 만물이 의지하여 생겨나지만 말하지 않으며, 공적이 이루어지더라도 이름을 두지 않고, 만물을 감싸 기르지만

주재하지 않는다.大道氾兮, 其可左右, 萬物恃之而生而不辭, 功成不名有, 衣養萬物

而不爲主 (34장)

도는 없는 곳이 없고, 만물 밖에 있지 않으며, 우리 주위에 있으면서

만물을 낳고 기르고 완성한다. 그래서 '유'라고 말한다. 그러나 도는 또

사물이 아니라, '보려고 해도 보이지 않고, 들으려고 해도 들을 수 없

고, 잡으려 해도 얻지 못하고'[12] 또 무성無聲·무취無臭·무형無形·무명

無名으로 인간의 감각경험을 완전히 초월해 있다. 그래서 '무'라고 말한

다. 그러나 '무'는 논리적 부정의 '무'도 아니고, 또 추상적인 사체死體

도 아니다. 그래서 '오묘함妙'이라는 말로 도道의 구체적이면서 진실되

고 무한하면서 오묘한 작용을 묘사했다.[13] 초월성으로 말하면 '무'이고,

내재성으로 말하면 '유'이다. 무는 본체를 말하고, 유는 그 작용을 말한

다. 도는 실현의 원리로서 천지만물에 내재해 있다. 도 자체에 대해 『노

자』는 다음과 같이 말했다.

　도는 이름이 없는 곳에 숨어 있다.道隱無名 (41장)

도는 항상 이름이 없으니, 질박해서 비록 작지만, 천하가 신하로 부리지 못한

다.道常無名, 樸雖小, 天下莫能臣也 (32장)

12　『노자』, 14장. "視之不見, 名曰夷. 聽之不聞, 名曰希. 搏之不得, 名曰微."
13　『재성과현리才性與玄理』, 133쪽.

무명의 질박함을 쓰니 욕심이 없어질 것이다.無名之樸, 夫亦將無欲 (37장)

도는 무명·무형의 경지에 숨어 있다. 무명·무형을 노자는 질박함樸이라고 말했다. 그래서 도의 항상성은 무명의 질박함 속에 있다. 무명의 질박함은 "이 세 가지는 캐물을 수 없으므로 섞여서 하나다此三者不可致詰故, 混而爲一"(14장)와 "무엇인가 섞여 이루어진 것이 있으니, 천지보다 먼저 생겼다有物混成, 先天地生"(25장)가 섞여 하나가 된 것이다. 초월적 의미의 도를 인간은 '무'를 통해 이해하고 '무'로 표현한다. 그러나도는 '무'에만 머물러 있을 수 없다. 그래서 그 작용은 만물을 생화生化한다. 그래서 『노자』는 다음과 같이 말했다.

질박함이 흩어져 그릇이 된다.樸散則爲器 (28장)

도를 잃어버린 후에 덕이 있다.失道而後德 (38장)

위 인용문은 존재론적인 언급이다. '질박함의 흩어짐'은 도의 상실과 비슷하다. '질박함이 흩어져 그릇이 된다'는 도가 만물을 관통하여 덕이 된다는 의미와 비슷하다. 다시 말하면 도가 만물과 뒤섞인 것을 '질박함樸'이라 하고, 도의 질박함이 만물의 그릇器에 내려와 존재의 본질이 되는데 그것이 덕德이다. 이에 쉬푸관은 다음과 같이 말했다.

도와 덕은 전체와 부분의 차이만 있을 뿐 본질적인 차이는 없다.[14]

이 주장은 수정할 필요가 있다. 도는 초월적 본체體이고, 덕은 내재적 작용用이다. 도는 무이고, 덕은 유이다. 도는 실현원리로 만물에 내재한다. 이 생화작용은 만물에 두루 퍼져 있는데, 만물이 도에서 얻은 덕이다. 더 자세하게 구별하면, 덕은 개체의 측면에서 말한 것이고, 현덕玄德은 총체적인 측면에서 말한 것이다. 그래서 『노자』는 다음과 같이 말했다.

낳지만 소유하지 않고, 하게 하지만 뽐내지 않고, 기르지만 부리는 않는다. 이것을 현덕이라고 한다.生而不有, 爲而不恃, 長而不宰, 是謂玄德 (10장)

현덕玄德의 유有가 덕과 구별되는 것은 전체全와 부분分에 있다. 전체는 기器에 제한을 받지 않는다. 그래서 '현덕'이라고 한다. 전체와 부분의 구별은 현덕과 덕에 있다. 도와 덕의 차이는 초월과 내재로 구분된다. 그래서 『노자』는 말한다.

도는 낳고, 덕은 기른다.道生之, 德畜之 (51장)

도가 낳는 것과 덕이 기르는 것은 모두 천하 만물을 말한다. 근원적인 시작始으로 말하면 도이다. 낳는 어미母로 말하면 덕이다. 그래서

---

14 『중국인성론사·선진편中國人性論史·先秦篇』, 338쪽.

"무는 천하의 시작을 이름 하는 것이고, 유는 만물의 어머니를 이름 하는 것이다"고 말한다. 따라서 도는 무이고, 유는 도가 만물을 관통하는 덕이다. 다시 말하면 도가 만물을 낳는 것은 덕으로 내재하는 방식으로, 만물을 기르고 완성한다. 그래서 다음과 같이 말했다.

도가 높고 덕이 귀한 것은 명령하지 않아도 언제나 그러한 것이다.道之尊, 德之貴, 夫莫之命而常自然 (51장)

『노자』는 또 다음과 같이 말한다.

도는 일을 낳는다.道生一 (42장)

하늘은 일을 얻어서 맑아지고, 땅은 일을 얻어서 안정되고, 신은 일을 얻어서 영험하게 되고, 곡은 일을 얻어서 꽉 차고, 만물은 일을 얻어서 생겨나고, 후왕은 일을 얻어서 천하가 바르게 된다.天得一以淸, 地得一以寧, 神得一以靈, 谷得一以盈, 萬物得一以生, 侯王得一以爲天下貞 (39장)

도는 일을 낳는다. 즉 유는 무에서 나온다. 하늘은 일을 얻어서 맑고, 땅은 일을 얻어서 안정된다. 즉 천하 만물은 유에서 나온다. 이를 근기로 '일一'은 '유'로서 도의 작용이라고 할 수 있다. 분리해서 말하면, 하늘의 맑음·땅의 안정·신의 영험함·곡의 꽉 참·만물의 생겨남·후왕의 바른 천하 등은 천지가 천지인 까닭이고, 신곡神谷이 신곡인 까닭이고, 만물이 만물이 되는 까닭이고, 후왕이 후왕이 되는 존재의 본질이다. 종합해서 말하면, 존재의 본질은 모두 천지·신곡·만물·후왕이 도의 덕을 얻어서 그렇다. 그러므로 '일'은 '유'이고 또 '덕'이다.

도는 자연을 본받는다

도의 본체론적 의의를 논할 때 반드시 마주치는 또 다른 문제는 "도는 자연을 본받는다道法自然"이다. 즉 도는 『노자』 사상 체계에서 가장 궁극적인 존재인가, 아니면 도道 위에 또 '자연'이 있는가?

『노자』의 요지를 살펴보자.

> 도라고 말할 수 있는 도는 변하지 않는 도가 아니고, 이름 부를 수 있는 이름은 변하지 않는 이름이 아니다.道可道, 非常道. 名可名, 非常名 (1장)

이것은 우회적이면서 표현하지 않는 방식으로 '말할 수 있는 도可道'와 '말할 수 없는 도不可道'를 구분한 것이다. 도道의 초월성 측면에서 말하면 '말할 수 없는 도'이고 '이름 부를 수 없는 이름不可名'이다. 그러나 인간의 생명 속에 내재된 도의 작용은 체득할 수 있다. 이것을 이해하기 위해서는 구체적인 사물을 가리키지 않는 '무'와 '유' 개념을 통해 도의 초월적이면서 내재적인 이중적 특성을 알아야 한다. 도는 단순히 '유'일 수 없으며, '무'를 도道 위의 '자연自然'에 귀속시켜야 한다.[15] 『노자』의 또 다른 장을 살펴보자.

---

15 『노자달해老子達解』, 103~104쪽, '道法自然' 단락 참고.

인간은 땅을 본받고, 땅은 하늘을 본받고, 하늘은 도를 본받고, 도는 자연을
본받는다.人法地, 地法天, 天法道, 道法自然 (25장)

필자는 앞에서 무·유와 만물 두 개 층인가? 혹은 무와 유 및 만물 세
개 층인가를 설명했다. 만약 '도는 자연을 본받는다'를 도 위에 또 하나
의 '자연'이라는 층이 있다면, 사람·땅·하늘 또한 각각 하나의 층을 이
룬다. 이렇게 되면 모두 다섯 개 층이 된다. 고지식하게 이처럼 해석하
면 "무는 천하의 시작을 이름 하는 것이고, 유는 만물의 어미를 이름 하
는 것이다"를 해석할 수 없다. '무'가 '자연'인데 어떻게 '도'의 층을 뛰
어 넘어 천지의 시작始이 될 수 있는가? 그리고 '유'가 '도'인데, 어떻게
하늘·땅 두 층을 뛰어 넘어 직접 만물의 어미母가 될 수 있는가?

『노자』에서 '천지'는 천도天道의 작용을 대표하기도 하고, 만물
과 구분 없이 쓰이기도 한다. 전자의 예는 "천지는 장구하다天長地
久"(7장)·"천지는 어질지 않다天地不仁"(5장)인데 '천도의 작용'을 가리
킨다. 후자의 예는 "천지는 오래갈 수 없다天地尙不能久"(23장)·"무는 천
하의 시작을 이름 하는 것이다無, 名天地之始"(1장)인데 천지만물을 가리
킨다. 그래서 머우쫑싼은 왕필의 주注에 대해 다음과 같이 설명했다.

천지는 만물의 총칭이고, 만물은 천지의 개별적인 이름이다. 천지와 만물의
의미는 같은데, 단지 문장에 따라 다를 뿐이다.[16]

<hr/>

16 『재성과현리才性與玄理』, 130쪽.

따라서 25장을 근거로 존재의 층차層次를 구분지어 나눌 필요가 없다. '법法' 자는 왕필의 주처럼 "그 법칙을 거스르지 않는다不違其法則"고 풀이하는 것이 좋다.

사람은 땅을 거스르지 않아서, 편안할 수 있으니, 땅을 본받는다. 땅은 하늘을 거스르지 않아서, 온전히 만물을 실을 수 있으니, 하늘을 본받는다. 하늘은 도를 거스르지 않아서, 온전히 만물을 덮을 수 있으니, 도를 본받는다. 도는 자연을 거스르지 않아서, 본성대로 할 수 있다.[17]

인간이 편안할 수 있는 것은 존재하는 땅의 법칙에 어긋나지 않기 때문이다. 땅이 완전하게 만물을 실을 수 있는 것은 존재하는 하늘의 법칙에 어긋나지 않기 때문이다. 하늘이 완전하게 만물을 덮을 수 있는 것은 존재하는 도의 법칙에 어긋나지 않기 때문이다. 문제는 '도의 법칙'이 무엇이고, 또 도의 법칙은 어디에서 오는가이다. 끝없이 위로 올라 갈 수만은 없다. 도道가 도道인 까닭은 도道가 도 자신의 존재 이유라는 데 있고, 또 천지만물의 존재 이유라는 데 있다. '자연'은 '타연他然'의 상대어로서, '다른 것에 의지하지 않는다' 혹은 '외부에 기대는 것이 없다'는 뜻이다. 그러므로 "도는 자연을 본받는다"란 도는 모든 존재의 근원이 되는 자신의 법칙을 어긋나지 않는다는 의미다. 25장의 핵심은 등급 구분이 아니라, 이 세계에 살고 있는 사람은 만물을 싣는 대지

---

17 『노자왕필주老子王弼注』. "人不違地, 乃得全安, 法地也. 地不違天, 乃得全載, 法天也. 天不違道, 乃得全覆, 法道也. 道不違自然, 乃得其性."

와 만물을 덮는 하늘과 '천장지구天長地久'가 되게 하는 도의 법칙을 벗어날 수 없다는 것이다. 이 법칙은 다른 것이 아니라 스스로 그러한 '자연'일 뿐이다.『노자』에서 말하는 '역域'에는 네 가지 큰 것이 있다.

> 그러므로 도가 크고, 하늘이 크고, 땅이 크고, 사람 또한 크다.故道大, 天大, 地大, 人亦大[18] (25장)

왕필은 '역'을 "지칭할 수 없는 큰 것無稱之大"이라 했고, '도'는 "지칭할 수 있는 것 중 큰 것稱中之大"이라고 했다. 그래서 이어지는 글에서는 도를 하늘·땅·사람과 함께 지칭할 수 없는 범위 안에 있는 '오묘한 의미玄義'에 두었다.[19] 그러나 이 '오묘한 의미'는 사실 불필요한 곁가지다.『노자』는 "나는 그 이름을 알지 못하니, 글자를 붙이자면 도道라 하고, 억지로 이름을 지어 대大라고 한다吾不知其名, 字之曰道, 强爲之名曰大"(25장)고 했다. 따라서 '도'라는 이름은 "이름 부를 수 없는 이름이다不可名之名". 이것은 무와 유는 모두 객관적인 모습에서 정해진 이름이 아니라, 주관적인 요구에서 나온 칭위稱謂로서,[20] '지칭할 수 없는 큰

---

18 이엔링펑은『노가달제老子達解』에서 다음과 같이 말했다. "오승지吳承志는 '대부大部'에 의하면, 대大는 하늘이 크고, 땅이 크고, 사람 또한 크다. 그러므로 대大는 인간의 모습을 상상한다. 허許씨는 옛날 본古本을 근거로 '왕王'을 '인人'으로 했다. 이 구절 다음에 이어지는 구절 즉 '人法地, 地法天, 天法道'을 근거로 할 때, 인人으로 쓰는 것이 옳다."(103쪽 참고) 범응원본范應元本과 부혁본傅奕本은 '왕王'을 '인人'으로 썼다. 이를 근거로 '인人'으로 고친다.

19 같은 주18).

20 왕필은「노자지략집일老子指略輯佚」에서 "명名은 대상에서 생기고, 칭稱은 나에게서 나온다.……명호名號는 (사물의) 형상에서 나오고, 칭위稱謂는 (인식의) 요구에 의해서 나온다.……명호는 그(道)의 요지를 잃게 되고, 칭위는 그(道)의 궁극을 다하지 못한다." 러우위리에樓宇烈,

것'이다. 그런데 어떻게 '지칭할 수 있는 것 중 큰 것'에 한정시켜 놓고, '역'이라는 것을 또 하나 세울 수 있는가? 도는 유와 무를 겸하면서 유와 무를 초월하며 그 자체는 현玄이다. 그러나 왕필은 오히려 "하나의 현으로 단정할 수 없으므로, 이름은 크게 잘못된 것이다"[21]라는 뜻을 제시하고 있다. 이것은 관념에 얽매이는 것을 방지하기 위한 우회적 증명이지만, 왕필의 설명은 지나친 개념 분석이다. '역' 중에 '네 가지 큰 것四大'이 있다는 말은 천지가 왜 커다란지大, 사람이 왜 커다란지大를 설명하는 데 그 핵심이 있다. 왜냐하면 도道의 '큼大'은 도道가 천지만물에 내재해 있기 때문이다. 혹은 도道의 '큼'은 천지의 커다람大과 사람의 커다람大 속에서 드러나기 때문이다. 따라서 '네 가지 큰 것' 위에 또 커다란 '역'이 있다는 뜻이 아니다.

『노자』 다른 장에 나오는 '자연'의 개념이 이것을 증명할 수 있다.

공적이 이루어지고 일이 다 되는 것을, 백성들은 모두 자기가 스스로 그러한 것이라고 말한다.功成事遂百姓皆謂我自然 (17장)

말이 적은 것이 스스로 그러한 것이다.希言自然 (23장)

도가 높고 덕이 귀한 것은 명령하지 않아도 언제나 스스로 그러한 것이다.道之尊, 德之貴, 夫莫之命而常自然 (52장)

『주역노자왕필주교역周易老子王弼注校釋』, 華正書局, 1983, 197~198쪽.
21 『노자왕필주老子王弼注』, 제1장. "不可以定乎一玄而已, 則是名, 則失之遠矣."

만물이 스스로 그러하도록 돕지만 감히 억지로 하지 않는다.以輔萬物之自然,
而不敢爲 (64장)

이상 모두는 '자연'을 실체로 보지 않았다. 도는 "홀로 서서 바꾸지
않는다獨立不改"(25장), '독립'은 다른 것에 의지하지 않고 '스스로 존재
自在'한다는 뜻이다. 그러므로 "도는 자연을 본받는다"는 도道 위에 더
높은 형이상학적 실체 '자연'이 있다는 의미가 아니다. 『노자』는 또 말
했다.

공을 이루면 자신은 물러나는 것이 하늘의 도이다.功邊身退, 天之道 (9장)

이 장과 17장을 비교해 보면, 백성들이 모두 나를 '자연自然'이라고
하는 것은 '하늘의 도'와 부합하기 때문임을 알 수 있다. 따라서 '자연'
은 천도天道의 특성이다. 이에 대해 머우쫑산은 왕필주를 다음과 같이
설명했다.

'자연을 본받는다'란 도는 스스로 그러한 자연을 본성으로 삼는 것이니, 도道
위에 '자연'이라는 또 한 층이 있는 것이 아니다.[22]

도가 높고, 덕이 귀한 까닭은 도와 덕의 체용體用이 일여一如하기 때
문이다. 도 자체는 자기 존재의 법칙으로, 존재자를 초월하여 존재자를

---

22 『재성과현리才性與玄理』, 153쪽.

결정하지 않는다. 존재자는 "명령하지 않아도 언제나 스스로 그러하다"라고 말했다. '도'는 '자연'이므로, 도의 덕을 얻은 만물 또한 '자연'이다. 그러므로 위정자는 "아무것도 하지 않는 일에 있으면서, 말 없는 가르침을 행한다處無爲之事, 行不言之敎".(2장) 만물이 자생自生하고, 자유자재하면서 자득自得하도록 만물의 자연에 따르면서, 감히 어떻게 하도록 하지 않는다. 이것이 "말이 적은 것이 스스로 그러한 것"이다. 이처럼 '자연'은 도道의 존재 특성이지, 도道 위에 더 높은 실체로서의 '자연'이 아니다.

'자연'을 의미하는 도道는 『노자』에서 '정언약반正言若反'이라는 우회적 방식으로 표현된다.

천지는 어질지 않으니 만물을 풀이나 개로 삼고, 성인은 어질지 않으니 백성을 풀이나 개로 삼는다.天地不仁, 以萬物爲芻狗. 聖人不仁, 以百姓爲芻狗 (5장)

노자철학 핵심 중의 하나는 유학의 '성지인의聖智仁義'의 도덕규범에 대한 근본적인 반성에 있다. 유가의 "사람이 도를 넓힐 수 있다"[23]는 도는 인문화된 도이고, "덕을 닦지 못하다"[24]의 덕은 수양을 통해 얻은 덕이다. 사람이 도에 뜻을 두고, 덕에 의거하는 것은 모두 인仁의 유심有心에 의해서다. 만약 유심有心의 인仁이 치허수정致虛守靜[25]하지 못하고,

---

23 『논어』,「위령공衛靈公」, 29. "人能弘道."
24 같은 책,「술이述而」, 3. "德之不修."
25 『노자』16장 "致虛極, 守靜篤"의 줄인 말로 지극한 허에 이르고, 독실한 고요함을 지키다'는 뜻이다. ─ 옮긴이

외부로 드러나 '성지인의聖智仁義'가 되어 버리면, 독선적인 도덕규범이 될 가능성이 있다. 이것이 정치적 유위有爲(無爲의 상대어)를 거쳐 백성들에게 강요되면 구속이 된다. 본래 인심仁心은 천도天道의 본질이다. 그래서 대덕大德이 되고 만물을 끊임없이 낳는 인仁이 된다. 노자가 보기에 이 모든 것은 유심有心·유위有爲에서 온 것이지, 명령하지 않아도 언제나 스스로 그러한 '높은 도道尊'·'귀한 덕德貴'의 소박함에서 온 것이 아니다. 그래서 『노자』 상편은 "도라고 말할 수 있는 도는 변하지 않는 도가 아니고, 이름 부를 수 있는 이름은 변하지 않는 이름이 아니다 道可道, 非常道. 名可名, 非常名"(1장)라고 시작하고, 하편은 "높은 덕은 덕 같지 않으니, 덕이 있고, 낮은 덕은 덕을 잃으려 하지 않으니, 덕이 없다 上德不德, 是以有德., 下德不失德, 是以無德"(38장)라고 시작한다. '말할 수 있는 도'는 인간이 규정한 인문화 된 도이지, '도는 자연을 본받는' 변하지 않는 진정한 상도常道가 아니다. 덕을 잃지 않는 것은 억지로 구해서 얻은 덕이고 수양의 덕德이지, '높은 덕은 덕 같지 않은' 스스로 가지고 있는 덕, 즉 '낮은 덕下德'의 덕이 아니다. 그래서 "천지는 어질지 않다"고 말하고, "성인은 어질지 않다"고 말했다. 이것은 유가의 유심有心·유위有爲를 동시에 반박하고, 자연의 도道·본유本有의 덕의 소박함·자유자재함으로 돌아가는 것이다.

이상을 통해 우리는 노자가 어째서 "절성기지絶聖棄智"(총명을 끊고 지모를 버려라)와 "절인기의絶仁棄義"(인을 끊고 의를 버려라)(모두 19장)[26]같은 과격한 말을 했는지 알게 되었다. 노자가 관심을 가진 것은 인위적인

---

26 같은 책, 19장 참고

유심有心의 해소를 통해 허정·무위로 돌아가는 것이다. 이와 같이 이해해야 아래와 같은 말도 올바르게 이해를 할 수 있다.

도를 잃어버린 후에 덕이 있고, 덕을 잃어버린 후에 인이 있고, 인을 잃어버린 후에 의가 있고, 의를 잃어버린 후에 예가 있다.失道而後德, 失德而後仁, 失仁而後義, 失義而後禮 (38장)

이 구절에 대해 팡동메이方東美의 말을 근거로 하면, 돈황본敦煌本은 다음과 같이 되어 있다.

먼저 도가 있은 후에 덕이 있고, 먼저 덕이 있은 후에 인이 있고, 인이 있은 후에 의가 있고, 먼저 의가 있은 후에 예가 있다.先道而後德, 先德而後仁, 先仁而後義, 先義而後禮[27]

『한비자』「해로解老」편에 인용된 것 또한 왕필본과 다르다.

도를 잃어버린 후에 덕을 잃어버리고, 덕을 잃어버린 후에 인을 잃어버리고, 인을 잃어버린 후에 의를 잃어버리고, 의를 잃어버린 후에 예를 잃어버렸다.失道而後失德, 失德而後失仁, 失仁而後失義, 失義而後失禮[28]

---

27 보인대학輔仁大學 1974년 '중국철학적정신급기발전中國哲學的精神及其發展' 수업 필기.
28 『한비자집석韓非子集釋』, 제6권, 「해로解老」.

돈황본과 『한비자』「해로」편은 불필요한 오해를 피할 수 있다. 왕필본에 의하면 인의예仁義禮는 도덕이 타락한 후의 부산물이다. 이것은 유가에 대해 노자가 근본적으로 이해하지 못하고 있음을 보여준다. 만약 돈황본과 「해로」편에 의거한다면, 위 구절의 중점은 도덕의 선재성先在性에 있으며, 이 도덕이 인의예의 형이상학적 근원이라는 것이다. 다시 말하면 만약 인의예의 도덕규범이 형이상의 도와 내재적 덕의 가치 근원으로부터 나오지 않으면, 생명의 샘은 점점 고갈되어 경직되어 버린다. 유가·도가의 형이상학 구조는 대체로 비슷하다. 노자의 도는 유가의 천天이고, 도가의 덕은 유가의 인심仁心·양지良知다. 노자는 어째서 "덕을 잃어버린 후에 인이 있다"고 말했나? 이 말은 유가·도가의 형이상학 체계를 살펴보면 객관성이 부족할 뿐 아니라 유가도 받아들일 수 없다. 노자 사상에 의하면 "덕을 잃어버린 후에야 인이 있다"는 여전히 성립한다. 즉 덕을 소박素樸한 무심無心, 허정虛靜한 자연自然으로 본다. 그러나 인仁은 불안不安·불인不忍이 있어서 유심有心·유위有爲다. 노자의 반성에 의하면 인간의 생명이 유한한 까닭은 막혀 버린 인간의 유심有心, 특히 정치인의 유심에 있다.

2. 심心의 집착과 도道의 막힘

초월적인 도道는 자신의 실현원리로 만물에 내재한다. 도의 무한성 또한 인간의 생명 속에 내재한다. 이것이 인간이 도에서 얻은 덕이다. 그래서 『노자』는 말한다.

도가 높고 덕이 귀한 것은 명령하지 않아도 언제나 스스로 그러해서이다.道
之尊, 德之貴, 夫莫之命而常自然 (52장)

인간이 인간인 까닭은 '높은 도道尊'에서 나온 '귀한 덕德貴'때문이다.
모든 사람이 가지고 있는 귀한 덕은 도 자신의 법칙 중에 '스스로 그러
함自然'이 있기 때문에 외부에서 찾을 필요가 없다. 『노자』는 또 말한다.

도가 크고, 하늘이 크고, 땅이 크고, 사람 또한 크다.道大, 天大, 地大, 人也大
(25장)

인간의 생명은 대도大道 속에 있으므로 천지와 같이 크다. 그런데 어
째서 인간의 생명은 유한한 지경에 빠지는가? 『노자』는 "대도가 넘쳐
나는구나. 그 좌우로 넘친다大道氾兮, 其可左右"(34장)고 말한다. 즉 도는
없는 곳이 없다. 그런데 어째서 갑자기 "대도가 없어지니 인의가 있다
大道廢, 有仁義"(18장), "덕을 잃어버린 후에야 인이 있다失德而後仁"(38장)
고 말하는가? 그리고 "홀로 서서 바꾸지 않는獨立不改"(25장) 대도大道는
"두루 행하지만 위태롭지 않다周行而不殆"(25장)고 말하는가? 대도는 스
스로 없어지지 않으며, 덕 또한 스스로 잃어버리지 않는다. 그러나 "지
혜가 나타나서 큰 거짓이 있게 되었다慧智出, 有大僞".(18장) 즉 심지心知
의 집착으로 도道가 막혔다.
　『노자』는 "도는 항상 이름이 없고 질박하다道常無名樸"(32장)고 생각
했다. 진정으로 변하지 않는 도道의 존재방식은 도 자신으로 말하면
'이름 없는 질박함無名之樸'이다. 천지만물과 관련된 도道로 말하면 "질

박함이 흩어져 그릇이 된다樸散則爲器".(28장) 만유萬有는 여기서부터 전개된다. 모양이 각기 다르고 상태가 서로 다르니 물아物我 간에 "이름을 가지고 사물을 부르지任名以號物"[29] 않을 수 없게 되었다. 이것이 "만물은 시작하면 이름이 생긴다始制有名"이다. 이름이 정해지면 차별이 생기고, 차별이 생기면 집착하고, 집착하면 함부로 행동하고, 함부로 행동하면 지혜가 나오고 거짓이 생기며, 질박함이 흩어져 그릇이 되고, 도가 없어지고 덕을 잃어버린다. 『노자』는 말한다.

> 도라고 말할 수 있는 도는 변하지 않는 도가 아니고, 이름 부를 수 있는 이름은 변하지 않는 이름이 아니다.道可道, 非常道. 名可名, 非常名 (1장)

> 높은 덕은 덕 같지 않으니, 덕이 있고, 낮은 덕은 덕을 잃어버리지 않으려고 하니, 덕이 없다.上德不德, 是以有德., 下德不失德, 是以無德 (38장)

도는 사물이 아니므로 감각기관의 대상이 아니다. 추상적으로 얻은 개념 또한 이름으로 사물을 가리키므로 제한적이다. 따라서 도를 형용하기는 부족하다. 도는 추상적인 사체死體가 아니라, 구체적 내용이 있는 진실한 존재다. 그러므로 심지心知에서 나온 집착은 도를 더욱 제한한다. 이렇게 되면 무한한 도는 심지의 집착으로 인해 사라져 보이지 않게 되고, 개념의 제한 속에서 갇혀 유한한 것이 되어 버린다. 이것을 '도의 막힘'이라고 한다. 이처럼 도에 대한 인식은 감각적 경험이나 이

---

29 『노자』 32장, "始制有名, 名亦旣有"에 대한 왕필주.

성적 사고 모두 아무 효과가 없다.

인간의 마음은 '말할 수 있는 도可道'를 추구하려 하고, 덕을 잃어버리지 않으려고 한다. 말할 수 있는 도는 개념으로 규정된 도의 내용이고, '도를 잃어버리지 않으려고 하는 것不失德'은 주관적 가치 기준의 확립이다. 마음의 인지와 집착으로 '나'와 '도'는 간격이 생기는데, 이것은 인간이 자아를 막아 인간과 도 사이의 간격을 만든 것이다. 이렇게 되면 인간과 도의 일치와 전체적인 파악이 불가능해져, 인간의 생명은 인간이 스스로 만들어 놓은 한계에 빠진다. 이것이 테두리 속의 인간이다. 그래서 도는 변하지 않는 도가 되지 못하고, 덕은 '덕이 없는 것無德'이 된다. 『노자』는 다음과 같이 말했다.

천하가 모두 아름다운 것이 아름다운 줄 알지만, 그것은 추한 것이다. 천하가 모두 선한 것이 선한 줄 알지만, 그것은 선한 것이 아니다. 그러므로 유와 무는 서로를 낳고, 어려움과 쉬움은 서로를 이루며, 길고 짧음은 서로 비교하며, 높고 낮음은 서로 바뀌고, 소리와 울림은 서로 어울리고, 앞과 뒤는 서로 따른다.天下皆知美之爲美, 斯惡已. 皆知善之爲善, 斯不善已. 故有無相生, 難易相成, 長短相較, 高下相傾, 音聲相和, 前後相隨 (2장)

인간은 본래 '스스로 그러한自然' 소박한 천지 속에서 살고 있다. 마음이 사물을 인지하여 무엇이 선인지 판단하고, 무엇이 아름다운지에 집착할 때, 상대적으로 추하고 선하지 않은 개념 또한 생겨난다. 이때문에 인간은 자신을 마음이 집착하는 상대적 세계 속으로 집어넣는다. 유무有無는 상대적인 데서 나오고, 어려움과 쉬움은 서로 비교해서 이루어지고, 길고 짧음은 서로 대비해서 있고, 높고 낮음은 서로 바뀌어서 서고立, 앞과 뒤는 서로 따라서 구분된다. 이러한 것은 모두 심지心知의 집착에서 나온다.[30] 따라서 노자철학을 상대주의로 파악하는 것은 올바른 이해가 아니다.

노자는 사물을 인지하는 상대적 구분을 통해 가치론적 반성으로 나아갔다. 심지가 어떤 것이 아름답고, 어떤 것이 선하다고 판단하면, 아름다움과 선은 인간의 가치 기준이 되어 버린다. 인간이 정해 놓은 가치 기준은, 인간 세상에서의 더 나은 아름다움과 선을 단절시켜 불가능하게 만든다. 이렇게 되면 인지한 것은 사람마다 달라져 객관성과 필연성이 사라지고, 오로지 마음의 일시적이고 주관적인 부산물만 남게 된다. 이것은 사물을 대하는 허정한 마음의 제약이고, 자유자재한 소박한 생명의 멍에이고 속박이다. 그래서 다음과 같이 말한다.

공손하게 대답함과 적당히 응대함이 서로 얼마나 떨어져 있으며, 선과 악이 서로 얼마나 다른가?唯之與阿, 相去幾何? 善之與惡, 相去若何 (20장)

화여, 복이 그것에 의지하며, 복이여, 화가 엎드려 있도다. 누가 그 끝을 알겠는가? 그 바름이 없으니! 바른 것은 다시 기이한 것이 되고, 선은 다시 요사함이 되니, 사람들의 미혹됨이 참으로 오래되었구나!禍兮福之所倚, 福兮禍之所伏, 孰知其極, 其無正! 正復爲奇, 善復爲妖, 人之迷, 其日固久 (58장)

---

30 이엔링펑은 "有無相生·有生於無는 무無가 유有를 낳을 수 있다는 것을 가리키는 것이다"라고 말했다. 『노자달해老子達解』, '자서自序', 7쪽. 이 주장은 이론의 여지가 많다.

선과 악 사이에는 편의상 가설만 있을 뿐 본질적인 차이는 없다. 그러므로 둘 사이의 거리는 실제로 존재하지 않고, 심지의 집착으로 생긴 환상일 뿐이다. 이처럼 규격의 제약은 마음의 주관적인 믿음에서 온다. 그러므로 시간공간이 바뀌고 심리가 변하면 바름正과 기이함奇, 선善과 요사함妖이 서로 바뀌며, 복福과 화禍 또한 서로 의지한다. 때문에 『노자』는 다음과 같이 말했다.

> 바른 것으로 나라를 다스리고, 기이함으로 군사를 쓰며, 일을 만들지 않음으로 천하를 취한다.以正治國, 以奇用兵, 以無事取天下 (57장)

치국治國의 근본은 정도正道에 있고, 용병술은 기이한 변화에서 나온다. 무위자연無爲自然으로 천하를 취한다. 이 또한 보는 각도나 용도에 따라 나타나는 상이함이다. 그래서 "서로 얼마나 떨어져 있는 것인가?" 라고 한 것이다. 그러나 일반 사람들은 이 속의 궁극적인 이치를 모르고, 또 선악·미추美醜의 가치가 근본적으로 변하지 않는 기준이 없다는 것을 모른다는 점이 안타깝다.[31] 이것이 "사람들의 미혹됨이 참으로 오래되었구나!"이다.

마음의 집착과 미혹은 유한한 생명의 곤혹스러움에서 온다. 그래서 말한다.

---

[31] 왕화이王淮는 "극極은 궁극究竟이다"고 했다. 『노자탐의老子探義』, 臺灣商務印書館, 1985, 233쪽. 또 234쪽에서는 "정正은 곧다貞, 고정되다定이다"라고 말했다.

천하에 꺼리고 피하는 것이 많으면 백성들은 더욱 가난해진다. 백성이 편리한 기계를 많이 갖게 되면 국가는 더 혼미해진다. 사람들이 기교가 많아지면 기이한 일들이 늘어나고, 법령이 복잡해질수록 도적이 많아진다.天下多忌諱, 而民彌貧, 民多利器, 國家滋昏, 人多伎巧, 奇物滋起, 法令滋彰, 盜賊多有 (57장)

이 중 꺼리고 피하는 법령은 정치와 형벌 같은 유위有爲에서 온다. 편리한 기계와 기교는 마음의 집착에서 오는데, 그 근원을 거슬러 올라가면 마음의 집착은 정치적 유혹 때문이다. 그래서 말한다.

천하는 신묘한 그릇이니, 일부러 꾸밀 수 없다. 일부러 꾸미면 실패하고, 잡으려면 잃어버린다.天下神器, 不可爲也, 爲者敗之, 執者失之 (29장)

만물은 본래 도道의 무한하고 신묘한 작용 속에 있다. 그래서 "천하는 신묘한 그릇이다". 신묘한 조화는 억지로 개입할 수 없다. 그래서 "일부러 꾸밀 수 없다"고 했다. 위정자가 일부러 꾸미면 백성들은 그것에 집착하고, 이렇게 되면 기이한 일들이 늘어나고, 도적이 많아진다. 백성들이 점점 가난해지면, 국가 역시 점점 혼란해진다. 그래서 말한다.

그러므로 만물은 혹 가기도 하고 혹 뒤따르기도 하며, 훈훈하게 불 때도 있고 싸늘하게 내불 때도 있으며, 강하기도 하고 약하기도 하며, 꺾기도 하고 무너지기도 한다. 그래서 성인은 심한 것, 사치스러운 것, 지나친 것을 버린다.故物, 或行或隨, 或歔吹, 或强或羸, 或挫或隳, 是以聖人去甚, 去奢, 去泰 (29장)

위정자의 인위성有爲 아래서 민심民心 또한 위정자를 위해 집착하고, 혹은 위로 앞서 가기도 하고, 혹은 아래로 가서 뒤따르기도 한다. 그래서 성인은 심한 것·사치스러운 것·지나친 것을 버리고, 무위·호정好靜·무사無事(일을 만들지 않음)·무욕無欲으로 돌아가 백성들로 하여금 자화自化·자정自正·자부自富·자박自樸하도록 한다.

3. 욕망에 얽힘

마음이 파악한 도는 말할 수 있는 '가도可道'이지 상도常道가 아니다. 이 때 도는 이미 심지心知가 말할 수 있는 곳에 있어서 갇히고 봉쇄된다. 만유의 오묘함 또한 명칭이라는 제한된 규정 속에 머물러 형식적인 무엇일 뿐, 더 이상 내용적인 의미가 있는 진실한 존재가 되지 못한다. 그리고 사물과 나我라는 상대적인 인지認知로 인해 가치는 정해진 규범적 의미로 바뀌어 상대적인 사회 풍조를 야기惹起시켜 인심人心을 구속하고 제한한다. 심지의 집착은 정체된 생명의 함정 속에 빠져들어 사회적 가치를 다투고 그래서 욕망에 얽매인다.

도의 소박·무위 속에서 이루어진 '스스로 그러한自然' 천지天地는, 심지의 집착으로 "만물이 시작하면 이름이 생기는 것처럼始制有名"(32장) 개념 세계와 인위적인 사회를 연다. 다른 한편으로는 "질박함이 흩어져 그릇이 되고樸散則爲器"(28장), 그 속에서 "자생자화自生自化하다가 욕심이 일어난다化而欲作".(37장) 만물의 자생자화는 소박에서 점차 떨어져 나와 육체적 생리적 욕구가 점점 드러난다. '자생자화하다가 욕심이 일어난다'는 자연적으로 순조롭게 머물러 있는 단계이며, 욕구가 드러나

도 큰 병이 되지 않는다. 만약 '제정하기 시작하여 이름있는 것'과 접촉하면, 생리적 본능에 심지가 개입되어 더욱 강화되고 욕망에 얽혀, 생명의 본래 모습이 사라져 버린다. 그래서 『노자』는 말한다.

> 그러므로 성인의 다스림은 그 마음을 비우고, 그 배를 채우며, 그 뜻을 약하게 하고, 그 뼈를 강하게 한다.是以聖人之治, 虛其心, 實其腹, 弱其志, 强其骨
>
> (3장)

배를 채우고 뼈를 강하게 함은 원래의 생리적 모습으로 되돌아감이고, 마음을 비우고 뜻을 약하게 함은 생명에 대한 마음의 관여와 간섭의 배제다. 『노자』는 말한다.

> 현자를 받들지 않으면 백성들이 다투지 않는다. 얻기 어려운 재화를 귀하게 여기지 않으면, 백성들이 도둑질하지 않는다. 욕심낼 만한 것을 보이지 않으면, 백성들의 마음은 혼란스러워지지 않는다.不尙賢, 使民不爭. 不貴難得之貨, 使民不爲盜. 不見可欲, 使民心不亂 (3장)

현자의 덕과 얻기 어려운 재화는 인간의 정신 수양에서 오기도 하고, 사물의 자연성에서 오기도 한다. 노자는 이런 것을 무시하지 않았다. 노자가 비판하는 것은 현자와 얻기 어려운 재화가 아니라, 군왕君王이 '어떤 마음'을 가지고 숭상尙하고 귀하게貴 여김이다. '제정하기 시작하면 이름이 생기는' 정치적 인위성이 자연스럽게 '자생자화自生自化하다가 욕심이 일어나는' 본연성에 개입하여, 명성과 재화를 쟁탈하도록 조장한다. 그래서 명성과 재화의 이득은 본래의 소박한 욕구를 떠나 갈망하여 얻는 것으로 바뀐다. 만약 위정자에게 다른 마음이 있으면 재사才士들 역시 그 속으로 들어가려고 온갖 방법을 동원한다. 그러므로 군왕이 상尙과 귀貴를 호도糊塗하면, 민심 속에 형성된 '얻을 수 있다'는 집착은 도둑이 될 수 밖에 없고, 결국 아무것도 얻지 못한다. 또 환득환실患得患失[32]의 혼란 속에서 민심은 큰 혼란에 빠진다. 그래서 말한다.

> 말달리며 사냥하는 것은 마음을 발광하게 하고, 얻기 어려운 재화는 사람의 행실을 방해한다.馳騁畋獵, 令人心發狂, 難得之貨, 令人行妨 (12장)

극도로 혼란한 마음은 발광하고 서로 다투고 도둑이 되어 행동거지를 방해한다. 이것이 "백성들은 편리한 기계를 많이 갖게 되고民多利器" "사람들은 기교가 많아진다人多伎巧"이다. "천하에 꺼리고 가리는 것이 많고天下多忌諱""법령이 복잡해지면法令滋彰""기이한 일들이 늘어나고奇物滋起"그 사이에 도적이 늘어나서 국가 또한 혼란을 면할 수 없다. 인생의 관점에서 말하면, 12장과 같은 사회가 되어, "너무 사랑하면 큰 비용을 치루고, 많이 쌓아두면 반드시 많이 잃게 된다甚愛必大費, 多藏必厚亡".(44장)

> 총애가 변하여 아래가 되고, 얻어도 놀란 듯이 하고, 잃어도 놀란 듯이 하는 것을 총애 받음과 욕을 당함을 놀란 듯이 하라고 한 것이다.寵爲下, 得之若驚.

---

32 재물을 손에 넣으려고 노심초사하고 한번 손에 넣으면 잃지 않으려고 고심하다. — 옮긴이

失之若驚, 是謂寵辱若驚 (13장)

　'너무 사랑'하고, '많이 쌓아두는 것'의 추구는 외부에 있는 재화를 말한다. '큰 비용을 치르고', '많이 잃는 것'은 생명의 참모습이 일그러진 모양이다. 이처럼 외부에 있는 헛된 것에 집착하기 위해 자아의 중대한 대가를 치르고 있다. 그래서『노자』는 말한다.

　이름과 몸 중에서 어느 것이 친한가? 몸과 재물 중에서 어느 것이 중요한가? 얻음과 잃음 중에서 어느 것이 병인가?名與身孰親, 身與貨孰多, 得與亡孰病 (44장)

　얻은 것은 군왕이 가짜로 준 명성과 직위 그리고 생명 이외의 재화일 뿐이지만, 잃은 것은 오히려 자유자재와 자득自得이다. 더 구체적으로 말하면, 구하고자 하는 총애 자체는 욕됨이고 비천함이다. 무엇을 얻었든 잃었든, 모두 다른 것에 의해 정해졌으므로 자신이 주인이 될 수 없다. 그러므로 총애와 욕됨은 환득환실患得患失하는 마음을 면할 수 없고, 자아는 두려움과 근심 걱정 속으로 빠져든다. 이 얼마나 비참한가?
　『노자』는 또 말한다.

　일부러 하려는 자는 실패하고, 붙잡아 두려는 자는 잃어버린다. 그래서 성인은 일부러 하지 않으므로 실패하지 않고, 붙잡지 않으므로 잃어버리지 않는다.爲者敗之, 執者失之, 是以聖人無爲故無敗, 無執故無失 (64장)

성인의 다스림은 인위적으로 자중자애하지 않고, 독단적으로 집착하지 않기 때문에 실패하지 않는다. 만약 자신의 욕망대로 얻으려고 싸우다 도둑이 되면, 그 재앙은 자신을 구속하고 번뇌에 빠질 뿐 아니라, 생명까지 잃어버린다.

도道가 낳고 덕德이 길러준 존귀한 생명은 천지처럼 크다. 그러나 정치적·인위적인 명칭이 생기면서, 또 자생자화自生自化했던 생명에 욕심이 일어나면서 마음이 본능적인 생리적 욕구에 개입한다. 이처럼 심지의 집착 결과 도는 갇혀서 드러나지 않는다. 또 심지의 상대적인 인지[33]로부터 가치 기준이 고정되고, 잘못된 정치로 인해 사람들은 집착에 빠지고 그래서 욕망에 얽힌다. 이로 인해 생명은 마침내 유한하게 된다.

---

33 『노자』, 2장, "有無相生, 難易相成, 長短相較, 高下相傾, 音聲相和, 前後相隨." 有無·難易·長短·高下·音聲·前後 등을 가리킨다. ─ 옮긴이

2. 사물은 강대하면 늙고 도에 맞지 않으면 일찍 끝난다[34]

1. 되돌아오는 것은 도의 움직임이고, 약한 것은 도의 작용이다

되돌아오는 것은 도의 움직임이다反者道之動

제1절에서 도의 본체론적 의의를 설명했다. 여기서는 도의 우주론적 의의에 대해 설명한다. 다시 말하면 도의 초월성만 설명하는 것이 아니라, 천지만물과 관련된 도의 내재성에 중점을 둔다. 초월적 의미인 도는 말할 수 없다. 그러나 개념으로 도를 규정하면 도는 심지의 집착에 사로잡혀 '말할 수 있는' 도가 되고, '변하지 않는 도常道'는 갇혀 버린다. 인간의 생명이 유한하게 된 까닭은 마음이 스스로 자신을 구속하는 규칙을 만들기 때문이다. 그러므로 심지와 그로 인해 생기는 욕망의 해소에 중점을 두어야 한다. 도道의 내재적 의미로 말하면, 도는 체득하여 깨달을 수 있다. 인간은 치허수정致虛守靜하면 저절로 도를 알게 되

---

34 제2절의 제목은 "物壯則老, 是謂不道, 不道早己"에서 따왔다. — 옮긴이

고 영원히 변하지 않는 '상常'을 알게 된다. 그래서 도道의 작용 속에서 변하지 않는 '상常'을 본다. 여기서 소박함으로 돌아가는 길을 찾아 '스스로 그러한自然' 도道에 순응한다. 인간의 생명이 유한하게 된 까닭은 바로 소박함을 버리고 헛된 것을 추구하기 때문이다.

천지만물과 연관된 도道에 대해『노자』는 두 가지 방향으로 설명했다.

되돌아오는 것은 도의 움직임이고, 약한 것은 도의 작용이다.反者道之動, 弱者
道之用 (40장)

도의 운행 궤도는 '되돌아옴反'에 있고, 되돌아옴 속에 드러나는 존재양태는 허약함弱이다. 만물을 생성하는 도는 도道 자신으로 되돌아오는 조화和 작용 속에 있다. 이것이 "천하의 만물은 유에서 나온다天下萬物生於有"이다. 도道가 커다란 작용을 이룰 수 있는 것은 도 자신의 허약함에 있다. 노자철학은 도道의 무無와 유有 양면성에서 '오묘함玄'을 말하고, 또 허虛로 무를 말하고, 조화和로 유를 말한다. '허'에서 만물이 시작하는 오묘함이 나오고, '조화'에서 만물이 완성되는 '돌아감'을 이룬다. "약한 것은 도의 작용이다"에서 '약弱'은 '허'이기 때문에 '약'하고, "되돌아오는 것은 도의 움직임이다"에서 '되돌아옴反'은 '조화' 때문에 '되돌아온다'. 먼저 '되돌아옴' 즉 '반反'을 살펴보자.

"되돌아오는 것은 도의 움직임이다"만 놓고 보면 무엇을 가리키는 것인지 알 수 없다.『도덕경』에서 언급한 '반反'은 다음과 같다.

혼성된 사물이 있는데, 천지보다 먼저 생겨났다. 적막하고 쓸쓸함이여, 독립해서 바꾸지 않으며, 두루 행하지만 위태롭지 않으니, 천하의 어머니가 될 수 있다. 나는 그 이름을 알지 못하니, 글자를 붙이면 도라 붙이고, 억지로 이름을 지어 '크다'라고 한다. 크면 가고, 가면 멀어지고, 멀어지면 되돌아온다.有物混成, 先天地生. 寂兮寥兮, 獨立不改, 周行而不殆, 可以爲天下母. 吾不知其名, 字之曰道, 强爲之名曰大. 大曰逝, 逝曰遠, 遠曰反 (25장)

현덕은 깊고 멀며, 사물과 함께 되돌아간다. 그런 후에 크게 대도大道에 따르는 데 이른다.玄德深矣, 遠矣, 與物反矣. 然後乃至大順 (65장)

바른 말은 반대되는 것 같다.正言若反 (78장)

이 중 "바른 말은 반대되는 것 같다"는 반反으로 정正의 의미를 드러내는 것으로, '정'이 무엇인지는 말하지 않고, '반'이 '무엇이 아니다'라고만 말한다. 다시 말하면 '정'을 말하지 않고, '반'을 말하는 '반대적 변증'으로 개념의 한계를 해소했다. 말할 수 없는 가운데 도道가 무엇인지 말하고자 하는 목적을 이룬다. 그러므로 여기서의 '반反'은 표현 방식을 말하는 것이지, 도의 운행 규칙이 아니다.

"혼성된 사물이 있다"의 사물物과 "도라는 사물道之爲物"(21장)의 '사물'은 모두 존재물에 속하는데, 전자는 "뒤섞여 스스로 이루어진 존재가 있다"는 의미고, 후자는 "도라는 존재의 형식"을 의미한다. 만약 글자 뜻에만 얽매이면 도道는 사물에 고정된다.[35] "천지보다 먼저 생겨났다"는 도道의 선재성을, "독립해서 바꾸지 않는다"는 도의 자존성自存性을, "두루 행하지만 위태롭지 않다"는 도가 두루 펼쳐져 있다는 편재성遍在性을, "천하의 어미가 될 수 있다"는 도의 실현성實現性을 말한다. 도체는 이름 지을 수 없다. 그래서 글자를 붙인다면 '도'라고 하고, 다시 억지로 이름을 붙여 '크다大'라고 한다. 즉 '도道'라는 말은 만물이 그것으로 말미암는다는 뜻이고, '크다大'는 말할 수 있는 것 중 '가장 크다最大'이다. 그러나 억지로 이름 붙여서 '크다'이므로, '크다' 또한 명칭이다. 명칭은 이미 명칭에 의한 '한계'가 정해져 있으므로, "크면 가고, 가면 멀어지고, 멀어지면 되돌아온다"라는 층층의 변증을 통해 고정된 관념을 제거해 나간다. 동시에 또 도의 진행과大曰逝 멀리 도달하지 않는 곳이 없음逝曰遠을 나타낸다. 이것이 "두루 행하지만 위태롭지 않다"는 뜻이다. 그러나 그것이 아무리 멀리 가더라도 도는 여전히 도道다. 이것이 "독립해서 바꾸지 않는다"는 뜻이다. '되돌아오다反'는 무엇을 가리키는가? 상반상생相反相生의 의미가 아니라, 도 자신으로 되돌아옴이며, 도 자신을 벗어나지 않는다는 뜻이다. 이처럼 "도는 자연을 본받는다道法自然"는 궁극적인 의미에 속한다. 이러한 변증법적 역정歷程은 '되돌아오다反'에 이르러 멈춘다.

'현덕玄德'의 '덕'은 천지만물이 도道에서 얻은 존재의 본질이다. 천지만물에 내재된 도의 생성작용은 만물 각각의 개체로 말하면 '덕'이고,

---

35 이옌링펑은 "노자의 도는 '유有'이지 '무無'가 아니다."고 말했고, 또 "도는 뒤섞여 이루어진 물物"이라고 말했다.『노자달해老子達解』, '자서自序', 5쪽.

총체적으로 말하면 '현덕'이다. '현덕'은 심오하여 알 수 없는 도의 작용이다. 만물이 어떻게 생멸 변화하든지 간에 도의 작용 속에 있으며, 도의 궤도를 절대로 벗어날 수 없고, 도의 움직임인 자연법칙을 벗어날 수 없다. 즉 영원히 총체적인 도의 균형 조화 속에 있으며, 이것이 '대도에 따른다'이다. '대大'는 억지로 붙여진 도道의 이름이고, '순順'은 자연의 균형 조화다.

『노자』는 '되돌아오다反'를 말하면서 또 '돌아가다復歸'를 말했다.

끊임없이 이어지는데 이름 붙일 수 없고, 아무것도 없는 상태로 돌아간다.繩繩不可名, 復歸於無物 (14장)

만물이 함께 일어나니, 나는 만물의 돌아감을 본다. 만물은 무성하지만 각자 그 뿌리로 돌아간다.萬物竝作, 吾以觀復. 夫物芸芸, 各復歸其根 (16장)

변하지 않는 덕은 떠나지 않고, 갓난아이에게 돌아온다.…… 변하지 않는 덕은 넉넉하며, 질박함으로 돌아간다(常德不離, 復歸於嬰兒 …… 常德乃足, 復歸於樸). (28장)

작은 것을 보는 것을 밝다 하고, 부드러움을 지키는 것을 강하다고 하고, 그 빛을 쓰고, 밝음으로 돌아온다. 몸에 재앙을 남기지 않으니, 이것이 변하지 않음을 익히는 것이다.見小曰明, 守柔曰强, 用其光, 復歸其明, 無遺身殃, 是爲習常 (52장)

"끊임없이 이어지는데 이름 붙일 수 없다繩繩不可名"의 '승승繩繩'을 왕화이王淮는 '현玄'이라고 했다.[36] 14장을 앞에 인용한 "현덕은 깊고 멀며, 사물과 함께 되돌아간다玄德深矣, 遠矣, 與物反矣"(65장)와 비교하면, '승승'은 '현덕'의 작용이다. '이름 부를 수 없는 것不可名'은 "깊고 멀다深矣遠矣"이다. "무물로 돌아가다"는 "사물과 함께 되돌아간다. 그런 후에 크게 대도大道를 따르는데 이른다與物反矣. 然後乃至大順"이다. 이처럼 '돌아간다復歸'는 '되돌아오다反'이고, '아무것도 없는 상태無物'는 도의 자연 법칙, 즉 도의 균형 조화다. 그리고 '변하지 않는 덕常德'은 만물이 도에서 받은 '항상恒常의 도'로서, 구체적으로 말하면 인격의 표상인 어린 아이와 같은 경지다. 그러므로 만물은 무성하게 자라지만 만물 존재의 근원인 도의 작용으로 돌아간다. 이것이 "각자 그 뿌리로 돌아간다"이다. "만물이 돌아가는 것吾以觀復"을 보는 중에 '작은 것을 보는 밝음見小之明'이 생긴다. 그러나 인간은 '그 빛을 써서用其光' 지혜가 나타나 큰 거짓이 있는慧智出, 有大僞'(18장) 위험한 상태로 들어갈 가능성이 있다. 따라서 돌발적인 이성의 빛을 도道의 밝음明으로 되돌아오게 해야 한다. 이것이 "그 빛을 조화롭게 한다和其光"(4장)이고 "빛나지만 번쩍거리지 않는다光而不燿"(58장)는 뜻이다.

종합하면 "되돌아오는 것은 도의 움직임"이란 도의 운행으로, 그 운행궤도는 항상 자신의 법칙으로 되돌아온다. 더 구체적으로 말하면 도의 운행궤도는 자신의 생성 변화 작용을 벗어나지 않는다. 이것이 "도는 자연을 본받는다道法自然"이다. 노자는 이를 근거로 '되돌아오다反'

---

36 『노자탐의老子探義』, 57쪽.

를 말하고, 또 '돌아가다復歸'를 말했다.

이렇게 말하는 것은 형식적인 의미일 뿐 '반反'과 '복귀復歸'의 내용에 대해서는 여전히 충분한 설명이 이루어지지 않았다. 노자가 말하는 '반'과 '복귀'의 원리는 '조화和' 작용에 있다.『도덕경』에 언급된 '조화'는 다음과 같다.

> 도는 일을 낳고, 일은 이를 낳고, 삼은 만물을 낳는다. 만물은 음을 지고 양을 품고, 요동치는 기氣로 조화를 이룬다.道生一, 一生二, 二生三, 三生萬物, 萬物負陰而抱陽, 沖氣以爲和 (42장)

> 후덕한 덕을 품음은 갓난아이에 비유된다.……뼈는 약하고 근육은 부드럽지만 쥐는 것은 단단하고, 암수의 결합을 알지 못하지만 온전히 자라니, 정기精氣의 극치다. 종일토록 울어도 목이 쉬지 않음은 조화의 극치다. 조화를 아는 것을 상常이라 하고, 상常을 아는 것을 명明이라고 한다.含德之厚, 比於赤子. …… 骨弱筋柔而握固, 未知牝牡之合而全作, 精之至也. 終日號而不嗄, 和之至也. 知和曰常, 知常曰明 (55장)

> 커다란 원망을 조화시키면, 반드시 남은 원망이 있게 된다.和大怨, 必有餘怨 (79장)

"커다란 원망을 조화시키면, 반드시 남은 원망이 있게 된다"란 사물과 나 사이의 관계가 파괴된 후에 다시 조화롭게 해도, 최초의 혼연된 상태로 돌아가기는 어렵다는 것을 말한다. 근본적인 조화의 도는 원망의 마음을 일으키지 않는 것이며, 이미 커다란 원망이 생기면 더 이상 보완할 수 없다. 여기서의 '조화和'는 도의 작용으로 '조화和' 자체를 가리키는 것이 아니다.

　"도는 일을 낳는다"의 '생生'은 발현하다는 뜻으로 '즉체현용卽體顯用'[37]의 '생'이다. 즉 도의 실현원리로 만물을 생성·변화하게 하는 '생'이다. 앞 절의 분석에 의하면, "도는 일을 낳는다"의 '일'은 도道의 덕德이고, 도의 작용用이고 또 도의 유有이다. "일은 이를 낳는다一生二"는 실현원리로서의 '일'이 그 작용을 발동하여 이二 즉 천지의 교감交感 조화를 발현한다. 그래서『노자』는 말한다.

　천지가 서로 만나서 단 이슬이 내린다.天地相合, 以降甘露 (32장)

　천지 교감의 균형과 조화 속에서 생명의 감로수가 샘솟는다. 조화의 생성·변화 작용이 '이二'이다. 만물은 '조화'의 균형 속에서 자란다.『노자』다른 장을 통해 이것을 다시 증명해 보자.

　뿌리로 돌아가는 것을 정靜이라 하고, 이것을 본성으로 돌아가는 것이라고 한다. 본성으로 돌아가는 것을 상常이라 하고, 상常을 아는 것을 명明이라고 한다.歸根曰靜, 是謂復命. 復命曰常. 知常曰明 (16장)

　"뿌리로 돌아가다歸根"란 각기 '그 뿌리로 돌아가다'는 뜻이다. '본성

37　'본체에서 그 작용이 드러나다'는 뜻. ─옮긴이

으로 돌아가다復命'는 생명의 근본 뿌리로 돌아간다는 뜻이다. 생명의 근본 뿌리는 도에서 얻은 '변하지 않는 덕常德'이다. 인간은 상덕常德을 스스로 알 수 있는데, 바로 "스스로 아는 것이 명明이다自知者明"(33장), "상을 아는 것을 명明이라고 한다"의 '명明'이다. 그러나 『노자』는 또 "조화를 아는 것을 상常이라고 한다知和者常"(55장)고 말한다. 상덕의 내용은 '조화'에 있다는 말이다. 천도의 조화균형은 '고요함靜'이다. 그래서 "뿌리로 돌아가는 것을 정靜이라고 한다"고 말한다. 즉 조화균형의 자연 법칙인 도道로 복귀한다.

그러므로 '일一'에서 '이二'로, '이二'에서 '삼三'으로는 모두 이理의 측면에서 말한 것이지, 기氣의 측면에서 말한 것이 아니다. 각각의 존재물로 말하면 생명의 존재 이유는 음陰을 지고負 양陽을 품은抱 신기神氣(도道의 작용으로 활동하는 기)의 조화에 있다. 따라서 만물의 '연然'인 음양陰陽의 기氣로서의 이二가 아니고, 또 기의 조화를 말하는 삼三이 아니다. 그러나 반드시 '소이연所以然'(그렇게 되는 까닭)의 실현원리인 천지天地의 이二가 있어야 만물의 '연然'인 음양의 이二가 있을 수 있다. 반드시 '소이연'의 실현원리인 천지의 조화가 있어야 만물의 '연然'인 음양의 기氣의 조화가 있을 수 있다. 그러므로 천지가 서로 합하는 작용은 "조화를 아는 것을 상常이라고 한다知和者常"는 '조화'에 있다.

머우쫑싼은 '일一'을 '무無', '이二'를 '유有', '삼三'을 유무有無가 혼연된 '현玄'으로 해석했다. 이러한 해석은 도道의 기화氣化(기氣로 변화하는 것)로 오해하게 한다. 머우쫑싼은 '일'·'이'·'삼'을 우주의 생성 혹은 우주 진화의 역정歷程이 아니라, 도의 실현원리라고 보았다.[38] 그러므로 도道의 본체론으로 말하면 머우쫑싼의 주장은 매우 적절하다. 그러나 "천지가 서로 만나서 단 이슬이 내린다天地相合, 以降甘露"(32장)와 "만물은 음을 지고 양을 품고, 요동치는 기氣로 조화를 이룬다萬物負陰而抱陽, 沖氣以爲和"(42장)는 우주론적인 실질적인 의미가 드러나지 않는다.

'조화'의 작용, 천지의 화합을 더욱 구체적으로 말하면 다음과 같다.

> 하늘의 도는 활을 당기는 것 같다. 높은 것은 누르고, 낮은 것은 들어 올리며, 남으면 덜어내고, 부족하면 보충한다.天之道, 其猶張弓與, 高者抑之, 下者擧之, 有餘者損之, 不足者補之 (77장)

'하늘의 도'는 도의 작용으로서 영원히 균형과 조화를 유지한다. 그러므로 높은 것을 누르고 작은 것을 들어 올리며, 남으면 덜어내고 부족하면 보충한다. 이것이 천지 화합의 '조화'다. 인간으로 말하면 후덕한 덕을 품고 있는 자는 갓난아이에 비유되는데, 어린 아이는 암수의 결합을 알지 못하지만 온전히 자라는 정기精氣의 극치이고, 종일토록 울어도 목이 쉬지 않는 조화의 극치다. 다시 말하면 자연에 모든 것을 맡기니 음양 화합의 공이 나온다.

노자가 말한 정기精에 대해 살펴보자. 『도덕경』은 말한다.

> 도라는 것은 있는 듯 없는 듯 황홀하니, 황홀함이여 그 안에 형상이 있고, 황

---

38 머우쫑싼, 타이완대학臺灣大學 1977년 '위진현학魏晉玄學' 수업 중 필기.

홀함이여 그 속에 만물이 있다. 그윽하고 깊숙함이여, 그 속에 정기精氣가 들어 있고, 그 정기는 매우 참되고, 그 속에 미더움이 있다.道之爲物, 惟恍惟惚, 惚兮恍兮, 其中有象, 恍兮惚兮, 其中有物. 窈兮冥兮, 其中有精, 其精甚眞, 其中有信 (21장)

25장의 '적막하고 쓸쓸하다寂兮寥兮'는 도道의 독자적인 모습을 말한다. "있는 듯 없는 듯 황홀하다惟恍惟惚"는 어디에도 얽매이지 않는 무형無形의 도道를 말하고, "그윽하고 깊숙함이여窈兮冥兮"는 도道의 심원하고 그윽한 모습을 말한다. 이와 같은 도의 묘사는 모두 도道의 체體·도의 무無를 가리키는 말이다. 그러나 도는 비록 무형이고 볼 수 없지만, 만물을 생성 변화시키는 도道의 생화生化작용은 존재한다. 그래서 "그 속에 형상이 있고", "그 가운데에 정기가 있다"고 말한다. 이것은 도의 작용用·도의 유有를 말한다. 도의 작용用·도의 유有는 그 조화和 속에 있다. 그래서 그 속에 '정기精'가 있다. 또 돌아오는反 움직임의 조화 작용은 '정기精氣의 극치精之至'이고, '조화의 극치和之至'다. 만물은 도의 조화 작용 속에서 생겨나고 자란다. 그래서 "그 속에 만물이 있다", "그 가운데 미더움이 있다"고 말한다. 천지 화합의 조화 작용 속에는 형상이 있고 정기가 있으며, '음을 지고 양을 품은負陰抱陽' 조화로운 기氣의 균형 속에는 만물이 있고 미더움信이 있다.

이상을 통해 알 수 있듯, 노자의 우주론은 본체本體와 연관되어 전개된다. 도의 운행은 영원히 그 자신의 법칙으로 되돌아온다. 이 법칙이 바로 도의 작용이고, 영원히 조화와 균형을 유지한다. 도의 작용 아래서 태어나고 길러지는 만물은 음양의 조화 속에 있다.

도의 움직임은 천지 화합의 조화와 정중동靜中動에 있다. 만물의 존재는 또 '음을 지고 양을 품은' 조화의 부드러움 속에 존재한다. 천지조화의 고요함靜, 음양 조화의 부드러움은 비록 "쓰는 데 힘들이지 않지만用之不勤"(6장) "겨우겨우 끊임없이 이어지는 듯하다綿綿若存".(6장) 비록 '후덕한 덕을 품고含德之厚' 있지만, '갓난아이에 비유된다比於赤子'. 노자는 여기서 "약한 것은 도의 작용이다弱者道之用"라고 말한다.

약한 것은 도의 작용이다弱者道之用

"되돌아오는 것은 도의 움직임이다反者道之動"의 '되돌아옴'은 자신의 법칙으로 돌아오는 것이며, 이 법칙은 천도天道의 조화 균형 작용이다. 도는 천지의 조화와 균형 속에서 천지의 시작始이 되고, 음을 지고 양을 품고 있는 만물의 조화 속에서 만물의 어미母가 된다. 다시 말하면 도道가 오래도록長久 천지만물을 낳고 기르는 것은 "자기가 만물을 낳았다고 하지 않는不自生"(7장) 허虛에 있다. 이것이 노자가 말하는 '약弱'이다. 따라서 도의 움직임은 되돌아옴에 있고, 도의 작용은 약함에 있다. 조화和로 말하면 되돌아옴反이고, 허虛로 말하면 약함弱이다. 『노자』는 말한다.

도는 비어서 쓰니 혹 차지 않는 듯하고, 깊숙함이 만물의 근원인 것 같다. 날카로움을 꺾고, 엉킴을 풀고, 번쩍거림을 부드럽게 하고, 더러움과 같이 한다. 맑고 그윽함이 혹 있는 듯하니, 나는 누구의 아들인지 알지 못하니, 상제보다 앞서 있는 것 같다.道沖而用之, 或不盈, 淵兮似萬物之宗. 挫其銳, 解其紛, 和其光, 同其塵. 湛兮似或存, 吾不知誰之子, 象帝之先 (4장)

도道의 체득에 대한 노자의 설명이다. 도道는 말할 수 없다. 그래서 '혹은或', '마치 ~같다似', '혹 ~같다似或', '~와 같다象' 등 불분명한 용어를 사용하여 개념에 의해 정해져 버린 의미를 상쇄시켰다. 이것은 도의 작용이 허虛이므로 꽉 차게 할 필요가 없기 때문이다. 왜냐하면 도道는 '무'이고, '허虛'는 그 작용이기 때문이다. 그래서 도는 만물의 종주宗主가 될 수 있다. 도는 자신의 날카로움을 꺾고, 자기만이 가지고 있는 존재형식으로 만물을 결정하지 않는다. 또 만물의 생멸生滅에 직접 참여하지 않고, 자신의 실현원리로 천지만물에 내재하면서, 어수선한 만물의 흐름 속에 있는 위험한 자신을 해소한다. 그러므로 천지만물이 스스로 낳고自生 스스로 자라는自長 것은, 사실 끊임없이 작용하고 맑고 그윽하게 영원히 존재하는 천도天道의 공功이다. 이에 대해 『노자』는 말한다.

천지 사이가 풀무나 피리 같지 않은가! 비어 있되 굽힘이 없고, 움직일수록 더욱 소리 나는구나.天地之間, 其猶橐籥乎. 虛而不屈, 動而愈出 (5장)

천도天道의 허무虛無하면서 오묘한 작용妙用은 풀무, 악기처럼 비어 있지만 여러 가지 오묘함을 갖추고 있으며, 발동하면 용광로처럼 푸르고 음악처럼 높게 울린다. 그 속은 텅 비어 있기에 영원히 고갈되지 않고 샘솟는다. 본체는 비어 있어서 볼 수 없지만, 그 작용은 다함이 없다. 그래서 말한다.

겨우겨우 끊임없이 이어지는 듯하면서도, 쓰는 데 힘들이지 않는다.綿綿若存,

用之不勤 (6장)

도는 스스로 텅 비어 있어서 약한 것처럼 보이지만, 이것은 도의 오묘한 작용이고 현덕玄德이다. 『노자』는 말했다.

끝내 스스로 크다고 하지 않음으로써, 그 큼을 이룰 수 있다.以其終不自爲大, 故能成其大 (34장)

하늘의 도는 다투지 않으면서 잘 이기고, 말 없이도 잘 응하고, 부르지 않아도 스스로 찾아오며, 너그러우면서도 잘 꾀하니, 하늘의 그물은 넓고 넓어, 성긴 듯하나 놓치는 것이 없다.天之道, 不爭而善勝, 不言而善應, 不召而自來, 繟然而善謀, 天網恢恢, 疏而不失 (73장)

오직 도만이 잘 빌려주고 잘 이룬다.夫唯道, 善貸且成 (41장)

천지가 오래 갈 수 있는 것은 자신이 만물을 낳는다고 하지 않기 때문이고, 그래서 오래갈 수 있다.天地所以能長且久者, 以其不自生, 故能長生 (7장)

위에 인용된 각 장의 '스스로 크다고 하지 않는다'·'자신이 만물을 낳는다고 하지 않는다'·'다투지 않는다' 등은 모두 도가 자신을 내세우지 않고, 다른 것을 억제하지 않으면서 도의 허虛와 도의 약弱을 묘사한 것이다. 노자는 자연을 선善으로 삼았다. 그러므로 "잘 빌려주고 잘 이룬다"는 도 자신의 법칙인 실현원리로 천지만물에 내재한다. 즉 천지만물의 순조로운 생장 속에서 자신을 드러내고 자신을 성취한다. 이것이 "큼을 이루다成其大", "잘 이긴다善勝", "오래 간다長生"의 뜻이다. 그래서 하늘도 크고 땅도 크고 인간 또한 큰 것으로 도道 자신의 '큼大'을 이룬다.

이제 다른 각도에서 살펴보자. 『노자』는 말한다.

> 낳지만 소유하지 않고, 하게 하지만 뽐내지 않으며, 기르지만 주재하지 않으니, 이것을 현덕이라고 말한다.生而不有, 爲而不恃, 長而不宰, 是謂玄德 (51장)

도는 만물을 생육하지만 자기 것으로 소유하지 않고, 도는 무위無爲로 만물을 위해 모든 것을 안배하지만 자기의 공이라고 뽐내지 않으며, 도는 만물을 기르고 완성하지만 주재하지 않으니, 도의 현덕玄德이 도의 허虛에 있음을 말한다. 도는 소유하지 않고, 뽐내지 않고, 주재하지 않는 방법으로 만물을 낳고 기른다. 노자는 무無이면서 유有인 도의 혼연함에서 '현玄'이라 하고, 도의 생성·양육 작용에서 유有이다. 그러나 만물을 놓아주고 소유하지 않으며, 뽐내지 않고, 주재하지 않는 허虛의 무無를 통해 '선대善貸'(잘 빌려주다)를 드러낸다. 그래서 유有이지만 또 무無이기 때문에 '현덕'이라고 한다. 이에 대해 왕필주는 다음과 같이 말했다.

> 그 근원을 막지 않으면, 사물이 자생하니, 무슨 공이 있겠는가? 그 본성을 금하지 않으면, 만물이 스스로 구제되니, 무엇을 뽐내겠는가? 만물이 스스로 자라고 흡족하니, 내가 부려서 이루는 것이 아니다. 덕은 있지만 주재하지 않

으니, 현玄이 아니고 무엇이겠는가.不塞其原, 卽物自生, 何功之有? 不禁其性, 則
物自濟, 何爲之恃? 物自長足, 不吾宰成. 有德無主, 非玄而何³⁹

만물이 '자생自生'하고 '스스로 구제하고自濟' '스스로 자라고 흡족하
게自長足' 하는 것이 허虛·무無의 오묘한 작용이다. 머우쭝싼은 이 장을
다음과 말했다.

'낳지만 소유하지 않는다'는 무심無心의 생生이다.…… '만물을 기르되 뽐내
지 않는다'는 무위無爲로 기르는 것이다.…… '기르지만 주재하지 않는다'는
주재하지 않는 주재不主之主다.⁴⁰

다시 말하면 도는 만물의 '스스로 그러함自然'에 따라 만물을 주재하
고, 결정하지 않는 방식으로 만물을 결정한다.

이상과 같이 도의 움직임은 되돌아옴反에 있고, 되돌아옴은 '조화'
에 있다. 이를 바탕으로 『노자』는 "무거움은 가벼움의 뿌리가 되고, 고
요함은 조급함의 군주가 된다重爲輕根, 靜爲躁君"(26장)는 말을 끌어낸다.
도는 천지 화합과 음양 조화의 '고요함靜' 속에서 움직인다. 그러므로
무거움은 가벼움의 뿌리가 되고, 고요함은 움직임의 군주가 된다. 이것
을 삶에 적용하면 "암컷은 항상 고요함으로 수컷을 이기고, 고요함으
로 아래에 있는다牝常以靜勝牡, 以靜爲下".(61장) 다른 측면에서 도의 작용

---

39 『노자』, 10장. "生而不有, 爲而不恃, 長而不宰, 是謂玄德"에 대한 왕필주.
40 『재성과현리才性與玄理』, 141쪽.

은 약함弱에 있고, '약함'은 '허'에 있다. 이를 근거로 『노자』의 "귀한 것은 천한 것을 뿌리로 삼고, 높은 것은 낮은 것을 토대로 삼는다貴以賤爲本, 高以下爲基"(39장)는 말이 나온다. 이것을 삶에 응용하면 "약한 것은 강한 것을 이기고, 부드러운 것은 단단한 것을 이긴다弱之勝强, 柔之勝剛".(78장) 무거움은 가벼움의 뿌리가 되고, 고요함은 움직임의 주인이 되며, 비천한 것은 귀한 것의 근본이 되고, 낮은 것은 높은 것의 토대가 되며, 약한 것은 강한 것을 이기고, 부드러운 것은 단단한 것을 이긴다. 이것은 도가 허를 작용으로 하고, 조화로 움직이기 때문이다.

2. 만물은 강대하면 늙고 도에 맞지 않으면 일찍 끝난다物壯則老, 不道무己

도의 움직임은 되돌아옴에 있고, 되돌아옴은 자신의 법칙으로의 복귀復歸다. 천도의 법칙은 천지 조화의 작용이고, 이것을 "조화를 아는 것을 상常"知和曰常이라고 한다. 천지만물은 이러한 조화 균형 속에서 생명의 활력과 샘물을 얻는다. 『노자』는 말한다.

> 사나운 바람은 아침을 넘기지 못하고, 소나기는 하루를 다하지 못하니, 누가 이렇게 만드는가? 천지다. 천지도 오래 갈 수 없거늘, 하물며 사람에게 있어서랴!飄風不終朝, 驟雨不終日, 孰爲此者? 天地. 天地尚不能久, 而況於人乎 (23장)

사나운 바람과 소나기는 번개를 치면서 기세가 등등하지만, 아침을 넘기지 못하고, 하루도 넘기지 못하고 사라져 버린다. 천지가 유심有心으로 하는 일은 도道의 운행 궤도를 벗어나지만 결국 천도의 조화 균형 작용으로 자연 본래의 평정한 상태로 되돌아온다. "천지는 오래갈 수 없다"와 "천지는 장구하다天長地久"(7장)는 모순이 아닌가?

후자는 "천지는 어질지 않다天地不仁", "천지가 서로 만난다天地相合"는 자연 법칙이고, 전자는 천지가 유심有心으로 하는 일을 가리킨다. 전자는 천도의 상궤를 벗어난 것이지만, 결국 "도는 자연을 본받는道法自然" 작용 때문에 아무것도 없는 상태無物의 조화와 평정平靜 속으로 되돌아온다는 것을 말한다.

이것을 생명의 자연 현상으로 말하면 다음과 같다.

인간은 유약하게 태어나지만, 그 죽음은 굳고 단단하며, 만물 초목은 부드럽게 태어나지만, 그 죽음은 딱딱하고 말라 있다.人之生也柔弱, 其死也堅强, 萬物草木之生也柔脆, 其死也枯槁 (76장)

"암수의 결합을 알지 못하지만 온전히 자라는未知牝牡之合而全作"(55장) "정기의 극치精之至"(55장)는 "음을 지고 양을 품은負陰而抱陽"(42장) "조화의 극치和之至"(55장)다. '조화의 극치'가 나타내는 존재 양태는 유약柔弱이다. 유약은 "뼈는 약하고 근육은 부드럽지만 쥐는 것은 단단한骨弱筋柔而握固"(55장) 정기精氣의 극치에 있는 생명이다. 인간이 굳고 단단해지고, 초목이 딱딱하고 마르면, 음양 균형의 조화를 잃어버린 것이며, 이것은 죽음의 상징이다. 이에 대해 『노자』는 또 말했다.

이루지만 부득이 그런 것이고, 이룬다고 강제로 해서는 안 된다. 만물은 강대해지면 곧 늙으니, 이를 일러 도에 맞지 않는다고 한다. 도에 맞지 않으면 일

찍 끝난다!果而不得已, 果而勿强, 物壯則老, 是謂不道, 不道早已. (30장)

'과果'는 천도의 되돌아옴에 순응한 자연스러운 조화로, 소박의 허·무위의 약함을 지키는 것을 말한다. 그래서 '부득이不得已'라고 말하고, '강제로 해서는 안 된다勿强'라고 말했다.

만물이 스스로 장대하고 강한 생명을 나타내려고 하는 것은 소박한 음양의 조화를 벗어난 편향된 방향으로의 발돋움이다. 이렇게 되면 생명력이 소모되고 거센 바람과 소나기처럼 갑자기 요동치다 갑자기 사라진다. 이것이 "만물은 강대하면 곧 노쇠해진다"이다. 도의 실현원리인 조화에 어긋나면 스스로 쇠망의 나락으로 떨어진다. 이것이 "도에 맞지 않으면 일찍 끝난다"이다. 스스로 강하게 되려는 것에 대해 『노자』는 다음과 같이 말했다.

마음으로 기를 부리는 것을 강하다고 한다.心使氣曰强 (55장)

강행하는 사람은 뜻이 있는 것이다.强行者有志 (33장)

억센 자는 제대로 죽지 못한다.强梁者, 不得其死 (42장)

상을 알지 못하면 함부로 하니, 흉하다.不知常, 妄作, 凶 (16장)

만물은 음을 지고 양을 품는 조화로 이루어지며, 이것이 도道의 상常이다. 도상道常의 조화를 모르고 함부로 강행하면, 부드럽고 조화로운 생명에 심지心知가 개입하게 되어 왕성한 혈기를 불러일으키고, 마침내 "도에 맞지 않아 일찍 끝나고" "제대로 죽지 못한다". 그래서 『노자』는 말한다.

그 마음을 비우고, 그 배를 채우며, 그 뜻을 약하게 하고, 그 뼈를 강하게 한다.虛其心, 實其腹, 弱其志, 强其骨 (3장)

허심虛心·약지弱志는 마음이 기氣를 일어나지 못하게 하고, 뜻을 강행하지 못하게 한다. 이렇게 하면 생명은 음양 본연의 순조로운 조화를 유지할 수 있다. 이것이 배를 채우고 뼈를 강하게 함이다.

만약 경거망동하면 허虛의 근본·조화의 주인을 잃게 된다. 그래서 말한다.

가벼우면 근본을 잃고 조급하면 군주를 잃는다.輕則失本, 躁則失君 (26장)

발돋움하는 사람은 제대로 서 있을 수 없고, 뛰어넘는 자는 갈 수 없고, 스스로 드러내는 자는 밝지 못하고, 스스로 옳다고 하는 자는 드러나지 않는다.企者不立, 跨者不行, 自見者不明, 自是者不彰 (24장)

스스로 옳다 하고, 스스로 드러내고, 발돋움해 서려 하고, 뛰어넘는 것은 모두 유심有心의 억지다. 이렇게 하면 오히려 오래갈 수 없고, 분명하게 드러낼 수도 없다. 이것이 "만물은 강대하면 곧 늙고, 도에 맞지 않으면 일찍 끝난다"는 뜻이다.

3. 인간은 살다가 죽는 곳으로 움직인다

거센 비바람은 유심이 만들고 천지의 조화로부터 이탈이다. 그러므로 오래갈 수 없다. 억센 자와 강한 사물은 자신의 뜻을 강행하므로 음양의 조화를 잃고 도에 맞지 않게 되어 일찍 끝난다. 인간의 삶 또한 죽음에 이른다. 『노자』는 말한다.

> 나오는 것은 태어나는 것이고, 들어가는 것은 죽는 것이다. 삶의 무리가 열에 셋이고, 죽음의 무리가 열에 셋이며, 사람이 살다가 죽는 곳으로 움직이는 것 또한 열에 셋이다. 무슨 까닭인가? 너무 잘 살려고 하기 때문이다. 出生入死. 生之徒十有三, 死之徒十有三, 人之生, 動之死地,[41] 亦十有三, 夫何故? 以其生生之厚 (50장)

생명의 여정은 태어나서 나오고 죽어서 들어간다. 생사는 자연현상으로서 인간의 힘으로 어찌할 수 없다. 노자가 애석하게 생각하는 것은 살기 위해 모든 힘을 쏟다가, 사지死地로 떨어지는 것이다. 천년을 누리지 못하고 요절하는 것이 인간의 비극이다. 이러한 비극의 원인은 다음과 같다.

> 내게 커다란 고통이 있는 까닭은 내가 몸을 가지고 있기 때문이다. 吾所以有大

---

41 가오형은 "한비자, 부혁, 범응원은 모두 '생生'자를 중첩했는데 옳다. 이어지는 '以其生生之厚' 문장은 바로 이 구절의 '生'자를 이어받아 말한 것이다. 이것이 그 증거다"라고 말했다. 『노자정고老子正詁』, 107쪽.

患者, 爲吾有身 (13장)

오색은 사람의 눈을 어둡게 하고, 오음은 사람의 귀를 멀게 하며, 오미는 사람의 입을 맛 들이고, 말달리며 사냥하는 것은 사람의 마음을 미치게 한다.五色令人目盲, 五音令人耳聾, 五味令人口爽, 馳騁畋獵, 令人心發狂 (12장)

생명은 본래 '스스로 그러한 것이니自然', 천지가 서로 만나 음양이 화합하고, 만물은 균형과 조화 속에서 순조롭게 성장한다. 심지心知가 무엇에 집착하면 생명의 고통이 시작된다. 육신이 있으면 양생하려 하고 잘 살려고 한다. 이 때문에 눈은 오색五色에 현혹되고, 귀는 오음五音에 취하고, 입은 오미五味에 맛 들이고, 마음은 말달리며 사냥하는 것처럼 미친다. 이것은 생명의 소박素樸한 조화를 잃어버려 심지에 구속되고, 생리적 욕망에 마비된 것이다. 이것이 '죽는 곳으로 움직이는 것'이고, '도에 맞지 않으면 일찍 끝난다'이다.

이처럼 커다란 혼란을 근본적으로 해소하는 방법은 육신을 없애는 데 있다. 그래서 말한다.

내게 몸이 없게 된다면 내가 무슨 근심이 있겠는가?及吾無身, 吾有何患 (13장)

몸을 뒤에 두지만 오히려 몸이 앞서게 되고, 몸을 밖에 두지만 오히려 몸이 보존된다.後其身而身先, 外其身而身存 (7장)

'몸을 뒤에 두다'와 '몸을 밖에 두다'는 몸을 없애고, 잘 살려고 하지 않음으로써 소박한 생명으로 돌아가는 것이다. 이렇게 하면 오히려 몸이 앞서게 되고 보존된다. 그렇지 않고 "너무 아끼면 크게 낭비하게 되고, 지나치게 쌓아두면 많이 잃게 된다甚愛必大費, 多藏必厚亡".(44장) 명성에 집착하고 재화를 많이 쌓아두면 몸을 훼손하고 생명을 잃는다. 그래서 『노자』는 말한다.

명성과 생명 중 어느 것이 친하고, 생명과 재물 중 어느 것이 중요한가?名與身孰親, 身與貨孰多) (44장)

제3장을 종합하면, 노자 철학의 핵심은 인간의 생명이 어째서 유한한가에 대한 반성이다. 도는 본래 무한하고, 초월해 있으면서 내재해 있다. 이 도는 크고 인간 또한 크다고 생각했다. 그러나 심지의 집착으로 도는 말할 수 있는 도로 전락하고, 덕은 하덕下德으로 변했으며, 미美와 선善이 정해지고, 정치는 뒤에서 그것을 추구한다. 이러한 상황 아래서 인지된 사물은 가치 추구의 대상으로 변한다. 이 때문에 민심은 명리名利를 좇고 그래서 대란이 일어나고 욕망에 얽히게 된다. 또 다른 측면을 살펴보자. 도의 움직임은 되돌아옴에 있으니, 조화로움和으로 되돌아온다. 도의 작용은 유약함에 있고, 오묘한 작용은 허虛에 있다. 그러나 인간은 인위적인 마음으로 기氣를 움직여 도道의 조화로부터 벗어나고, 의지대로 강행하여 스스로 허를 상실한다. 이처럼 도 아닌 것이 행해짐은 만물이 강대해져서 늙는 것이 아니라, 사지死地로 움직여 가는 것이다. 전자는 인간의 정신 생명이 유한하게 되는 이유가 유심有心의 집착 때문에 나온다는 것을 말하고, 후자는 육체적인 생명이

일찍 끝나는 이유는 인위적인 경거망동에 있음을 말한다. 유위有爲는 유심에서 나오고, 경거망동은 집착에서 나온다. 그러므로 허심虛心으로 '고요함을 지키는 것守靜'이 그 실천 방법이다.

제4부
—

유한에서 무한으로 가는 실천방법

제3장에서 '인간의 생명은 왜 유한한가?'에 대한 존재론적 반성을 통해 노자철학의 형이상학적 체계를 설명했다. 그리고 심心의 집착으로 생긴 도道의 막힘과 '만물이 강대하여 늙음'으로 일어나는 '도道에 맞지 않으면 일찍 끝난다'라는 두 가지 길을 설명하고, 이를 통해 인간이 스스로 한계를 긋고 사지死地로 가는 생명의 고통을 설명했다. 제4부에서는 유한한 생명이라는 존재로부터 출발하여 수양을 통해 유한에서 무한으로 통하는 실천방법을 설명하고자 한다. 이 방법은 마음의 치허수정致虛守靜*을 통해 생명 속의 미묘한 통로를 열고, '정기를 모아 지극히 부드럽게 하여專氣致柔** 생명의 본질인 소박素樸으로 돌아가는 것이다.

노자철학의 정치적 귀착지는 비록 도의 '아무것도 하지 않지만 이루어지지 않는 것이 없다'는 '무위이무불위無爲而無不爲'이지만, 형이상학적 도道에서 얻은 필연적인 보장이 아니다. 즉 주체의 '수증修證'(닦음과 깨달음)을 통해 도에 대한 형이상학적 체득과 깨달음이 있어야 비로소 현리玄理적 사상이 나온다. 그러므로 노자의 형이상학적 사상은 이성적 사고에서 온 것이 아니라 체득과 깨달음을 통해 얻은 것이다. 이것을 이해하지 못하면 노자의 형이상학 철학은 독단적인 공론空論이 되어 생명과 상관없는 곳으로 떨어져 버린다.

따라서 중국철학을 공부할 때, 중국철학의 철학적 체계 이외에 실천의 길을 이해해야 한다. 이렇게 해야 선현의 지혜에 부응할 수 있다. 아울러 실천적 깨달음이 있을 때 고인古人의 마음이 우리 마음이 되고, 또 시간적으로 수 세대 떨어져 있지만 그 간격이 사라지며, 이로 인해 선현들의 지혜가 우리들의 마음속에 진정으로 재현된다. 그렇지 않으면 노자는 노자이고, 우리는 우리일 뿐이다. 즉 지식적 만족 이외에 마음과 마음으로 전해지는 것이 아무것도 없게 된다. 그러므로 옛사람의 책을 읽을 때 깊은 깨달음이 없으면 느낌 또한 부적절하여 큰 의미가 없게 된다.

---

* 『노자』, 16장. "致虛守靜". 치허致虛란 심지心知의 작용을 제거하여 마음을 텅 비고 무지無知하게 하는 것. 수정守靜이란 욕망의 번뇌를 제거하여 마음을 안정되게 함.─옮긴이
** 같은 책, 10장. "專氣致柔"의 專은 한 곳으로 모으다, 맡기다는 뜻이고, 기氣는 정기를 말한다.─옮긴이

1. 치허수정에서 미묘현통¹으로

1. '아무것도 하지 않으면서 이루어지지 않는 것이 없다'의 경험적 고찰

노자철학은 무無로 도道를 말하고, 허虛·약弱으로 '도의 작용道用'을 말하며, 뿌리로 돌아가는 고요함靜으로 도의 항상성常을 말하고, '본성으로 돌아가는復命' 것으로 도의 움직임動을 말한다. 이러한 여러 가지 말은 모두 도道의 형이상학적 체득과 관계있다. 주체의 수증修證에 앞서 먼저 경험적 고찰을 통해 얻은 영감靈感이 있어야 한다.

최고의 선은 물과 같다. 물은 만물을 아주 이롭게 해주면서 다투지 않는다. 많은 사람들이 싫어하는 곳에 머물기 때문에 도에 가깝다. 땅처럼 낮은 곳에 살고, 마음은 연못처럼 잠잠하며, 더불어 사귐에 인자하고, 말은 매우 믿음직

---

1 『노자』, 15장. "微妙玄通." ['미묘하게 그윽이 통하다'는 뜻. 왕화이는 '微妙'를 본체의 '무위無爲'로 '玄通'을 본체의 작용인 '무불위無不爲'를 비유한다고 했다. 따라서 '微妙玄通'은 '無爲無不爲'를 말한다.—옮긴이]

하고, 올바르니 잘 다스리고, 일함에 매우 능숙하고, 움직임이 때를 잘 맞춘다. 오직 다투지 않으므로 허물이 없다.上善若水, 水善利萬物而不爭. 處衆人之所惡, 故幾於道. 居善地, 心善淵, 與善仁, 言善信, 正善治, 事善能. 動善時, 夫唯不爭, 故無尤 (8장)

강과 바다가 모든 골짜기의 왕이 될 수 있는 것은 잘 낮추기 때문이니, 모든 골짜기의 왕이 될 수 있다.……다투지 않으므로 천하가 그와 더불어 다투지 않는다.江海所以能爲百谷王者, 以其善下之, 故能爲百谷王……以其不爭, 故天下莫能與之爭 (66장)

천하에 물보다 부드러운 것이 없지만, 단단하고 강한 것을 공격하기로는 이보다 나은 것이 없으니, 그것은 바꾸지 않기 때문이다.天下莫柔弱於水, 而攻堅强者, 莫之能勝, 以其無以易之 (78장)

천하에 가장 유약한 것이 천하에 가장 단단한 것을 다루고, 너무 부드러워 틈이 없어도 들어간다. 내가 이로써 무위가 유익함을 안다.天下之至柔, 馳騁天下之至堅, 無有入無間, 吾是以知無爲之有益 (43장)

최고의 선 즉 '상선上善'이란 높은 덕 즉 '상덕上德'으로 "높은 덕은 무위하여 일부러 하지 않는다上德無爲而無以爲".(38장) '상선' 또한 무심無心에 의해서다. 무위자연無爲自然을 선善으로 보는 것은 도가 사상의 공통이다. 물水이 만물을 이롭게 하는 것은 무심無心이기 때문이며, 본래 스스로 그러한 이로움이다. 그러므로 물을 '상덕'의 상징으로 삼았다. 만약 '선리善利'(아주 이롭게 하다)를 '선어리善於利'(이로움에 좋다)로 해석하면 뜻도 불분명해질 뿐 아니라, 쉽게 오해를 불러일으킨다. '선어善於'(~에 좋다)라고 해석하면 일부러 행동한 이로움利으로, 마음을 어디에 두었든지 간에 결국 일부러 하는 것이니 '다투지 않음不爭'이 아니다. 물은 무위자연으로 만물을 이롭게 한다. 이것이 '아무 것도 하지 않으면서無爲' '되지 않은 것이 없다無不爲'이다. 물은 또 낮은 곳에 있으면서 다투지 않고, 사람들이 싫어하는 곳에 있는다. 이것은 『논어』의 "군자는 하류에 처하기를 싫어하니, 이것은 천하의 악이 다 하류로 돌아가기 때문이다"[2]라는 말과 다르다. 강과 바다가 모든 계곡이 흘러들어가는 곳이 되는 까닭은 자연스럽게 낮은 곳에 처하는 특성 때문이다.

도道에 대한 노자의 형이상학적 깨달음은 물의 관찰에서 얻은 것 같다. 물은 세상에서 가장 부드러우면서 세상에서 가장 단단한 사물 속을 이리저리 왔다 갔다 한다. 이것은 물이 없는 곳이 없다는 뜻이다. 그리고 물은 너무 부드러워 틈이 없는 가장 견고한 물건에도 들어갈 수 있다. 이것은 물은 자기 자신이 없어 네모난 곳에 가면 네모난 것으로, 원형으로 가면 원형으로 된다는 말이다. 그러나 물이 어떤 형태로 존재하든 물은 영원히 물인 것처럼 본질은 변하지 않는다. 물은 다투는 것이 없기 때문에 세상에는 물과 다투려는 것이 없다. 물은 가장 유약하면서 또 가장 견고하다. 이처럼 도에 가까운 형이상학적 깨달음은 정치적 삶에서 무위無爲의 유익함이라는 가치론을 이끌어냈다. 사람은 무위자연의 땅에 살고, 마음은 무위자연의 연못을 지키면서, 무위자연의 인자함

---

2 『논어』, 「자장子張」, 20. "君子惡居下流, 天下之惡皆歸焉."

으로 사람을 사귀고, 무위자연의 믿음직스러움으로 말하고, 무위자연의 다스림으로 정치를 하고, 무위자연의 능숙함으로 일을 처리하고, 무위자연의 때에 맞게 움직인다. 이 중 앞의 세 가지는 허정·소박한 삶의 지향이고, 뒤 네 가지는 무위자연의 정치 지향이다.[3]

노자는 이로부터 초목과 인간의 생명으로 눈을 돌려 종합적인 관찰을 한 후 다음과 같이 말했다.

> 인간은 유약하게 태어나지만, 그 죽음은 굳고 단단하며, 만물 초목은 부드럽게 태어나지만, 그 죽음은 딱딱하고 말라 있다. 그러므로 단단하고 강한 것은 죽음의 무리이고, 부드럽고 연약한 것은 삶의 무리다.人之生也柔弱, 其死也堅强, 萬物草木之生也柔脆, 其死也枯槁. 故堅强者死之徒, 柔弱者生之徒 (76장)

인간이든 초목이든 만물의 삶의 존재 양상은 유약하고, 죽음의 존재 양상은 굳고 단단하다. 여기서 존재양상의 유약은 생명의 상징이고, 존재양상의 굳고 단단함은 죽음의 상징이다. 갓난아이의 유약柔弱·정화精和[4]는 깊고 두터우며 면면히 이어지는 생명의 현상을 드러낸 것이다. 그래서 갓난아이嬰兒 같이 '정기를 모아 지극히 부드럽게 하고專氣致柔', 후덕한 덕을 품은 것을 어린 아이에 비유하는 말이 있다.[5]

---

3 『노자』 2장은 "성인은 무위의 일에 거처하고, 말없는 가르침을 행한다聖人處無爲之事, 行不言之敎"고 말하고, 또 "미더움이 부족하므로, 믿지 않음이 생긴다. 한가하게 그 말을 귀하게 여기노라信不足焉, 有不信焉. 悠兮其貴言"(17장)라고 말했다. 모두 통치 방법을 말한 것이다.
4 『노자』 55장의 "未知牝牡之合而全作, 精之至也, 終日號而不嗄, 和之至也" 참고. —옮긴이
5 전자 "專氣致柔, 能嬰兒乎"는 10장에 있는 말이고, 후자 "含德之厚, 比於赤子"는 55장에 있는 말이다.

이 외에 일상생활의 깊은 관찰을 통해 얻은 것이 있다.

30개의 바퀴살이 하나의 축에 모여 있으니, 무無가 있으므로 수레로서의 쓰임이 있다. 찰흙을 이겨 그릇을 만듦에 무가 있으므로 그릇으로서의 쓰임이 있다. 창문을 뚫어 지붕을 만듦에 무가 있으므로 집으로서의 쓰임이 있다. 그러므로 유有가 이로운 것은 무無가 쓰이기 때문이다. 三十輻共一轂, 當其無, 有車之用. 埏埴以爲器. 當其無, 有器之用. 鑿戶牖以爲室, 當其無, 有室之用. 故有之以爲利, 無之以爲用 (11장)

30개 바퀴살이 하나의 축에 모인 바퀴는 축의 '무'에서 바퀴로서의 쓰임이 나온다. 찰흙을 이겨 그릇을 만들 때 그릇의 '무'에서 그릇으로서의 쓰임이 나온다. 창문을 뚫어 집을 만들 때 집의 '무'에서 집으로서의 쓰임이 나온다. 이처럼 유有가 쓰이는 것은 모두 무의 오묘함이 있기 때문이다.

　노자는 '무'를 근본으로 하고, '유'를 그 작용으로 삼았으며, 허약함을 강한 것으로 삼고, 정화를 극치至로 삼았다. 이처럼 한 철학자의 형이상학적 깨달음은 실생활의 경험을 통해 나왔고, 또 형이상학적 깨달음은 생명의 통찰력을 이끌어냈다.

2. 허의 극치에 이르고 독실한 고요함을 지키는 수양과 깨달음

삼라만상의 관찰을 통해 얻은 영감과 생명의 통찰력은 외적 경험을 통해 얻어진 것이지 내적 수증修證에서 온 것이 아니다. 그래서 노자의 형이상학적 깨달음의 진정한 의미를 증명하려면 주체의 '수양과 깨달음'으로 돌아가야 된다. 이렇게 해야 인간에게 형이상학적 도道의 진실성과 필연성을 준다. 그렇지 않으면 뿌리 없는 공리공담에 빠지고, 어떠한 보장도 주지 못한다.

1. 배움은 날로 더하는 것이고, 도를 닦는 것은 날로 덜어내는 것이다

노자는 주체의 수양을 위학爲學과 위도爲道 두 가지 길로 나누었다.

> 배운다는 것은 나날이 더하는 것이고, 도를 닦는 것은 나날이 덜어내는 것이니, 덜어내고 또 덜어내어 무위에 이른다.爲學日益, 爲道日損, 損之又損, 以至於無爲 (48장)

> 사물은 혹 덜어내어도 오히려 더해지며, 더하는 데에도 오히려 덜어지기도 한다.物, 或損之而益, 或益之而損 (42장)

'날로 더하다'·'날로 덜어내다'는 모두 '마음'을 가리킨다. '위학'은 삼라만상이 감각기관을 통해 마음속에 찍히는 것이다. 삼라만상의 인상印象으로 생기는 관념은 마음의 집착을 일으키고, 마침내 지식적 개념 혹은 욕심낼 만한 가치가 된다. 이러한 심지의 조작이 바로 선입견成心이다. '위학'은 외향적이어서 나날이 증가하고 더해져 인간의 마음을 혼란스럽게 한다. 그래서 『노자』 말한다.

> 배움을 끊으면 걱정이 없다.絶學無憂 (20장)

욕심내지 않고, 얻기 어려운 재화를 귀하게 여기지 않고, 배우지 않는 것을 배우고, 사람들이 과실을 고쳐준다.欲不欲, 不貴難得之貨, 學不學, 復衆人之所過 (64장)

알고도 알지 못하는 것이 으뜸이고, 알지 못하면서 안다고 생각하는 것이 병이다.知不知, 上. 不知知, 病 (71장)

'위학'은 날로 증가하고 생명은 유한하다. 이것이 존재자의 곤혹의 근원이다. '배움을 끊어絶學' 마음에 근심 걱정을 없애면 곤혹스러움은 저절로 사라진다. 더 나아가 말하면 '절학絶學'은 욕심내지 않는 것을 욕심내는 것이고, 배우지 않는 것을 배우는 것이며, 알지 못하는 것을 아는 것으로, 경험세계를 초월하여 도道를 지향하는 공부工夫다.

노자철학의 취지는 형식적으로는 질곡에 빠진 주나라 문화를 구하는 것이지만, 실질적으로는 생명에 대한 조작과 물질만 추구하는 삶을 해방시키는 데 있다. 도를 닦는 '위도爲道'는 심지의 조작을 한 단계 한 단계 벗겨내어 생명이 흩어지지 않게 하고, 물질을 쫓지 않도록 함이다. 욕심을 벗겨내 드러난 것은 다름이 아니라 도심道心이다. 그러므로 '욕심'을 '덜어내고 또 덜어내면' 점차 무한하면서 '매우 오묘한玄之又玄' 도의 경지가 드러난다. 이와 같이 심지心知를 던져 버리고 욕심을 제거하면 마음은 더 많은 해탈을 얻게 된다. 이것이 감소함으로서 증가함이 드러나고, 증가함으로서 감소가 드러나는 이치다. 다시 말하면 '위학'으로 나날이 더해질 때, 심지도 나날이 견고해진다. 이로부터 겹겹이 이루어진 구속과 제약은 마음이 본래 가지고 있던 허정을 잃게 하고, 마침내 세계는 상대적 세계로 축소되고, 생명 또한 점점 혼잡해진다. 반대로 '위도'로 나날이 덜어낼 때 마음은 쌓아 두지 않고, 그래서 제약된 것을 풀어 버리며, 속박을 제거하여 형이상학적 현람玄覽으로 밝게 비춘다. 이로 인해 세계는 점점 확대되고 생명 또한 자유자재의 소박함으로 돌아간다. 그래서 『노자』는 말한다.

현묘한 거울을 깨끗이 닦아내어 흠 하나 없이 할 수 있겠는가?滌除玄覽, 能無疵乎 (10장)

'깨끗이 닦아내다'라는 '척제滌除'란 오염을 나날이 덜어 냄이다. 현묘한 거울인 '현람'이란 마음의 허정함과 청명함의 회복이다. 이와 같은 직각直覺적 관조의 능력은 만물을 직접 대면한 바로 그 자리에서 나타나는 것으로, 지식적 개념과 감각기관의 인상을 거칠 필요가 없을 뿐 아니라, 이성적 분석과 추론도 필요 없다. 다시 말하면 사물을 보고 즉석에서 일어나는 총체적인 직각이다. 중국은 직각을 통해 깨닫고, 서양은 논리적 추론을 통해 진리를 추구한다.[6] 도에 대한 깨달음은 개념적 사고와 감각기관의 경험을 통할 필요가 없다. 『노자』는 다음과 같이 말했다.

만물이 시작하면 이름이 생기고, 이름이 이미 있으면, 마땅히 멈출 줄 알아야 한다.始制有名, 名亦旣有, 夫亦將知止 (32장)

---

6 『철학과문화哲學與文化』, 79쪽.

보려고 해도 보이지 않으므로 이夷라고 하고, 들으려고 해도 들을 수 없으므로 희希라고 하고, 잡으려 해도 얻지 못하므로 미微라고 부른다. 이 세 가지는 따져서 캐물을 수 없으므로 섞여서 하나가 된다. 그 위는 밝지 않고, 그 아래는 어둡지 않으며, 끊임없이 이어지는데 이름 붙일 수 없으니, 아무것도 없는 상태로 되돌아간다.視之不見名曰夷, 聽之不聞名曰希, 搏之不得名曰微, 此三者不可致詰, 故混而爲一. 其上不皦, 其下不昧, 繩繩不可名, 復歸於無物 (14장)

도는 철저하게 공간과 시간을 초월한다. '섞여서 하나가 된다'란 감각경험의 대상이 아니라는 것이다. 그래서 "이 세 가지는 따져서 물을 수 없다"고 말한다. 이름은 나중에 생기는 것인데, 사물의 인상이 마음에 맺히고 나서 추상적인 개념이 생긴다. 이런 개념으로 오묘한 도를 형용하기에는 한계가 있다. 그래서 "멈출 줄 알라"고 말하고, "이름 부를 수 없다不可名"고 말한다.

그러므로 상무常無로 그 오묘함을 바라보고, 상유常有로 그 돌아감을 본다.故常無欲以觀其妙, 常有欲以觀其徼 (1장)

위 인용문에서 '상무'와 '상유'는 앞의 문장을 이어받은 것으로 말할 수 없는 도道를 가리킨다. 즉 도의 항상성常은 '무'와 '유'의 양면성과 이중성에서 드러난다. 만약 '상무'와 '상유'가 '마음'에 속하면, 다음에 이어지는 문장 즉 '그 오묘함을 바라보다觀其妙'와 '그 돌아감을 보다觀其徼'의 '그其'가 가리키는 것이 도가 아니라 '마음心'이 되어 버린다. 사실 '마음'의 '상유'는『도덕경』전체의 논리적 맥락에서 볼 때도 부적절하다. 그래서 다음과 같이 풀이한다. 즉 도는 항상 '무'이고 항상 '유'라는 것은 형식적인 의미만 있을 뿐이다. 허정한 마음으로 관조할 때 비로소 도의 내용적인 의미가 드러나고, 주체의 실천적 참여를 통해 도의 '상무'와 '상유'의 진정한 내용이 증명된다. 그래서 『노자』는 말했다.

텅 빈 덕의 모습은 오직 도만 따른다.孔德之容, 惟道是從 (21장)

만물은 도를 간직하고 덕을 귀하게 여기지 않는 것이 없다.萬物莫不尊道而貴德 (51장)

대덕大德의 작용은 도를 따라 움직인다는 것을 말한다.[7] 형이상학적 체계로 말하면, '덕이 귀한 것德之貴'은 '도의 높음道之尊' 때문이다. 그러나 주체의 수양과 깨달음으로 말하면 도는 형식적인 의의만 있을 뿐, 그것의 진정한 의미는 덕德을 내용으로 한다. 유가 역시 마찬가지다. 즉 "하늘이 나에게 덕을 주었다天生德於子"(『논어』, 「술이述而」, 22), "이것은 하늘이 나에게 준 것이다此天之所與我者"(『맹자』, 「고자상告子上」, 15), "하늘이 명한 것을 성이라고 한다天命之謂性"(『중용』, 1장)고 말하지만, 결국 "아래로부터 배워서 위에 이르러야下學而上達"(『논어』, 「헌문憲問」, 37) 비로소 "50세에 천명을 알게 되고五十而知天命"(『논어』, 「위정爲政」, 4), "그 마음을 다해야" 비로소 "그 성을 알고, 하늘을 알 수 있다".(『맹자』, 「진심상」,

---

7 가오형은 "용容은 용撎(움직이다)의 가차假借로서, 동動이다. …… 대덕大德의 움직임은 道를 따른다"고 말했다. 『노자정고老子正詁』, 51쪽.

1, 참고) '본성을 다하고盡其性', '인간의 본성을 다하고盡人之性', '사물의 본성을 다해야盡物之性' 비로소 "천지의 화육化育을 도울 수 있고贊天地之化育" "천지와 더불어 참여할 수 있다與天地參".(모두 『중용』, 22장) 하늘天의 진정한 의미는 주체의 '마음을 다하고盡心' '성을 다하는盡性' 실천 속에서 내용적 의의가 드러난다.

『노자』가 말하는 덕德 또한 주체의 '수양과 깨달음修證'에서 얻는다. 『노자』는 말한다.

> 몸에서 닦으면 그 덕이 참되고, 집에서 닦으면 그 덕이 넉넉해지고, 마을에서 닦으면 그 덕이 오래가고, 나라에서 닦으면 그 덕이 풍요로워지고, 천하에서 닦으면 그 덕이 널리 퍼진다.修之於身, 其德乃眞, 修之於家, 其德乃餘, 修之於鄕, 其德乃長, 修之於國, 其德乃豊, 修之於天下, 其德乃普 (54장)

주체의 수양을 통해 덕이 있고, 그 수양공부는 몸에서 집 그리고 마을과 국가와 천하로 확대되어 나간다. 이처럼 덕의 진정한 내용은 점차 깊어지고 오래가고 풍요로워진다. 『노자』는 말한다.

> 옛날에 이 도를 귀하게 여겼던 까닭은 무엇인가? 구하여 얻으면 죄가 있어도 면제될 것이라고 말하지 않았던가! 그러므로 천하의 귀함이 된다.古之所以貴 此道者, 何? 不曰: 以求得, 有罪以免邪! 故爲天下貴 (62장)

도道가 사람들에게 존귀한 까닭은 모든 사람이 스스로 구하고 스스로 얻고, 스스로 수양하고 스스로 깨달아, 심지心知의 누적과 욕망으로

부터 벗어날 수 있기 때문이다.

덕은 스스로 수양하고 스스로 깨닫는 데서 오기 때문에 나날이 덜어내는 '위도爲道'의 길이 되며, 그 공부는 '마음'에서 한다. 즉 마음으로 하여금 '고요함을 지켜 허에 이르도록 하는致虛守靜' 것이다.

2. 허정심의 명찰: 스스로 아는 것에서 '변하지 않는 것常'을 안다

노자철학의 첫 걸음은 주체의 수양과 깨달음에 있고, 그 공부는 '마음'에서 한다. 『노자』는 말했다.

> 허의 극치에 이르고, 고요함의 독실함을 지켜라. 만물이 함께 일어나니, 나는 돌아가는 것을 본다.致虛極, 守靜篤. 萬物竝作, 吾以觀復 (16장)

마음이 허의 극치에 이르면, 심지의 집착이 없으며, 그래서 귀한 것도 없고 숭상할 것도 없게 된다. 따라서 마음은 혼란스럽지 않은 지극히 독실한 고요함을 지킬 수 있다. 허에 이르고, 고요함을 유지하는 것은 마음의 자발적 도달이고 자발적 지킴이다. 마음의 앎과 생각 같은 오염을 '깨끗이 닦아낸滌除' 후에 자유자재한 명찰明察이 드러난다. 이것이 '현묘한 거울玄覽'의 직관이다. 이와 같이 마음은 만물의 생멸변화生滅變化의 현상을 초월하여, 첫째는 사물과 대립하여 집착을 일으키지 않고, 둘째는 사물과 함께 이리저리 떠돌아다니지만 사물 속에 빠지지 않는다. 아울러 마음의 허명虛明(텅 비고 밝음)함을 통해 항상성常으로 돌아가는 생명을 고요히 바라본다. 『노자』는 말한다.

스스로 아는 것은 밝다.自知者明 (33장)

자아가 심지心知가 제한한 곳으로 떨어지면, 자아는 욕망의 각축장으로 내쫓긴다. 욕망의 각축장 속에 드러난 자아는 집착과 욕망의 자아다. 이때 인간의 본질은 '스스로 아는 자自知'가 아니다. 그러나 마음이 허정하게 되면 거울 같이 되어 자아를 먼저 비춘다. 허정심의 비춤으로 드러난 자아가 바로 덕이다. 이것이 "스스로 아는 것은 밝다"이다.

그 다음, 허정심의 명찰은 천지만물의 참모습을 드러낸다. 상대적이고 규격화된 가치가 제거된 후 마음은 주관적으로 사물을 규격화하지 않는다. 이때 사물은 그 진면목을 얻게 되고, 그 모습은 '현람지심玄覽之心'(현묘한 거울 같은 마음)을 통해 드러난다. 이에 『노자』는 말한다.

몸으로 몸을 보고, 집으로 집을 보고, 마을로 마을을 보고, 나라로 나라를 보며, 천하로 천하를 본다. 내가 어찌 천하가 그러한 것인 줄 알겠는가? 이 때문이다.以身觀身, 以家觀家, 以鄕觀鄕, 以國觀國, 以天下觀天下. 吾何以知天下然哉?以此 (54장)

이러한 '직관적 명찰'은 개념을 빌릴 필요도 없고, 감각기관을 통해 규정된 사물의 존재를 통할 필요도 없다. 즉 인간의 관조에 만물이 스스로를 드러낸다. 몸이 드러나서 몸이 되고, 집이 드러나서 집이 되고, 마을이 드러나서 마을이 되고, 나라가 드러나서 나라가 되고, 천하가 드러나서 천하가 된다. 몸·집·마을·나라·천하는 심지가 집착한 혹은 왜곡된 산물이 아니라, 그 자신이 본래 가지고 있는 덕으로 인간을 향해 드러난다. 그러므로 천하의 참모습을 아는 것은 마음의 '직관적 명찰'에 있다고 말한다. 그래서 말한다.

상常을 아는 것을 밝다고 한다.知常曰明 (55장)

"스스로 아는 자는 밝다", "상을 아는 것을 밝다고 한다"는 텅 비고 밝은 허명虛明한 마음으로, 자신自身·자가自家를 비추고 드러낼 수 있으며, 또 다른 사물·타인의 집을 환하게 드러낼 수 있다는 의미이다. 그래서 '스스로 아는 것'은 허명의 '밝음明'이고, '상常을 아는 것' 또한 '허명'의 '밝음'이다. 다시 말하면, 인간은 스스로 아는 중에 '상常'을 알며, 자신·자가를 앎과 동시에 마을·나라·천하를 안다. 허정虛靜한 마음은 자신·자가의 덕을 비추고 드러낼 뿐 아니라, 규정하고 왜곡하지 않으면서 마을·나라·천하의 덕을 환하게 드러낸다. 이에 『노자』는 또 다음과 같이 말한다.

문을 나가지 않아도 천하를 알고, 들창을 엿보지 않아도 천도天道를 본다. 나가는 것이 멀어질수록 아는 것은 더 적어진다.不出戶, 知天下, 不闚牖, 見天道, 其出彌遠, 其知彌少 (47장)

마음에서 행하는 주체의 '수양과 깨달음' 공부는 내적 수양이고 자각이다. 그러므로 외부에서 찾을 필요가 없다. 외부에서 찾음은 나날이 더해지는 '위학'의 길이기 때문에 나가면 나갈수록 멀어지고 앎은 더 적어진다. 내적 '수양과 깨달음'은 나날이 덜어내는 '위도'의 길이다. 그러므로 비록 나가지 않지만 천하를 알 수 있고, 창밖으로 머리를 내밀지 않지만 천도天道를 볼 수 있다. 그러므로 『노자』는 말한다.

그래서 성인은 배부르게 하되 보기 좋게 하지 않으므로, 저것을 버리고 이것을 취한다.是以聖人爲腹不爲目, 故去彼取此 (12장)

'배부르게 하다爲腹'는 내적 수양으로 자각이며, 소박하고 스스로 만족한다. '보기 좋게 하다爲目'는 감각기관에 이끌려 바깥으로 쫓아가는 것이다. 정치든 인생이든 노자철학은 인위적 조작과 외부의 것을 추구하는 삶을 끊어버리는 것이다. 그래서 "착하지 않은 것도 나는 또한 착하게 여기는不善者, 吾亦善之"(49장) 덕선德善과 "변하지 않는 선은 사람을 구하니, 버려지는 사람이 없다常善救人, 故無棄人"(27장)는 상선常善을 말했다.

3. 덕선德善과 '변하지 않는 선常善'

형이상학적 도는 덕을 그 내용으로 해야 진정한 의미가 있다. 문제는 주체의 '수양과 깨달음'으로 얻은 허정심을 밝게 드러낸 것이 덕이지만, 덕의 내용이 무엇이냐이다. 『노자』는 말한다.

성인은 정해진 마음이 없으니, 백성의 마음을 자신의 마음으로 삼는다. 선한 것은 나도 선하다 하고, 선하지 않은 것은 나 또한 선하게 여기니, 덕선이다. 미더운 것은 나도 믿고, 미덥지 않은 것은 나 또한 믿으니, 덕신이다.聖人無常心, 以百姓心爲心. 善者吾善之, 不善者吾亦善之, 德善. 信者吾信之, 不信者吾亦信之,

德信 (49장)

　여기서 말하는 '덕선德善'과 '덕신德信'은 덕의 내용인 것 같다. '정해진 마음이 없는' 성인의 허정심은 '스스로 아는 것自知'에서 '근본으로 돌아가는 것을 알며知常'[8], 이를 통해 백성들의 진실한 마음이 드러난다. 오직 백성의 마음을 자신의 마음으로 삼아야 나라로 나라를 보고, 천하로 천하를 본다. 이렇기 때문에 혼자 독단하는 전제정치를 하지 않는다. '허정심'의 관조 속에서 선한 것은 나도 선하다 하고, 선하지 않은 것도 나는 선하다고 한다. 이처럼 내 마음은 인위적으로 조작하는 것도 없고 또 간여하는 것도 없다. 그러므로 선과 불선不善은 모두 자신에서 드러난다. 만약 유가적 관점에서, 선하지 않은 것을 나 또한 선하다 하고, 미덥지 않을 것을 나 또한 미덥다고 한다면, 시골에서 근엄한 체하며 덕을 해치는 향원鄕愿이지 무슨 성인聖人인가? 노자는 선과 불선의 구별에 별 관심이 없다. 여기서 말하는 선과 불선은 "모두 선한 것만이 선한 줄 알지만, 이것은 선하지 않을 뿐이다皆知善之爲善, 斯不善已"(2장) 혹은 "선과 악함이 서로 얼마나 떨어져 있는가?善之與惡, 相去若何"(29장)와 같이 모두 주관적 인지認知로서 상대적인 구분에 속한다. 성인은 주관적인 마음이 없이, 백성의 마음을 자신의 마음으로 삼는다. 그러므로 자신만이 아는 선, 자신만이 옳다고 여기는 미더움信에 맞지 않더라도

---

8 『노자』 16장에 의하면, 근본(뿌리)로 돌아가는 것을 정靜이라 하고, 이것을 다시 복명復命이라고 한다. 복명을 또 상常이라고 한다. 따라서 '상常'이란 근본으로 돌아가는 것을 말한다. 그래서 역자는 '지상知常'을 이렇게 풀이했다. — 옮긴이

그것을 따라서 선하다고 하고 미덥다고 한다. 다시 말하면 백성이 가지고 있는 덕의 선함을 선으로 삼고, 백성이 본래 가지고 있는 덕의 미더움을 믿음으로 삼는다. 이것이 '덕선'과 '덕신'이다. 문제는 이 선이 도대체 무엇을 가리키는지 알 수 없다는 것이다. 즉 "나도 선하다 하고吾善之", "나도 믿고吾信之"는 모두 나의 주관적인 심지心知가 '선하다', '미덥다'고 하는 것이 아닌가? 이에 대해 『노자』는 말한다.

참된 행위는 흔적이 없고, 참된 말은 흠잡을 것이 없고, 참된 계산은 산가지를 쓰지 않고, 참된 닫음은 빗장이 없어도 열 수 없고, 참된 매듭은 밧줄로 묶지 않아도 풀 수가 없다. 그래서 성인은 변하지 않는 선으로 사람을 구하므로 버려지는 사람이 없고, 변하지 않는 선으로 사물을 구하므로 버려지는 사물이 없으니, 이를 일러 밝음을 간직하고 있다고 한다. 그러므로 선한 사람은 선하지 않은 사람의 스승이며, 선하지 않은 사람은 선한 사람의 거울이 된다. 그 스승을 귀하게 여기지 않고, 그 거울을 아끼지 않으면, 비록 지혜가 있더라도 크게 미혹하게 되니, 이것이 심오한 도리다.善行無轍迹, 善言無瑕讁, 善數不用籌策, 善閉無關楗而不可開, 善結無繩約而不可解. 是以聖人常善救人, 故無棄人, 常善救物, 故無棄物, 是謂襲明. 故善人者, 不善人之師, 不善人者, 善人之資. 不貴其師, 不愛其資, 雖智大迷, 是謂要妙 (27장)

'선'은 무위자연을 뜻한다. '참된 행위善行'란 무위자연의 행위다. 그러므로 흔적이 없다. '참된 말善言'은 무위자연의 말이므로 흠잡을 것이 없다. '참된 계산善數'은 무위자연의 계산이므로 산가지를 쓸 필요가 없다. '참된 닫음善閉'이란 자연의 본성에 따라 닫은 것이 없으므로 열 수 없다. '참된 매듭善結'은 자연의 본성에 따라 묶은 것이므로 풀 수 없다. 이를 바탕으로 성인은 '변하지 않는 선常善'으로 사람을 구하고, 만물을 구한다. 성인은 명칭에 차별을 두지 않고, 사람들에게 스스로 불선不善하다고 여기지 않도록 한다. 즉 무위자연으로 사람을 구하고 무위자연으로 만물을 구한다. 사람들에게 자연의 '상족常足(영원한 만족)'을 벗어나 인위적인 '부족不足'함을 쫓지 않도록 한다. 이 무위자연은 허정심의 조명에서 나와 백성과 만물의 덕·자가自家의 미더움信을 드러낸다. 그래서 "버려지는 사람이 없다", "버려지는 사물이 없다"고 말한다. 이 또한 덕선이고 덕신이다. 여기서 선한 사람과 선하지 않은 사람은 허명虛明의 비춤으로 볼 때, 선한 사람은 무위자연으로 불선한 사람의 스승이 되며, 불선한 사람은 선한 사람의 무위자연 속에서 자재自在·자득自得의 소박함으로 되돌아간다. 그러므로 불선한 사람은 비록 선한 사람의 반면교사가 되지만, 무위자연의 관점에서 보면 스승으로 귀하게 여기는 것도 부당하고, 거울로 아끼는 것 또한 부당하다. 이에 대해『노자』는 말한다.

그래서 성인은 스스로 알지만, 스스로 드러내지 않으며, 자애하면서 스스로 귀하게 여기지 않는다.是以聖人自知不自見, 自愛不自貴 (72장)

"스스로 아는 것은 밝다". 그리고 "스스로 드러나지 않으므로 밝다不自見, 故明". 성인은 '밝음을 간직하고襲明' 있으므로 스스로 알면서 스스로 드러내지 않으며, 동시에 자애自愛하지만 또한 스스로 귀하게 여기지 않는다. 이렇기 때문에 상선常善으로 사람을 구하고 사물을 구한다.

그렇지 않으면 자신을 귀하게 여겨 큰 병을 얻고, 이렇게 되면 지혜가 있더라도 크게 미혹된다. 『노자』의 다른 말을 통해 이를 다시 증명해 보자.

도는 만물의 오묘한 곳이니, 선한 사람의 보배이고, 선하지 않은 사람도 간직해야 한다. 道者萬物之奧, 善人之寶, 不善人之所保 (62장)

도는 무위자연이다. 그래서 만물을 저장할 수 있고 포용하고 구하면 얻는다. 그래서 도는 선한 사람의 보배가 된다. 죄가 있어도 면죄되니 불선한 사람도 간직한다. 무위자연·청정 속에서 선한 사람과 불선한 사람 모두 도의 오묘함으로 자유자재하고 자득自得한다.

노자 『도덕경』에서 언급된 '선善'은 위 인용문 이외에 다음과 같은 것이 있다.

최고의 선은 물과 같으니, 물은 만물을 아주 이롭게 하면서도 다투지 않는다. 上善若水, 水善利萬物而不爭 (8장)

옛날에 선한 선비는 미묘하게 그윽이 통하니, 깊이를 알 수 없다. 古之善爲士者, 微妙玄通, 深不可識 (15장)

위난을 구제해 줄 뿐 감히 강한 것을 취하지 않는다. 善有果而已, 不敢以取强 (30장)

잘 세운 것은 뽑히지 않고, 잘 감싼 것은 벗겨지지 않으니, 자손이 제사를 그치지 않는다.善建者不拔, 善抱者不脫, 子孫以祭祀不輟 (54장)

무사 노릇을 잘하는 자는 힘을 뽐내지 않고, 싸움을 잘하는 자는 화내지 않고, 적을 잘 이기는 사람은 맞서지 않고, 사람을 잘 쓰는 자는 낮춘다. 이를 일러 다투지 않는 덕이라고 한다. 이를 일러 다른 사람의 힘을 쓰는 것이라고 하며, 이를 일러 하늘의 극치에 짝한다고 한다.善爲士者不武, 善戰者不怒, 善勝敵者不與, 善用人者爲之下, 是謂不爭之德. 是謂用人之力, 是謂配天古之極 (68장)

하늘의 도는 다투지 않으면서 잘 이기고, 말하지 않고도 잘 응하고, 부르지 않아도 잘 찾아오며, 너그러우면서 잘 꾀한다.天之道, 不爭而善勝, 不言而善應, 不召而自來, 繟然而善謀 (73장)

위 인용문 중 '아주 이롭다善利'·'선비 노릇을 잘하다善爲士'·'위난을 구제하다善有果'·'잘 세우다善建'·'잘 감싸다善抱'·'싸움을 잘하다善戰'·'적을 잘 이기다善勝敵'·'사람을 잘 쓰다善用人'·'잘 이기다善勝'·'잘 응하다善應'·'잘 꾀하다善謀' 등은 모두 '다투지 않는다不爭'·'알 수가 없다不識'·'감히 강한 것을 취하지 않는다不敢以取强'·'뽑히지 않는다不拔'·'벗겨지지 않는다不脫'·'힘을 뽐내지 않는다不武'·'화내지 않는다不怒'·'맞서지 않는다不與'·'낮춘다爲之下'·'말하지 않는다不言'·'부르지 않는다不召'와 같이 '미묘하게 그윽이 통하고微妙玄通' 다투지 않는 무위자연의 덕德을 말한다. 따라서 노자철학의 '선'은 '무위자연'을 근거로 한다.

이상을 통해 알 수 있듯이, 덕선德善은 '근본적인 덕本德'의 선善이다. 다시 말하면 "뿌리로 돌아가는 것을 고요함靜이라 하고, 이를 일러 본성으로 돌아간다고 한다歸根曰靜, 是謂復命"는 '변하지 않는 덕常德'(16장)이다. '뿌리로 돌아가다歸根'는 도의 작용이고, '본성으로 돌아가다復命'는 덕의 내용이다. '변하지 않는 선常善'이 사람을 구한다. 그러므로 무위자연 속에서 '상덕常德'을 떠나서는 안된다. 덕선德善이든 상선常善이든 모두 지극히 허하고 독실한 고요함을 지키는 주체의 '수양과 깨달음'을 통해야 한다. 이렇게 될 때 직관적인 조명으로 환하게 드러난다. 그래서 『노자』는 말했다.

> 뛰어난 사람은 도를 들으면 부지런히 행한다. 평범한 사람은 도를 들으면 보존하고 있는 듯하기도 하고 잃어버린 듯하기도 한다. 못난 사람은 도를 들으면 크게 비웃으니, 비웃지 않으면 도가 되기에 부족하다.上士聞道, 勤而行之. 中士聞道, 若存若亡. 下士聞道, 大笑之, 不笑不足以爲道 (41장)

못난 사람들이 가는 길은 나날이 늘어나는 경험적인 '위학'의 길이다. 그래서 "적으면 얻게 되고, 많으면 미혹된다少則得, 多則惑"(22장)는 뜻을 깨닫지 못하며, 도를 듣는다 해도 심하게 비웃는다. 만약 그들이 비웃지 않으면 도는 도가 되기에 부족하다.

뛰어난 사람이 가는 길은 나날이 덜어내는 초월적인 '위도爲道'의 길이다. 이들은 도를 들으면 "덜어내고 또 덜어내어 무위에 이르려고損之又損, 以至於無爲"(48장) 부지런히 행하고, 실천하고 깨닫는다. 평범한 사람은 양쪽을 배회한다. 내적으로 반성하고 깨달을 때 도를 보존하고 있는 듯하지만, 바깥에 있는 것을 추구하고 조작할 때 도를 잃어버린 듯 하다. 그래서 도를 들으면 자신이 꼭 움켜쥐지 못하고 가지고 있는 듯 하기도 하고 잃어버린 듯하기도 한다.

이상과 같이 도를 깨닫는 말을 듣고도 나날이 덜어내는 '위도'의 실천 방법을 실행하지 않고 깨달으려고 하면, 설사 도를 비웃는 '못난 사람下士'이 되지 않더라도 깨달음이 깊지 않고, 있는 듯하고 없는 듯 하는 위기에 빠지게 된다.

3. 경지 형이상학

노자철학의 형이상학적 체계는 반드시 '허의 극치에 이르고 고요함을 지키는' 치허수정致虛守靜과 '수양과 깨달음修證'의 실천을 거쳐야 한다. '수증' 공부는 '마음'에서 하며, 마음의 허정虛靜한 조명으로 밝게 드러나 덕德이 되고, 도는 이 마음의 덕을 진실한 내용으로 삼는다. 따라서 노자의 형이상학은 주체의 '수증'을 통해 드러나며, 이것이 경지 형이상학이다.[9] 『노자』의 말을 통해 이를 증명한다.

그러므로 도를 따르는 자는 도와 동화되고, 덕스러운 자는 덕과 동화되며, 잃어버린 자는 잃어버림과 같아진다. 도와 하나가 되면 도 역시 기꺼이 받아들

---

9 저자는 '境界形態的形上學'이라고 했다. 이 말은 머우쫑싼이 만들어 낸 개념이다. 머우쫑싼은 이 말을 도가의 독특한 형이상학을 설명하기 위해 창안했다. '경계'는 우리말로 풀이하면 경지境地다. 도가의 형이상학은 '마음'이 일정한 경지에 이르렀을때 열린다. 그래서 '경지'라고 했다.─옮긴이

이고, 덕과 같아지면 덕도 기꺼이 받아들이며, 잃어버리면 잃어버린 상태가 되어 버린다.故從事於道者, 道者同於道. 德者同於德, 失者同於失. 同於道者, 道亦樂得之. 同於德者, 德亦樂得之. 同於失者, 失亦樂得之 (23장)

도를 따르는 사람이란 '수양과 깨달음'을 부지런히 실천하는 사람이다. '수증'은 공부의 깊이에 따라 다르고, 또 경지에 따라 차이가 있다. "도와 동화되고, 덕스러운 자는 덕과 동화되며, 잃어버린 자는 잃어버림과 같아진다"는 형이상학적 도와 덕을 말하는데, 정확히 말하면 주체의 '수증'으로 드러난 도와 덕이다. '도가 없어지고 덕을 잃어버리다道廢德失'의 '잃다失'는 비록 도를 들었지만 가지고 있는 것 같기도 하고 잃어버린 듯하는 사람이 수양과 깨달음을 통해 덜어내고 또 덜어낸 후에 도달하는 무위의 경지에 이르지 못해서 충허沖虛를 드러내지 못함을 말한다. "도와 하나가 되면 도 역시 기꺼이 받아들이고, 덕과 같아지면 덕도 기꺼이 받아들인다"는 도와 덕의 드러남을 말한다. 즉 주체의 '수양과 깨달음'을 거쳐 받아들인 도와 덕을 내용으로 삼는다. 만약 주체의 '수양과 깨달음'으로 '텅 비어있으면서 밝고虛明' '오묘하게 통하는玄通' 도道의 작용을 열지 못하면, "잃어버리면 잃어버린 상태가 되어버린다". 이처럼 마음의 경지가 막히면 도·덕의 객관성·실체성 역시 증명될 수 없어 열리지 않는다.[10] 그러므로 노자의 형이상학은 주체의 수양과 깨달음을 통해 얻을 수 있고, 또 형이상학의 객관적인 자태를 드

---

10 머우쫑싼은 "주체가 허명虛明하면 일체 모든 것이 허명虛明하게 된다. 허명하면 모든 것이 허명하게 된다.……내가 막히면 모든 것이 막힌다"고 말했다.『재성과현리才性與玄理』, 141쪽.

러낼 수 있다. 그러므로 실체형태의 형이상학이 아니라, 경지형태의 형이상학이다.[11] 이른바 '경지'란 물이 불어나면 배도 위로 올라가게 되는 것처럼, 마음의 밝고明 허虛함이 부단히 향상되면 그것이 드러내는 경지 또한 점차 올라간다.

『노자』에 있는 구절을 통해 객관적 실체와 주체의 수증을 비교해 보자.

도는 항상 하는 것이 없지만 이루어지지 않는 것이 없다.道常無爲而無不爲 (37장)

배운다는 것은 나날이 더하는 것이고, 도를 닦는 것은 나날이 덜어내는 것이니, 덜어내고 또 덜어내어 무위에 이르고, 무위에 이르면 이루어지지 않는 것이 없다.爲學日益, 爲道日損, 損之又損, 以至於無爲, 無爲而無不爲 (48장)

전자는 도의 객관적 측면으로, 도의 유는 무위로부터 열린 무불위無不爲한 작용이다. 도는 자기 자신이 없다. 무심無心으로 하기 때문에 만물에 두루 존재하고 만물을 생성한다. 후자는 주체의 덜어내고 덜어내어 무위에 이르는 수양과 깨달음의 공부를 통해야만 가능하다. 즉 '무위'의 실체로부터 '무불위'의 작용이 열린다. 이처럼 형이상학적 구조

---

11 머우쫑싼은 같은 책 162쪽에서 "객관적인 존유형태의 본체가 있는 것이 아니라, 주관적 경지형태의 실체가 있다"고 말했다. [머우쫑싼은 '實有形態'라고 했다. '실유實有'는 불교에서 우주 삼라만상은 모두 공空인데 중생의 어리석은 생각으로 실재實在라고 믿는 것을 이르는 말이다. 그러나 머우쫑싼의 '실유'는 서양철학의 실체 즉 'Substance'를 가리킨다. 그래서 역자는 '실체'로 바꾸었다. 도가에서 말하는 실체 역시 'Substance'다. 단 이것은 주체가 허명하지 않으면 열리지 않는다. 이 점에서 유가의 '실유형태의 형이상학'과 다른 점이다. ―옮긴이]

는 이성적 사고를 통해 얻은 것이 아니라 주체의 수양과 깨달음을 기초로 한다.[12]

주체의 수양과 깨달음의 길은 유가와 다르다. 유가의 인仁은 도덕 창조의 실체다. 그것은 덕성심德性心 그대로 드러난다. 그러므로 그것을 보존하고存 기르고養 확충하여 '자신을 완성하고成己' '만물을 완성시켜成物', 주체의 생명을 담당하고, 문화적 이상을 개척할 수 있다. 그러나 노자가 말하는 '마음心'은 한 발 뒤로 물러나 일체 모든 것을 잡아 두지 않고 풀어놓는다. 그래서 허명虛明은 무엇을 담당할 수 없고 무엇을 창조할 수도 없다. 오로지 허명으로 모든 것을 드러나게 할 뿐이다. 『노자』는 또 말한다.

도는 그것을 낳고, 덕은 그것을 기르니, 키워서 길러주고, 성숙시켜 여물게 하고, 보살피고 덮어 주며, 낳지만 소유하지 않고, 하게 하지만 뽐내지 않으며, 기르지만 주재하지 않으니, 이를 일러 현덕玄德이라고 한다.道生之, 德畜之, 長之育之, 亭之毒之, 養之覆之, 生而不有, 爲而不恃, 長而不宰, 是謂玄德 (51장)

정신과 육체를 하나로 모아 분리시키지 않을 수 있겠는가? 정기를 모아 지극히 부드럽게 하여 갓난아이와 같게 할 수 있겠는가? 현묘한 거울을 깨끗이 닦아내어 흠 하나 없이 할 수 있겠는가? 백성을 사랑하고 나라를 다스리는 데에 꾸밈없이 할 수 있겠는가? 하늘의 문은 열리기도 하고 닫히기도 하니, 암컷이 없을 수 있겠는가? 명백하게 사방을 통달하여 무위할 수 있겠는

가? 낳고, 기르고, 낳지만 소유하지 않고, 하게 하지만 뽐내지 않으며, 기르지만 주재하지 않으니, 이것을 현덕이라고 말한다.載營魄抱一, 能無離乎? 專氣致柔, 能嬰兒乎? 滌除玄覽, 能無疵乎? 愛民治國, 能無知乎? 天門開闔, 能無雌乎? 明白四達, 能無爲乎? 生之, 畜之, 生而不有, 爲而不恃, 長而不宰, 是謂玄德 (10장)

전자는 만물을 낳고 기르고 완성하는 도의 작용을 말한다. 만물을 생장시키는 도는 충허沖虛의 '소유하지 않음不有'·'주재하지 않음不宰'·'억지로 하지 않는不爲' 방식으로 만물이 스스로 자라게 한다. 이것이 도道의 현덕玄德이다. 후자는 주체가 품고 있는 '지극한 부드러움致柔'을 말한다. 현람玄覽·무지無知의 수양공부 및 정치적으로 '부드러움을 지키고守雌' 무위의 청정한 마음으로 만민萬民을 양육하는 것 또한 무지무위無知無爲의 주재하지 않는 방식으로 백성들이 각자의 삶을 완성하고 기르도록 하는 것이다. 이렇게 만물을 낳고 기르는 것이 소극적 낳음生이고, 결정을 가하지 않는 스스로 낳는 '자생自生'의 '생'이다. 이러한 '생'이 "공이 이루어지고 일이 다 되는 것을, 백성들은 모두 자기가 스스로 그러한 것이라고 말하는功成事遂, 百姓皆謂我自然"(17장) '생'이다. 즉 백성들이 자화自化 자정自正하는 '생'이다. 이러한 '생'은 '근원을 막지 않는不塞其原'·'본성을 막지 않는不禁其性'[13] '생'으로서, 생명의 근

---

13 『노자』, 10장. "生而不有, 爲而不恃, 長而不宰, 是謂玄德"에 대한 왕필주는 다음과 같다. "그 근원을 막지 않으면, 사물이 자생하니, 무슨 공이 있겠는가? 그 본성을 금하지 않으면, 만물이 스스로 구제되니, 무엇을 뽐내겠는가? 만물이 스스로 자라고 흡족하니, 내가 부려서 이루는 것이 아니다. 덕은 있지만 주재하는 것이 없으니, 현玄이 아니고 무엇이겠는가. 不塞其原, 卽物自生, 何功之有? 不禁其性, 則物自濟, 何爲之恃? 物自長足, 不吾宰成. 有德無主, 非玄而何"

원을 활짝 열어 놓은 그 자리에서 생명의 자유로움과 자득自得을 드러 낸다. 인간도 이와 유사한 깨달음이 있다. 노자는 모성母性의 덕인 곤도 坤道를 중시한다. 그래서 '세 가지 보배三寶'의 첫 번째로 '자애慈'를 두 었다. 자모慈母의 사랑은 무조건적인 사랑으로 자신의 사랑으로 자식 을 속박하는 것이 아니라, 방임의 방식으로 자녀를 성공시킨다. 노자는 객관적 실체로 도道의 현덕玄德을 말했지만, 그것은 동시에 주체의 수 양과 깨달음을 통해 열린 미묘하게 그윽이 통하는 '미묘현통微妙玄通'이 깊어서 알 수 없는 현덕玄德이기도 하다. 이처럼 노자철학의 형이상학 적 체계는 공리空理 현담玄談이 아니라, 주체의 수양과 깨달음을 통해 드러난다. 『노자』는 말한다.

도는 비어서 쓰니 혹 차지 않는 듯하고, 깊숙함이 만물의 근원인 것 같다. 날 카로움을 꺾고, 엉킴을 풀고, 번쩍거림을 부드럽게 하고, 더러움과 같이 한다. 맑고 그윽함이 혹 있는 듯하니, 나는 누구의 아들인지 알지 못하니, 상제보다 앞서 있는 것 같다.道沖而用之, 或不盈, 淵兮似萬物之宗. 挫其銳, 解其紛, 和其光, 同其塵. 湛兮似或存, 吾不知誰之子, 象帝之先 (4장)

아는 사람은 말하지 않고, 말하는 사람은 알지 못한다. 그 구멍을 막고, 그 문 을 닫는다. 그 날카로움을 꺾고, 그 엉킴을 풀고, 그 빛을 누그러뜨리고, 그 더 러움을 함께하니, 이를 일러 현묘하게 같아지는 것이라고 한다.知者不言, 言者 不知. 塞其兌, 閉其門. 挫其銳, 解其分, 和其光, 同其塵, 是謂玄同 (56장)

노자 『도덕경』에는 가끔 중복되는 문장이 나온다. 일부 고증학자들은 그 속에 담겨 있는 깊은 뜻을 모르고 마음대로 삭제해 버렸다. 위에 인용한 "좌기예, 해기분, 화기광, 동기진挫其銳, 解其紛, 和其光, 同其塵" 구절은 중복된 문장이지만, 전자의 인용문은 '허虛'를 그 작용으로 하는 '천도天道'를 가리키고, 후자는 도道를 수양하고 깨달은 성인聖人의 '현묘하게 같아지는' '현동玄同'의 경지를 가리킨다. 즉 형이상학적 체계로 말하면 '먼저 도가 있은 후에 덕이 있다先道而後德'이고 "질박함이 흩어져 그릇이 된다樸散則爲器"(28장)이다. 공부의 관점에서 말하면 허정한 마음으로부터 드러나는 충허의 경지를 통해 주체가 인증하여 생긴 진정한 내용이다.

이렇게 형이상학적 체계와 주체의 수양과 깨달음으로 나누어 말하는 것은 궁극적인 차이가 있어서가 아니라 방편方便적이다. 『노자』는 말한다.

하늘의 도는 이로움으로 해롭지 않고, 성인의 도는 하게 하지만 다투지 않는다.天之道, 利而不害, 聖人之道, 爲而不爭 (81장)

이미 그 어미를 얻었으니, 그것으로 자식을 알고, 이미 자식을 알았으니, 돌아가 어미를 지킨다.旣得其母, 以知其子, 旣知其子, 復守其母 (52장)

성인聖人의 도道는 천도天道에 대한 반응이다. 즉 천도는 성인의 도이고, 성인의 도는 천도다. 노자는 도道의 커다란 작용으로 만물의 존재이유를 규정하면서, 천지가 크므로 사람 역시 크다고 말했다. 이것은 위天로부터 아래人로 관통하는 존재의 접속이며, 동시에 마음의 치허수정致虛守靜 미묘현통微妙玄通으로 도道의 '오묘한 덕玄德'과 '오묘한 작용'을 드러내면서, 커다란 사람의 덕으로 도道의 큼大에 진정한 의미를 부여했다. 이것은 아래人로부터 위天로 올라가는 주체의 수양이고 깨달음이다.『노자』는 말했다.

> 천도는 사사로이 친함이 없으니, 항상 선한 사람과 함께 한다.天道無親, 常與
> 善人 (79장)

천도는 무심無心이므로 편애하지 않는다. 이것이 "천지는 어질지 않다天地不仁"(5장), "천지는 사사로이 친함이 없다"이다. 천도는 무위자연의 주체에게 청정하고 자정自正한 생명을 갖도록 돕는다. 사실 뒤집어 말하면 생명의 허정함·소박함 속에서, 천도가 밝게 드러난다.

2. 전기치유에서 소박함을 간직하다

'허의 극치에 이르러 고요함을 지키고致虛守靜' 나날이 덜어내는 '위도
爲道'를 통해 심지의 집착을 깨뜨렸다. 그리고 '항상 무常無'·'항상 유常
有'인 도道의 현묘함은 인간의 미묘하게 그윽이 통하는 '미묘현통微妙玄
通'의 덕德에서 드러난다. 이상이 제1장에서 설명한 내용이다. 제2장에
서는 '정기를 모아 지극히 부드럽게 하는專氣致柔' 수양과 '욕심내지 않
음으로써 고요한不欲以靜'(40장) 수양을 통해 "만물은 강대하면 늙고, 도
에 맞지 않으면 일찍 끝나는物壯則老, 不道부已" 비극을 피해, "뿌리로 돌
아가는 것을 고요함靜이라 하고, 이를 일러 '본성으로 돌아가다'라고
한다歸根曰靜, 是謂復命"(16장)는 것처럼 도로 돌아감을 증명하고, 또 '근
원으로 돌아가는 고요함歸根之靜', '본성으로 돌아가는復命' '상常' 또한
'소박함을 간직하는見素抱樸' 경지에 도달해야 얻는다는 것을 증명하려
고 한다.

1. 족함을 알면 욕되지 않고, 그칠 줄 알면 위태롭지 않다

1. 만족을 아는 만족이 '영원한 만족常足'이다

노자는 덜어내고 또 덜어내는 실천을 통해 마음의 허정함을 열고, 이로 부터 '스스로 알고自知' '근본으로 돌아가는 것을 아는知常' '밝음明'이 생긴다. 허정의 조명으로 알게 된 것은 내적으로 본래 넉넉함을 알았고, '변하지 않는 덕常德'의 넉넉함을 알았다. 그래서 『노자』는 말한다.

> 내 말은 매우 알기 쉽고 실천하기 쉬운데, 천하가 알지 못하고 실천하지 못한다.吾言甚易知, 甚易行, 天下莫能知, 莫能行 (70장)

> 말없는 가르침과 무위의 이익은 천하에 미치는 것이 드물다.不言之敎, 無爲之益, 天下希及之 (43장)

> 약한 것이 강한 것을 이기고, 부드러운 것이 단단한 것을 이긴다는 것은 천하가 다 알고 있으나 실천하지는 않는다.弱之勝强, 柔之勝剛, 天下莫不知, 莫能行 (78장)

"배움을 끊으면 걱정이 없다絶學無憂"(20장), "말이 적은 것이 스스로 그러한 것希言自然"(23장), "부드러움을 지키는 것을 강하다고 한다守柔曰强"(52장) 등의 교훈은 쉽게 이해할 수 있고 쉽게 실천할 수 있는데, 사람들은 오히려 알지 못하고 실천하지 않으며, 심지어 집착에 깊이 빠져 알지 못하고 실천하지 않는다. '매우 알기 쉽고甚易知', '매우 실천하기 쉽다甚易行'는 모든 것을 풀어놓고 덜어내고 또 덜어낸 바로 그 자리에서 해탈과 자유로움을 얻는 실천적 깨달음이다. 이러한 반성을 통해 고통을 벗어나 생명의 안락함을 추구하는 사람은 사물을 차지하려고 다투지 않는다. 만약 사물만 쫓으면 고통과 좌절을 겪게 되고 심지어 얻지도 못한다. 반대로 '배움을 끊고絶學'·'말을 적게 하고希言'·'부드러움을 지키는守柔' 무위無爲는 '걱정이 없고無憂'·'스스로 그러하고自然'·'진정으로 강한眞强' 무불위無不爲의 오묘함을 얻는다. 그러므로 알지 못하고 실천하지 못함은 생명 밖에 있는 권위와 재화를 얻으려고 다투기 때문이다. 이런 사람들은 도를 들어도 아라비안나이트의 이야기처럼 여긴다. 그래서 깨달은 것도 빈약하고 부적절하다. 그럼에도 불구하고 이런 사람은 오히려 인간의 불안과 고통이 경쟁력 부족과 치열한 경쟁 속에 들어가지 못한 것에 원인이 있다고 여긴다. 이처럼 고통스럽다고 외부로 뛰쳐나가면 나갈수록 더욱 불안해지고 욕심은 더욱 늘어나서, 마침내 생명이 흩어져 버린다.

제3의 상황은 외부의 것만 쫓는 막연함과 인위적 조작의 고통에 대해 약간의 깨달음은 있지만, 의지박약으로 외부의 유혹을 쉽게 끊지 못한 경우이다. 그래서 도를 들어도 '보존하고 있는 듯하기도 하고 잃어버린 듯하기도 하여' 수양과 깨달음의 공부까지는 이르지 못한다. 그래서 '다 알고 있지만 실천하지 않는다'고 말한다. 『노자』는 말한다.

재난은 만족할 줄 모르는 것보다 큰 것이 없고, 허물은 얻으려고 욕심내는 것보다 큰 것이 없다. 그러므로 만족할 줄 아는 만족이 영원한 만족이다.禍莫大於不知足, 咎莫大於欲得. 故知足之足常足矣 (46장)

인생의 가장 큰 재난은 넉넉함을 모르는 것이고, 인생의 가장 큰 죄악은 밖으로 치닫는 것이다. 전자는 생명의 내적 허황됨이고, 후자는 생명이 외부 사물을 쫓아가는 것이다. 허황됨에서 조작으로, 다시 조작으로부터 외부 사물을 쫓다가 마침내 돌아오지 못한다. 자족自足함을 스스로 알면 자아는 밖으로 내달리지 않는다. 또 생명이 외부 사물에 의지하거나 집착하지 않으면 영원한 만족이 생긴다. 『노자』는 또 말한다.

변하지 않는 덕은 만족스러우니, 질박함으로 돌아간다. 常德乃足, 復歸於樸
(28장)

욕망 추구라는 성난 파도 속에서 뛰쳐나와야 비로소 본래 가지고 있는 '변하지 않는 덕常德'을 스스로 알게 되고, 스스로 만족할 수 있어서 자유자재한 소박함으로 돌아간다. 이 '변하지 않는 덕'이 바로 상선常善과 덕선德善이다. '선한 것은 나도 선하다 하고, 선하지 않은 것은 나 또한 선하게 여기는 것'(49장)은 선악을 구별 짓지 않고, 덧붙여진 외부의 것을 잘라내어 '스스로 만족自足'하는 변하지 않는 상덕을 드러낸 것이다. '상선으로 사람을 구하고 만물을 구하는 것'(27장)은 조작하지 않음으로써 사람들이 자유로움의 소박함으로 돌아가게 하는 것이다. 상선·상덕은 본래 가지고 있으므로 외부에서 찾을 필요가 없고, 스스로 편안하고 스스로 만족하므로 버려지는 사람도 버려지는 사물도 없는 보편성과 필연성이 있다. '상덕'은 내적으로 스스로 만족하므로 외부에서 구할 필요가 없다. 그러므로 외부에서 찾고 구하는 속세의 흐름 속에서 뛰쳐나올 수 있다. 이것이 생명의 진정한 '부유함富'이다.

만족할 줄 알면 욕되지 않다.知足不辱 (44장)

만족할 줄 아는 자는 부유하다.知足者富 (33장)

만족할 줄 아는 만족足은 "변하지 않는 덕은 만족스럽다常德乃足"의 만족이다. 따라서 외부에서 얼마를 획득했느냐에 따라 만족과 불만족이 결정되지 않는다. 왜냐하면 외부에 집착하는 마음은 아무리 많은 것을 얻어 풍부하고 화려해도 항상 부족하다는 곤경에 빠지기 때문이다. 오로지 외부에 의지하지 않아야 "총애가 변하여 아래가 되고, 얻어도 놀란 듯이 하고, 잃어도 놀란 듯이 하는寵爲下, 得之若驚. 失之若驚"(13장) 욕됨을 벗어날 수 있다. 또 말하기를

가까이할 수도 없고, 멀리할 수도 없으며, 이롭게 할 수도 없고 해롭게 할 수도 없으며, 귀하게 여길 수도 없고, 천하게 여길 수도 없다. 그러므로 천하의 귀한 것이 된다不可得而親, 不可得而疏, 不可得而利, 不可得而害, 不可得而貴, 不可得而賤. 故爲天下貴.(56장)

변하지 않는 '상덕'은 내적으로 본래 넉넉하다. 외적인 친소親疏나 재화財貨의 이해득실, 명성과 부귀 등은 '상덕'을 동요시킬 수 없다. 그래서 사람들은 그것을 귀하게 여긴다. 이와 같은 반성과 자각이 있을 때 외부에 빠진 생명을 끌어낼 수 있다.

2. 멈출 줄 알아야 위태롭지 않다

세상에 살면서 감각기관은 매일 사물과 접촉한다. 마음은 변화무상한 만물에 달라붙어 추상적인 개념을 만들고, 이것은 다시 가치규범의 기준으로 변해 버린다. 본능의 욕구는 사물의 유혹을 받아 자연스러운 소박함과 자유 자재함에서 멀어져 간다. 그러므로 만족함을 아는 영원한 만족 즉 '상족常足'을 추구해도 욕되지 않는다. '상족'은 반드시 '위태롭지 않은 곳에서 멈출 줄 아는' 그곳에서 시작해야 한다. 장치쥰張起鈞은 "인간세상은 혼돈을 잃은 후 앎知이 있기 시작했고, 앎 때문에 감정情이 생기고, 감정에서 의식意이 나오고, 의식意에서 여러 가지 행위行가 나왔다"[14]고 말했다. 선악을 알면서, 좋고 싫음의 감정이 나오고, 좋고 싫음의 감정에서 집착과 기피의 의식이 나온다. 이렇게 해서 사물을 추구하는 행동이 생긴다. 그러므로 멈출 줄 아는 것은 명칭의 한계를 아는데 있다. 이에 대해 『노자』는 말했다.

도는 항상 하는 것이 없지만 이루어지지 않는 것이 없고, 후왕이 만약 그것을 지킬 수 있다면, 만물은 저절로 자화自化할 것이다. 자화하다가 욕심이 일어나면 나는 무명無名의 소박함으로 그것을 진정시킬 것이다.道常無爲而無不爲, 侯王若能守之, 萬物將自化. 化而欲作, 吾將鎭之以無名之樸 (37장)

만약 후왕이 도의 '하는 것이 없지만 이루어지지 않은 없다'는 무한하면서 오묘한 작용을 지킨다면 백성과 만물의 생명은 자연과 함께 숨

---

14 『노자철학老子哲學』, 正中書局, 1983, 17쪽.

쉬며 자생자화自生自化한다. "자화하다가 욕심이 일어난다"란 자연스러운 자생자화의 과정 속에서 감각기관의 욕구가 사물의 유혹에 이끌려 점차 밖으로 드러남을 말한다. 그러나 욕구가 고통이 되는 것은 심지心知의 집착으로 이루어진 '욕심낼 만한 것'이 된 이후다. 명칭이 생기고 차별이 나열된 후, 그 속에 있는 사람들은 그것을 얻으려는 욕망이 생긴다. 『노자』는 말했다.

오색은 사람의 눈을 어둡게 하고, 오음은 사람의 귀를 멀게 하며, 오미는 사람의 입을 맛들이고, 말달리며 사냥하는 것은 사람의 마음을 미치게 하고, 얻기 어려운 재화는 사람의 행동을 방해한다.五色令人目盲, 五音令人耳聾, 五味令人口爽, 馳騁畋獵, 令人心發狂, 難得之貨, 令人行妨 (12장)

향기·색깔·맛·소리는 이목구비의 자연 본능이다. 그러나 심지의 집착으로 조작이 일어나고, 그래서 오색五色·오음五音·오미五味 등 복잡다단한 명목이 생긴다. 이 때문에 인간은 소박함에서 벗어나 얻기 어려운 재화를 차지하려고 말 타고 사냥하듯 이러저리 바쁘게 돌아다닌다. 이 때문에 생리적 욕구는 자극받고 마비되고, 눈은 어두워지고, 귀는 멀고, 입은 맛들여진다. 이에 따라 마음도 발광하고 행동 또한 방해를 받는다. 이것을 치료하는 두 가지 방법이 있다.

입구를 막고, 문을 닫으며, 평생토록 수고롭지 않게 한다.塞其兌, 閉其門, 終身不勤 (52장)

만물이 시작하면 이름이 생기고, 이름이 이미 있으면, 마땅히 멈출 줄 알아야 하고, 멈출 줄 알아야 위태롭지 않다.始制有名, 名亦旣有, 夫亦將知止, 知止可以不殆 (32장)

사물과 만나는 오관五官의 문을 닫으라는 말이다. 그렇게 하면 감각기관이 사물에 끌려가는 욕망의 노예가 되지 않고, 또 개념의 발생으로 생기는 인위적 조작에 갇히지 않는다. 이렇게 되면 비록 자화自化하다가 욕심이 일어나더라도 스스로 있어야 할 곳을 떠나지 않고, 생명은 외부로 내달리지 않아서 걱정이 없다. 그리고 비록 명칭이 있더라도 추상적인 개념과 구체적인 사물 사이에 거리가 있다는 것을 알게 되어, 명칭이 실제 사물을 가리키지만, 명칭에 집착하여 명칭을 사물 자체라고 여기지 않는다. 그러므로 성인은 무명의 소박함樸으로 생명을 구하고, 혹은 멈추어야 할 곳에 멈추어 사물 속에 빠지지 않음으로서 위태로움에서 벗어난다. 자생자화 하는 것은 소박자연素樸自然에 속하지만, 이름을 만들기 시작하면 인위적 조작이다. 『노자』는 말한다.

도라고 말할 수 있는 도는 변하지 않는 도가 아니고, 이름 부를 수 있는 이름은 변하지 않는 이름이 아니다.道可道, 非常道. 名可名, 非常名 (1장)

높은 덕은 덕 같지 않으니, 덕이 있고, 낮은 덕은 덕을 잃으려 하지 않으니, 덕이 없다.上德不德, 是以有德., 下德不失德, 是以無德 (38장)

인위적 조작은 말할 수 있는 도道 즉 '가도可道'에 있고, '낮은 덕下德'

에 있다. 말할 수 있는 도는 추상적인 개념이고, 변하지 않는 상도의 '도'는 진실한 내용이 있는 무한하고 오묘한 작용이다. 이 둘 사이에는 생각과 실재實在라는 뛰어넘지 못할 거리가 있다. 그러므로 글자를 붙여 '도'라고 한 것은 일종의 방편이다. '덕을 잃지 않으려는不失德' 덕은 '덕'이라는 명칭에 집착하여 잃지 않으려는 것으로, 주체의 수양과 깨달음 공부에서 얻은 것이 아니다. 그러므로 덕의 진정한 내용이 드러나지 않는다. 따라서 개념적 사고를 통해 규정된 도道의 내용은 말할 수 있는 '도'가 되고, 주관적 인지를 통해 확립된 덕의 표준은 낮은 덕德이 된다. 이 모두는 스스로 명칭의 구속에 빠진 유심有心·유위有爲다. 노자가 내린 규정은 다음과 같다.

> 높은 덕은 무위하여 일부러 하지 않고, 낮은 덕은 일을 하지만 일부러 한다.
>
> 上德無爲而無以爲, 下德爲之而有以爲 (38장)

높은 덕과 낮은 덕은 무심·무위와 유심·유위로 구분된다. 마음은 본래 허정하다. '유심'은 주관적 상대적 인지認知에 매몰되어 인지된 것을 객관적인 가치로 정한다. 이 결과 "높은 예는 자기의 행위에 응답이 없으면, 팔을 걷어붙이고 억지로 시킨다上禮爲之而莫之應, 則攘臂而扔之".(38장) 고함을 지르며 억지로 시켜도 사람들의 호응을 받지 못한다. 이에 대해 『노자』는 말한다.

> 대도가 없어지니 인의가 있고, 지혜가 나타나니 큰 거짓도 있게 되었다.大道廢, 有仁義. 慧智出, 有大僞 (18장)

대도大道의 무한성을 인위적 조작인 인의仁義 규범에 두면, 대도의 풍부한 의미는 '인의'라는 규정된 개념에 갇혀 버리고, 그래서 대도는 위축되어 사라져 버린다. 인위적 조작에 의해 만들어진 명칭은 유심·유위에서 나온 것이므로 경쟁을 피할 수 없고, 심지어 마음을 혼란하게 한다.『노자』는 말을 돌려 다음과 같이 말했다.

총명을 끊고 지모를 버리면 백성들의 이익이 백배가 된다. 인을 끊고 의를 버리면 백성들이 다시 효성스럽고 자애로워진다. 기교를 끊고 이익을 버리면 도둑들이 없어진다. 이 세 가지는 꾸민 것으로 천하를 다스리기에는 부족하므로, 이제 매어 두게 함으로써 소박함을 간직하고, 사욕을 줄이게 한다.絶聖棄智, 民利百倍. 絶仁棄義, 民復孝慈. 絶巧棄利, 盜賊無有. 此三者以爲文不足, 故令有所屬, 見素抱樸, 少私寡欲 (19장)

총명과 기교는 주관의 유심에서 나온다. 인의는 조작이고 유위다. 기교와 이익은 간교함에 빠질 수밖에 없다. 이 세 가지는 꾸민 것으로, 화려한 생명이 되도록 부추기고, 찾으면 찾을수록 부족하고, 나올수록 멀어지고, 알수록 적어진다. 그러므로 그것을 끊고 버리면 생명은 조작으로부터 무심·무위·무지·무욕으로 돌아와 무명의 소박함으로 자유자재하게 되고 자득하게 된다. 이것을 만족할 줄 알아서 욕되지 않고, 배움을 끊어서 걱정이 없다고 하며, 또 멈출 줄 알아서 위태롭지 않고, '말이 적은 것이 스스로 그러한 것希言自然'(23장)이라고 한다.

3. 욕심내지 않는 고요함

내적으로 자족함을 알면 심지는 조작하지 않고, 명칭의 한계를 알게 되어 생명은 밖으로 내달리지 않는다. 비록 자화自化하다가 욕심이 일어나더라도 '배움을 끊고 걱정이 없는' 소박함을 잃지 않는다. 또 비록 만물의 생김으로 이름이 만들어진다 하더라도 '스스로 그렇게 적게 말하는希言自然' 자유자재함을 가질 수 있다. 만족할 줄 알아서 욕됨이 없고, 멈출 줄 알아서 위태롭지 않는 이론적 근거는, 조작하지도 밖으로 내달리지도 않고 욕심내지 않는 고요함 즉 무명의 소박함으로 돌아오는데 있다. 이에 대해 『노자』는 말한다.

> 만족할 줄 알면 욕되지 않고, 멈출 줄 알면 위태롭지 않으니, 오래갈 수 있다.
> 知足不辱, 知止不殆, 可以長久 (44장)

> 무명의 소박함을 쓰면 욕심이 없어질 것이고, 욕심내지 않음으로 고요하니, 천하가 저절로 안정될 것이다.無名之樸, 夫亦將無欲, 不欲以靜, 天下將自定
> (37장)

> 뿌리로 돌아가는 것을 고요함이라 하니, 이를 일러 본성으로 돌아가다라고 하고, 본성으로 돌아가는 것을 상이라고 한다.歸根曰靜, 是謂復命. 復命曰常
> (16장)

> 끊임없이 이어지는데 이름 붙일 수 없으니, 아무것도 없는 상태로 되돌아간다.繩繩不可名, 復歸於無物 (14장)

조화를 아는 것을 상이라고 한다知和曰常 (55장)

멈출 줄 아는 사람은 받들지 않고 또 귀하게 여기지 않는다. 그러므로 욕심내는 것을 볼 수 없고, 민심은 분란이 없다. 만족할 줄 아는 사람은 외부의 것을 얻으려 하지 않고, 이름 붙일 수 없는 현묘하면서 '아무것도 없는 상태無物'의 고요함靜으로 되돌아간다. 욕심내지 않고 구하려고 하지 않으니 생명의 본래 뿌리인 '고요함'으로 돌아간다. 무욕이란 욕심낼 만한 것과 욕심내서 얻으려는 것이 없음이다. 욕심낼 만한 것은 심지를 말한 것이고, 욕심내어 얻는 것은 의지를 말한다. 마음을 비우면 의지가 약하게 되고, 욕심은 본연의 순조로움으로 돌아간다. 그래서 배가 채워지고 뼈가 강하게 된다. 고요함으로 되돌아감은 본성으로 돌아가는 상常이고, 이 상은 바로 조화和에 있다. 『노자』는 말한다.

제자리를 잃지 않는 사람은 오래간다.不失其所者久 (33장)

근본인 도와 덕을 잃지 않으려면 멈출 줄 알고, 만족할 줄 알아서 뿌리로 돌아가고 본성으로 되돌아가야 한다. 그러므로 도道의 작용처럼 영원히 오래간다. 이에 『노자』는 말한다.

크면 가고, 가면 멀어지고, 멀어지면 되돌아온다.大曰逝, 逝曰遠, 遠曰反 (25장)

도道의 큼大은 죽어 있는 고정된 실체가 아니라, 앞으로 나가고 다시 돌아온다. 앞으로 나아감과 다시 돌아옴은 모두 도道 자신에게 돌아오는 회귀 작용에 있다. "겨우겨우 끊임없이 이어지는 듯하면서도, 쓰는 데 힘들이지 않는綿綿若存,用之不勤"(6장) 작용은 천지의 교감과 조화의 정중동靜中動에 있다. 조화와 균형은 사물이 없는 평정한 상태인데, 이것이 도가 오래 존재하는 이유다. 오묘한 생명은 모두 조화와 균형의 평정平靜한 '아무것도 없는 것無物' 속에서 태어나고 드러난다. 문제는 생명은 이러한 무위의 고요함靜과 무불위無不爲의 조화 속에 있는데, 갑자기 '욕심내지 않는 고요함不欲之靜'을 이탈해 폭풍우 몰아치듯 유위有爲적 생각을 갈구하기도 한다. 그러나 유위적 생각은 '자연을 본받는 도道法自然'의 '무물無物'로 돌아가는 작용 속에서 아침을 넘기지 못하고, 하루를 넘기지 못하고 사라진다. 그러므로 노자철학은 허虛가 본체이고, 약弱이 그 작용이며, 상대적으로 구분된 삼라만상 사이에서 노자는 항상 '반反'을 긍정하고, 심지어 '반'을 '정正'의 근본으로 삼았다. 그래서 말한다.

무거움은 가벼운 것의 뿌리가 되고, 고요함은 조급함의 군주가 된다.重爲輕根, 靜爲躁君 (26장)

후왕이 일을 얻어서 천하가 안정되었다.……후왕은 고귀함이 아니었다면 쓰러졌을 것이다. 그러므로 귀한 것은 천한 것을 뿌리로 삼고, 높은 것은 낮은 것을 토대로 삼는다.侯王得一以爲天下貞. …… 侯王無以貴高將恐蹶. 故貴以賤爲本, 高以下爲基 (39장)

암컷은 항상 고요함으로 수컷을 이기며, 고요함으로 아래가 된다.牝常以靜勝

牝, 以靜爲下 (61장)

활발히 움직여 추위를 이기고, 고요함으로 더위를 이기니, 맑고 고요함은 천하의 모범이다.躁勝寒, 靜勝熱,[15] 淸靜爲天下正 (45장)

굽으면 온전해지고, 구부리면 곧아지고, 패이면 채워지고, 헤지면 새로워지고, 적으면 얻게 되고, 많으면 미혹된다. 이로써 성인은 일을 품어 천하의 준칙이 된다.曲則全, 枉則直, 窪則盈, 敝則新, 少則得, 多則惑. 是以聖人抱一, 爲天下式 (22장)

이상 각 장은 '반反'을 '정正'의 근본으로 삼고 있다. 이것이 성립되는 이유는 다음과 같다. 첫째, 도의 작용은 비어 있음과 조화에 있다. 조화는 고요이고, '비어 있음'은 유약이다. 고요함과 비어 있음이 드러나는 존재 양태는 사물이 없는 것 같은 평정의 상태이고, 허약하고 유화적이다. 후왕이 '일一'을 얻어 천하가 안정되었고, 성인이 '일'을 품어 천하의 준칙이 되었다. 이 '일'은 다름이 아닌 도의 작용이다. 그리고 허약하고, 사물이 없는 것 같고, 부드럽고, 청정한 '일'은 천하고, 낮은 것 같고, 굽은 것 같고, 구부러진 것 같지만, 천하를 안정시키고, 천하의 모범이 되고, 천하의 준칙이 되는 고귀함을 이루게 한다. 둘째, 도의 항상성

---

15 장시창張錫昌은 "이 문장은 '靜勝躁, 寒勝熱'를 잘못 기록한 것이다. 26장의 '靜爲躁君'는 정靜과 조躁를 대비시켜 말하고 있는데 이것이 그 증거다"라고 했다. 이엔링핑,『노자달해老子達解』, 193쪽에서 재인용. 이엔링핑은『회남자』「전언훈銓言訓」의 "後之制先, '靜之勝躁', 數也"를 그 증거로 제시했다. ·

은 조화에 있지만, 인간의 존재 입장에서 볼 때, 적극적으로 노력하지 않으면 아무것도 없는 적막함을 면할 수 없다. 그러므로 '아무것도 없는 상태'의 조화를 벗어나려고 하면 강건한 유심有心이 있어야 한다. 그러나 무물無物의 부드러움은 무위자연인 자신을 드러내지 않고, '반'의 부드러움으로 '정'의 강건함을 끌어내어 총체적 조화를 이룬다. 그래서 암컷은 고요함으로 수컷을 이기고, 고요한 상태로 아래에 있으므로 조급함을 이긴다고 말했다. '이기다勝'란 제압하다는 뜻이 아니라, 균형을 얻어 평정으로 되돌아감이다. 이 또한 "만물은 음을 지고 양을 품고, 요동치는 기氣로 조화를 이룬다萬物負陰而抱陽, 沖氣以爲和"(42장)이다. 균형과 조화의 공헌에 대해 『노자』는 다음과 같이 말했다.

크게 이룬 것은 결함이 있는 듯하니 사용해도 닳지 않고, 꽉 찬 것은 비어 있는 듯하나 다 쓰지 못한다. 아주 곧은 것은 굽은 듯하고, 뛰어난 기교는 서툰 듯하며, 말을 잘하는 것은 어눌한 듯하다.大成若缺, 其用不弊, 大盈若沖, 其用不窮. 大直若屈, 大巧若拙, 大辯若訥 (45장)

밝은 도는 어두운 듯하고, 앞으로 나아가는 도는 물러서는 듯하고, 평평한 도는 평평하지 않은 것 같고, 높은 덕은 골짜기 같고, 아주 흰 것은 더러운 것 같고, 넓은 덕은 부족한 것 같고, 강건한 덕은 구차한 것 같고, 질박한 덕은 혼탁한 것 같고, 큰 정방형은 모서리가 없고, 큰 그릇은 늦게 이루어지고, 큰 소리는 들리지 않고, 큰 형상은 형체가 없다.明道若昧, 進道若退, 夷道若纇, 上德

若谷, 大白若辱, 廣德若不足, 建德若偸, 質德若渝¹⁶, 大方無隅, 大器晩成, 大音希聲,
大象無形 (41장)

그래서 성인은 방정하지만 해치지 않고, 청렴하지만 다치게 하지 않고, 곧지
만 방자하지 않고, 밝게 비추지만 번쩍거리지 않는다.是以聖人方而不割, 廉而
不劌, 直而不肆, 光而不燿 (58장)

이상은 반면反面의 '결함이 있는 듯하다若缺'·비어 있는 듯하다若
沖·굽은 듯하다若屈·서툰 듯하다若拙·어눌한 듯하다若訥·어두운 듯
하다若昧·물러서는 듯하다若退·평평하지 않은 듯하다若纇·골짜기 같
다若谷·더러운 것 같다若辱·부족한 것 같다若不足·구차한 것 같다若
偸·혼탁한 것 같다若渝 등으로 크게 이루다大成·꽉 차다大盈·아주 곧
다大直·뛰어난 기교大巧·말 잘하다大辯·밝은 도明道·앞으로 나아가
는 도進道·평평한 도夷道·높은 덕上德·아주 흰 것大白·넓은 덕廣德·강
건한 덕建德·질박한 덕質德이 이루어짐을 설명했다. 노자는 도道를 억
지로 이름 붙여 '대大'라고 했다. 위에 서술한 '대大'·'도道'·'덕德'은 모
두 무위자연을 말한 것이다. 그러므로 '모서리가 없다無隅'·늦게 이루

---

16 유월兪樾은 "건建을 건健이라고 했다. …… '강건한 덕은 구차한 것 같다建德若偸'는 강건
한 덕은 오히려 구차한 것 같다"고 말했다. 유사배劉師培는 "진眞은 본래 덕德이 아닌가 의심스
럽다. 덕德자의 정자正字는 덕悳으로, 진상眞相과 비슷한 의미다. '질덕質德'과 '광덕廣德', '건
덕建德' 모두 그렇다. …… 이 세 가지 덕德은 병렬문이다"라고 말했다. 가오형은 "유사배의 주장
은 옳다. …… 질質은 실實이다. 투渝는 '협문 유窬'다. 『설문해자』는 '유窬는 공중空中'이라고 했
다. …… 질박한 덕質德은 실질적인 덕實德은 허虛할 뿐이다"고 말했다. 왕화이, 『노자탐의老子
探義』, 170쪽에서 재인용.

어지다晚成 · 들리지 않다希聲 · 형체가 없다無形 등으로 도道의 '큰 정방형大方' · 큰 그릇大器 · 큰 소리大音 · 큰 형상大象을 말했고, '해치지 않다不割' · 다치게 하지 않다不劌 · 방자하지 않다不肆 · 번쩍거리지 않다不燿는 말로 성인의 방정함方 · 청렴廉 · 곧음直 · 밝게 비춤光을 말했다. 이것은 노자가 '반反'을 긍정하면서, 반反이 '정正'의 근본이라는 것을 보여준다. 노자의 의도는 '반'으로 '정'을 끌어들여 총체적인 조화를 얻는 데 있다. 이것이 바로 '욕심내지 않는 고요함不欲之靜'이다.

2. 정기를 모아 지극히 부드럽게 하고, 부드러움을 지키는 것을 강하다고 한다

1. 정기를 모아 지극히 부드럽게 한다

만물은 강행해야 뜻을 얻고, 힘 있는 사람이 남을 이긴다. 그러나 '음을 지고 양을 품는負陰而抱陽' 조화가 없으면 '아무것도 없는 상태無物'의 고요함靜인 천도天道에 어긋난다. 강한 것만 나오면 사물은 강대해져서 생명력이 소모된다. 음양의 조화를 잃고 도에 어긋나면 일찍 쇠망한다. 이에 대해 『노자』는 말한다.

강한 것에 용감하면 죽고, 강하지 않은 것에 용감하면 산다.勇於敢則殺, 勇於
不敢則活 (73장)

쥐고 있으면서 더 채우려는 것은 그만두는 것만 못하고, 다듬어 뾰족하게 하

면 오래 보존할 수 없다.持而盈之, 不如其已. 揣而銳之, 不可長保 (9장)

'강한 것에 용감하다'란 강행하여 뜻을 얻고, 힘으로 남을 이기는 사람으로서, 억세고 강대한 사물이므로 죽음의 무리다. '강하지 않은 것에 용감하다'란 무지무욕無知無欲이고, 정기를 모아 지극히 부드럽게 하는 '전기치유專氣致柔'로서, 유약함을 지키므로 삶의 무리다. 재화를 갖고 있으면서 더 채우려 하고, 쇠를 두드려 날카롭고 예리하게 하면 오래 보존할 수 없다. 그러므로 멈출 줄 알고 만족할 줄 알아야 위태로움이 없다. 『노자』는 또 말한다.

정기를 모아 지극히 부드럽게 하여, 갓난아이와 같게 할 수 있겠는가?專氣致柔, 能嬰兒乎 (10장)

사람을 다스리고 하늘을 섬기는 것으로는 검약한 것 만한 게 없다. 검약한 것만이 일찍 도道로 돌아갈 수 있다. 일찍 돌아가는 것을 일러 두터이 덕을 쌓는다고 한다.治人事天莫若嗇, 夫唯嗇, 是以早服, 早服謂之重積德 (59장)

'정기를 모으다專氣'는 검약嗇이다. '검약'이란 밖으로의 노출·소모가 아니라, 안으로의 응집·수렴이다. 이것이 가능하려면 먼저 심지의 조장과 욕심의 방해를 없애야 한다. 그러므로 무지무욕은 생명 본연의 부드러움으로 돌아감이다. '일찍 도道로 돌아가는早服' 것 또한 '지극한 부드러움致柔'이다. '조복'이란 일찍 천지의 조화和로 되돌아감이고, '치유致柔'란 음양의 조화인 '본성으로 돌아감復命'이다. '치유'는 조화를 얻고, 두텁게 덕이 쌓인 갓난아이와 같다.『노자』는 말한다.

성인은 일을 품어 천하의 준칙이 된다.聖人抱一, 爲天下式 (22장)

정신과 육체를 하나로 모아 분리시키지 않을 수 있겠는가?載營魄抱一, 能無離
乎 (10장)

성인이 품은 '일一'이란 도의 작용, 천지의 조화다. 성인이 도의 변하
지 않는 조화를 지킴으로서 천하는 저절로 안정되고 자화自化한다. 일
반 사람들이 품은 '일'은 덕의 본질, 덕의 음양의 조화다. 덕의 조화를
떠나지 않아야 자유로울 수 있고 자득自得할 수 있다. 그래서 말한다.

백성들은 시키지 않아도 저절로 고르게 된다.民莫之令而自均 (32장)

만물이 스스로 그러하도록 돕지만 감히 하도록 하지 않는다.輔萬物之自然而不
敢爲 (64장)

성인이 방해하지 않으므로 스스로 천지의 조화 균형 속으로 돌아간
다. 성인이 억지로 시키지 않으므로 만물은 자연스럽게 음양의 조화를
이룬다. '정기를 모으므로專氣' 사물은 강대해지지 않고, 지극히 부드
러우므로 도에 맞는다. 그러므로 스스로 강대해져 노쇠해지는 지경에
떨어지지 않고, 또 도에 맞지 않아서 일찍 죽는 지경에 이르지도 않는
다. 오직 멈출 줄 알고 만족할 줄 알아야 '정기를 모을 수 있고專氣', 오

직 '욕심내지 않고 고요해야不欲之靜' '지극히 부드러울 수 있다致柔'. 이 또한 허심虛心이고 뜻을 약하게 하는 것이며, '배를 채우고 뼈를 강하게 하는 것實腹强骨'(3장)이다.

2. 부드러움을 지키는 것을 강하다고 한다

노자는 "정기를 모아 지극히 부드럽게 한다專氣致柔"고 말하면서 또 "부드러움을 지키는 것을 강하다고 한다守柔曰强"고 말했다.

작은 것을 보는 것을 밝다고 하고, 부드러움을 지키는 것을 강하다고 하고, 그 빛을 쓰고, 그 밝음으로 되돌아온다. 몸에 재앙을 남기지 않으니, 이것이 영원함常을 익히는 것이다.見小曰明, 守柔曰强, 用其光, 復歸其明. 無遺身殃, 是爲習常 (52장)

연약한 것이 강한 것을 이기고, 부드러운 것이 단단한 것을 이긴다.弱之勝强, 柔之勝剛 (78장)

부드럽고 약한 것이 단단하고 강한 것을 이긴다.柔弱勝剛强 (36장)

연약함弱은 '허虛'이고, 부드러움柔은 '조화和'다. 허약하기 때문에 부드럽고 조화롭다. 단단함剛은 '남을 이기는 힘 있는 사람勝人有力'이고, 강함强은 강행해서 뜻을 얻는 것이다. 단단하고 강함은 유심·유위다. 유지유욕有知有欲한 사람은 '욕심내지 않는 고요함不欲之靜'을 불안하게 생각하여 억세고 강하게壯 행한다. 그래서 도망갈 수 없고, 제대로 죽지 못하고, 도에 맞지 않아 일찍 죽는 비극에 이른다. 부드럽고 약한 것이 단단하고 강한 것을 이기는 까닭은, 첫째 부드럽고 약함이 고요함靜으로 돌아가는 것이고, 영원한 부드러움의 본성으로 되돌아가는 것이기 때문이다. 둘째 부드럽고 약한 것은 단단하고 강한 것을 끌어와 천지 음양의 조화를 이루기 때문이다. 그래서 『노자』는 말한다.

두터이 덕을 쌓으면 할 수 없는 것이 없다. 할 수 없는 것이 없으면 그 끝이 어디인지를 알지 못한다. 그 끝이 어디인지를 알지 못할 정도가 되면 나라를 가질 수 있다. 나라의 근본이 있으면 오래갈 수 있다. 이것을 일러 뿌리를 깊고 굳게 하며, 길이 오래 사는 도라고 한다.重積德, 則無不克, 無不克, 則莫知其極, 莫知其極, 可以有國, 有國之母, 可以長久, 是謂深根固柢, 長生久視之道 (59장)

'두터이 덕을 쌓다重積德'란 부드러움을 지켜, 생명이 밖으로 내달려 흩어지지 않도록 하는 것이다. '할 수 없는 것이 없다無不克'란 단단하고 강한 것을 이겨서 생명을 안으로 수렴·응집시키는 것이다. 부드러움을 지켜서 강하고, 두터운 덕을 쌓았으므로 할 수 없는 것이 없다. 이것이 변하지 않는 도의 조화라는 무한히 오묘한 작용 속에서 "자연에 부합하면 도에 부합하고, 도에 부합하면 오래 간다天乃道, 道乃久"(16장)이다. 그래서 "그 끝이 어디인지를 알 수 없다莫知其極" 하고 "오래갈 수 있다可以長久"고 했다. 『노자』는 또 말한다.

자신을 이기는 자는 강하다.自勝者强 (33장)

부드러움을 지키는 것을 강하다고 했는데, 또 "자신을 이기는 자는 강하다"고 말한 것은 부드러움을 지키는 첫 번째 조건이 자신을 이기는 것이기 때문이다. 인간의 가장 큰 곤란은 욕망만 추구하고 만족할 줄 모르는 데 있다. '자신을 이기는 것'이란 멈출 줄 알고, 만족할 줄 알아서 조작하지 않고 밖으로 내달리지 않는 것이다. 다시 말하면 두터운 덕을 쌓아 할 수 없는 것이 없게 하고, 부드러움을 지켜 강해지는 것이다. 그러므로 '강함强'은 "부드럽고 약한 것이 단단하고 강한 것을 이긴다"의 '강함强'과 다르다. 폭풍우의 '강함', 사물이 강해서 노쇠해지는 '강함'이 아니라, 허약하고 조화로운 '강함'이고, 도와 함께 오래가는 강함이다. 부드러움을 지키는 것이 강하다. 이에 대해 『노자』는 또 다음과 같이 말했다.

수컷을 알고, 암컷을 지키면 천하의 골짜기가 된다.…… 밝은 것을 알고, 어두운 것을 지키면 천하의 계곡이 된다.知其雄, 守其雌, 爲天下谿.…… 知其白, 守其辱, 爲天下谷[17] (28장)

이옌지다오嚴幾道는 다음과 같이 평했다. 즉 "암컷을 지키면 수컷을 알 수 있고, 어두운 것을 지키면 밝은 것을 알 수 있다. 그렇지 않으면 암컷, 어두운 것은 세상에 가장 천한 것인데 어찌 귀하다고 할 수 있겠는가? 지금 『노자』를 보는 사람들은 뒤 구절만 알 뿐, 핵심이 앞 구절에

---

[17] 가오헝의 『노자정고老子正詁』를 근거로 고쳤다.

있음을 모른다".[18]

암컷雌·어두운 것辱은 아주 천한 것이다. 그런데 노자는 왜 암컷을 지키고 어두운 것을 지키라고 했는지 모르겠다. 이옌지다오는 중국 근대 자강운동自强運動 시기의 사람으로, 『노자』에 대한 그의 방점은 많이 틀렸다. 사실 암컷을 지키고 어두운 것을 지키는 것은 수컷과 밝은 것을 끌어들여 일체의 조화를 얻으려는 데 있다. 노자는 조화和로 강함强을 말했다. 만약 수컷만 알고 밝은 것만 알라고 한다면 강행하여 뜻을 얻어 도에 맞지 않게 되며, 따라서 일찍 끝나는 것과 같다. 이것을 어떻게 '강하다'고 할 수 있는가? 그러므로 암컷을 지켜서 수컷을 알고, 어두운 곳을 지켜서 밝은 곳을 아는 것은 바로 "앞으로 나아가는 도는 물러서는 듯하다進道若退"(41장), "아주 흰 것은 더러운 것 같다大白若辱"(41장)이다. 이렇게 해야 부드러움을 지켜서 강해지고, 자신을 이겨서 강해진다. 그래서 『노자』는 말한다.

도로써 주인을 보좌하는 자는 군사로 천하를 강압하지 않는다.以道佐人主者, 不以兵强天下 (30장)

나는 감히 주인이 되지 않고 손님이 되며, 감히 한 치를 나아가지 않고 한 자를 물러선다.吾不敢爲主而爲客, 不敢進寸而退尺 (69장)

이 역시 강행하여 뜻을 얻고, 힘을 가지고 남을 이기는 것이 아니라, 아

---

18 이옌지다오,『노자도덕경평점老子道德經評點』,成都書局壬申校刊, 16쪽.

래에 있으면서 부드러움을 지켜 조화와 진정한 강함을 이루는 것이다.

3. 부드러운 도

20세기에 유도는 일본에서 유행하여 전 세계로 퍼졌다. 글자 그대로 유도柔道는 부드러움을 도道로 파악하는 것이다. 그러므로 유도의 철학적 기초는 부드러움을 지키는 것이 강하다는 도가철학이다. 부드러움을 지킨다는 것은 강행하지 않고 강대하지 않으면서 허약虛弱으로 스스로를 지키고 조화로움을 얻는 것이다. 그러므로 유도의 원리는 "되돌아오는 것은 도의 움직임이고, 약한 것은 도의 작용反者道之動, 弱者道之用"(40장)이라는 도가의 핵심에 대한 깊은 체득이라고 할 수 있다.

대련對鍊 중 드러내 놓고 앞으로 나오지 않으면서 또 움직이려는 동작도 보이지 않는다. 또 주동적으로 공격하지 않지만 그렇다고 수비만하지도 않는다. 오직 상대방의 공격에 따라 상대방이 들어오면 나는 물러나고, 상대방이 왼쪽으로 가면 나는 오른쪽으로 간다. 상대방의 엄청난 힘을 소모시켜 두 사람 사이의 힘의 균형을 이룬다. 이것이 "사물과 함께 돌아간다與物反矣"(65장)이고, "아무것도 없는 상태로 돌아간다復歸於無物"(14장)이다. 이것은 첫째, '강대해서 늙고物壯則老', '도에 맞지 않아서 일찍 끝나는不道早已'(30장) 자신의 약점을 드러내지 않으면서, 영원히 부드러움을 지켜 조화를 얻고 강력하게 대항하지 않으며, 이를 바탕으로 쓰러지지도 패하지도 않는 곳에 스스로 선다. 둘째, 부드러움을 지키는 수비 위주의 대련 중 상대의 공격을 이용하여 공격자가 균형을 잃었을 때, 상대의 힘을 이용해 상대를 쓰러뜨려 이길 수도 있다. 이에 대해 『노자』는 말한다.

무사 노릇을 잘하는 자는 힘을 뽐내지 않고, 싸움을 잘하는 자는 화내지 않고, 적을 잘 이기는 사람은 맞서지 않고, 사람을 잘 쓰는 자는 낮춘다. 이를 일러 다투지 않는 덕이라고 한다. 이를 일러 다른 사람의 힘을 쓰는 것이라고 하며, 이를 일러 하늘의 극치에 짝한다고 한다.善爲士者不武, 善戰者不怒, 善勝敵者不與, 善用人者爲之下, 是謂不爭之德. 是謂用人之力, 是謂配天古之極 (68장)

이를 일러 행하지 않음을 행하고, 없는 팔뚝을 걷어붙이고, 없는 적을 잡아들이고, 없는 병기를 잡는 것이다.是謂行無行, 攘無臂, 仍無敵, 執無兵 (69장)

'힘을 뽐내지 않다不武'·화내지 않다不怒·맞서지 않다不與·낮추다爲之下는 부드러움을 지킴이고, 무위자연의 선善으로 돌아감이다. 다투지 않는 덕은 다른 사람의 힘을 잘 이용하는 능력이 있다. 그래서 "하늘의 극치에 짝한다"고 말하고, 오묘한 도의 작용을 깊이 체득했다고 한다. "행하지 않음을 행한다", "없는 팔뚝을 걷어붙이다", "없는 적을 잡아들이다", "없는 병기를 잡다"는 허약함으로 자신을 지키고, 도를 따라 행하는 가장 좋은 모습이다. 다시 말하면 나는 무위자연의 부드러움으로 조화를 추구하지만, 상대방은 강대해져 늙고, 도에 맞지 않아 일찍 끝난다. 이것이 부드러움을 지키는 것을 강하다고 하는 '유도'다. 이 원리를 세상에 적용하면 다음과 같이 말할 수 있다.

그래서 백성들 위에 오르고자 하면, 반드시 말을 낮추어야 한다. 백성들 앞에 나서고자 하면, 반드시 자신이 물러서야 한다. 따라서 성인은 윗자리에 있지만 백성이 부담스러워하지 않고, 앞에 있지만 백성이 해치지 않으니, 천하가

혼쾌히 추대하지만 실증내지 않는다.是以欲上民, 必以言下之, 欲先民, 必以身後
之, 是以聖人處上而民不重, 處前而民不害, 是以天下樂推而不厭 (66장)

백성들 위에 있으려면 말을 낮추어야 하고, 백성들 앞에 있고자 하면
자신이 물러서야 한다. 이와 같이 정치에서 균형과 조화를 유지할 수
있으면, 백성들 위에 있어도 백성들이 부담스러워하지 않고, 백성들 앞
에 있어도 백성들이 해치지 않는다. 이와 같으니 모든 사람들이 기꺼이
추대하려고 한다. 반대로 백성들 위에 혹은 앞에 있으면서 말을 낮추지
않고 또 물러서지도 않고 특권을 누리면 상하 균형이 맞지 않아 백성
들이 두려워하고 업신여긴다.

4. 이상적인 인격상은 갓난아이다

"정기를 모아 지극히 부드럽게 한다專氣致柔", "소박함을 간직하다見素抱
樸"(19장) 등은 이상적 인격의 정신 수양이다. 노자는 어린아이를 이상
적인 인격의 상징으로 내세웠다. 『노자』는 말한다.

변하지 않는 덕은 떠나지 않으며, 갓난아이로 되돌아간다.常德不離, 復歸於嬰
兒 (28장)

후덕한 덕을 품음은 갓난아이에 비유된다. 독충이 쏘지 않고, 맹수도 덮치지
않고, 독수리도 움켜 채지 않는다. 뼈는 약하고 근육은 부드러우나 쥐는 것은
단단하고, 암수의 결합을 알지 못하나 온전히 자라는 것은 정기精氣가 지극
하기 때문이고, 종일토록 울어도 목이 쉬지 않음은 조화가 지극하기 때문이

다. 含德之厚, 比於赤子, 蜂蠆虺蛇不螫, 猛獸不據, 攫鳥不搏, 骨弱筋柔而握固, 未知牝

牡之合而全作, 精之至也, 終日號而不嗄, 和之至也 (55장)

"영원한 덕은 떠나지 않는다"는 "후한 덕을 품다"이다. 전자는 본성으로 돌아가는 상常이고, 후자는 되돌아가는 '고요함靜'이다. 상常과 정靜은 조화和인데, 암수가 하나 되는 조화다. 갓난아이는 남자 여자를 구분하지 못한다. 그래서 생명의 모든 것을 그대로 드러낸다. 이것이 '정기의 지극함精之至也'이다. 그리고 하루 종일 울어도 목이 쉬지 않는다. 영원한 덕을 떠나지 않으면서 찡그렸다 웃었다 음양의 조화 속에 있으니 마음 또한 상처받지 않는다. 이것이 '조화의 극치和之至也'다. 그러므로 갓난아이의 기상氣象은 암수의 결합을 알지 못하는 정기의 지극함이고, 음양이 부드럽게 조화하는 조화의 극치다. 비록 뼈는 약하고 근육은 부드럽지만 쥐는 힘은 단단하다. 갓난아이는 스스로 그러한 '자연自然'이고, 무물無物이다. 그러므로 독충도 쏘지 않고, 맹수도 덮치지 않고, 독수리도 움켜 채가지 않는다. 그래서 『노자』는 말한다.

듣건대 섭생을 잘하는 자는 육지를 다녀도 맹수를 만나지 않고, 전쟁터에서도 병기에 다치지 않고, 외뿔 들소는 뿔을 받을 곳이 없고, 호랑이는 발톱으로 할퀼 곳이 없고, 병기는 칼날로 찌를 곳이 없다. 무슨 까닭인가? 죽는 곳이 없기 때문이다. 蓋聞善攝生者, 陸行不遇兕虎, 入軍不被甲兵, 兕無所投其角, 虎無所措其爪, 兵無所容其刃, 夫何故, 以其無死地 (50장)

섭생을 잘 하는 사람은 무위자연으로, 근본적으로 양생을 하지 않는다. 소박한 무위無爲에 있으니, 육지를 다녀도 맹수를 만나지 않고, 전쟁터에서도 병기에 다치지 않는다. 또 호랑이나 외뿔 들소를 만나도 받칠 곳이나 할퀼 곳이 없으며, 짧은 병기로 싸워도 찔릴 곳이 없다. 왜냐하면 자아가 없기에 구하는 것도 없기 때문이다. 즉 근본적으로 다칠 여지가 없다는 것이다. 그래서 『노자』는 말했다.

삶 때문에 일을 하지 않는 것이 삶을 귀하게 여기는 것보다 현명하다.夫唯無以生爲者, 是賢於貴生 (75장)

삶을 더하는 것을 재앙이라고 한다.益生曰祥 (55장)

삶 때문에 일을 하지 않는 무위자연은 섭생을 잘해서 죽음의 범위 속에 들어가지 않는 것이다. 이것은 삶을 귀하게 여기는 것보다 더 현명하다. 만약 삶을 귀하게 여기고, 그래서 더 살려고 하면 집착과 유위有爲에 빠져 오히려 재앙이 된다. 그래서 『노자』는 말한다.

성인은 천하에 있어서 검약하고 욕심이 없으니, 천하가 그 마음을 함께 하고, 성인은 모두 갓난아이로 대한다.聖人在天下, 歙歙爲天下渾其心, 聖人皆孩之 (49장)

나 홀로 담박하여 그 아무런 조짐이 없는 것이 마치 갓난아이가 옹알거릴 줄도 모르는 것 같다.我獨泊兮其未兆, 如嬰兒之未孩 (20장)

어린아이를 뜻하는 '해孩'를 부혁傅奕·범응원范應元 본本에서는 어린 아이가 웃다는 '해咳'로 기록했다. 초횡焦竑은 "해咳는 어린아이의 웃음 이다"라고 했다.[19] 마음을 함께 하므로 담박하게 있을 수 있고, 그래서 '욕심내지 않고 고요할 수 있다不欲以靜'.(37장) 이것은 갓난아이가 환성 歡聲을 지르지 않는 정기의 지극함 같기도 하고, 모든 사람들이 갓난아 이의 웃음소리처럼 자연스러운 조화의 극치에 있는 것 같기도 하다. 이 모두는 갓난아이의 후덕한 덕으로 돌아간 것을 나타낸 것이다. 이상적 인격인 갓난아이는 사실적인 의미가 아니라 가치론적인 의미다.

4장을 종합하면 다음과 같다. 노자는 인간의 유한함과 인간존재의 고통은 유심·유위·유지·유욕에서 온다고 보았다. 그래서 수양공부를 통해 유한에서 무한으로 갈 수 있는 실천의 길을 열고자 했다. 하나는 '허의 극치에 이르고 고요함을 지키는致虛守靜' 공부를 통해 '미묘하게 그윽이 통하는微妙玄通' 생명의 길을 열었다. 다른 하나는 '정기를 모아 지극히 부드럽게 하는專氣致柔' 공부를 통해 생명 본래의 질박함으로 되돌아가는 것이다. 주체를 수양하는 실천 공부는 노자철학의 생명이 다. 노자가 말하는 도덕은 가공된 오묘한 이론이 아니라, 실질적인 의 미가 있으며, 이를 통해 노자철학의 참모습이 드러난다.

19 『노자탐의老子探義』, 84쪽에서 재인용.

제5부

___

생명정신과 정치적 지혜

『논어』, 『맹자』를 읽고 또 『노자』를 읽다 보면 매번 다른 느낌을 받는다. 『논어』, 『맹자』는 스승과 제자 간의 언행을 기록한 대화록이다. 『노자』는 격언 같은 개인의 독백이다. 전자는 공자·맹자의 인격이 글자와 행간에 그대로 드러나 있다. 노자는 자신의 모습을 글자 뒤에 숨겨 놓고 이성의 예리한 빛으로 생명의 열정을 드러냈다. 형이상학적 도체에 대한 깊은 체득과 정치에 대한 깊은 통찰력을 지닌 대철학자는 사회적 모순과 인간의 고통에 대한 고뇌를 가지고 초탈적인 자세로 생명의 뿌리를 강렬하게 펼쳤다. 이 장은 잠재되어 드러나지 않은 내적 지주支柱인 생명정신과 이성의 예리한 빛이 밝힌 정치적 지혜를 밝혀내어, 담담히 홀로 신명神明과 함께하는 노자를 드러내고, 아울러 노자의 삶이 무미건조한 이념이 아니라는 것을 설명하고자 한다. 유약과 겸손으로 밑에 처하는 것을 표지로 하고, 만물을 훼손하지 않는 공허空虛를 실제 내용으로 하는 고명하고 오묘한 도는 천고를 전해져 내려오고 있다.

1. 생명정신

1. 세 가지 보물이 있으니, 하나는 자애이다 ─ 자애로우니 용감하다

『도덕경』5천여 글자는 비록 1인칭 용어가 적지 않게 나오지만 이는 편의상 그런 것이다. 그러나 그렇다고 아무런 내용이 없는 것은 아니다. 예를 들면 아래와 같다.

만물이 함께 일어남에 나는 만물의 돌아감을 본다.萬物竝作, 吾以觀復 (16장)

내게 큰 고통이 있는 까닭은 내가 몸을 가지고 있기 때문이다. 내게 몸이 없다면 내가 무슨 근심이 있겠는가!吾所以有大患者, 爲吾有身. 及吾無身, 吾有何患 (13장)

백성들은 모두 나를 스스로 그러한 것이라고 말한다.百姓皆謂我自然 (17장)

만약 백성들로 하여금 늘 죽음을 두려워하게 하고 기이한 짓을 하는 사람이

있다면, 내가 그를 잡아서 죽일 것이니 누가 감히 그렇게 하겠는가?若使民常

畏死, 而爲奇者, 吾得執而殺之, 孰敢 (74장)

앞 두 구절은 1인칭으로 도道를 체득한 공부를 표현했고, 뒤 두 구절
은 백성과 위정자의 신분을 빌려서 말했다. 그러나 위 인용문 모두 자
아의 진정한 내용을 언급하지 않았다. 자아에 대해 설명하고 또 내재된
정신을 나타낸 구절로는 다음과 같은 것이 있다.

나는 홀로 촌스러이 고루하고, 나만 홀로 사람들과 다르니, 만물을 낳고 기르
는 도를 귀하게 여긴다.而我獨頑似鄙, 我獨異於人, 而貴食母 (20장)

나는 세 가지 보물이 있으니, 그것을 지녀서 간직한다. 하나는 자애이고, 둘
은 검약이고, 셋은 감히 천하 앞에 나서지 않는 것이다.我有三寶, 持而保之, 一
曰慈, 二曰儉, 三曰不敢爲天下先 (67장)

노자철학은 존재의 고통에 직면해 무위자연 그 상태에서 해탈과 자
유를 추구할 뿐, 생명의 가치에 대해서는 명확한 규정을 하지 않았다.
또 이성이 밝혀주는 빛만을 드러낼 뿐, 감정이 짊어지는 열정은 없다.
이것은 존재의 고통을 해소해 주지만, 생명에 빛을 주기도 하고 열정
을 주기도 하는 등 커다란 부담으로 작용하기도 한다. 그래서 "나는 홀
로 촌스러이 고루하고, 만물을 낳고 기르는 도를 귀하게 여긴다"고 말
하고, 또 "나는 세 가지 보물이 있으니, 그 하나는 자애慈다"고 말했다.
타인과 다른 점은 명하고昏昏 순박하게悶悶 '만물을 낳는 도道生'와 '만

물을 기르는 덕德畜'의 모체母體로 돌아가려고 한다는 것이다. 세속적인 사람처럼 '아주 밝고昭昭' '하나하나 살피고 따져察察' 귀하고 욕심낼 만한 것을 찾고, 그래서 사람들을 이기려고 억지로 행하지 않는다. 도를 귀하게 여기는 어리석은 사람들의 마음은 이성의 빛도 없고 감정의 열정도 없는 것 같다. 그러나 스스로 말하는 생명의 세 가지 보물 중 첫 번째인 모덕母德의 자애慈는 노자의 청정무위淸靜無爲로서 5천여 노자철학의 내적 동력이고 출발점이다. 그래서 "자애로우므로 용감할 수 있다慈故能勇"(67장)고 말한다. 유가 또한 "인자는 반드시 용감해야 한다仁者必有勇"(『논어』, 「헌문憲問」, 4)고 말하지만, 인을 실천하는 기본으로 효도孝道를 첫 번째로 두었다. '자애'는 모체가 선천적으로 가지고 있는 스스로 그러한自然 사랑이지만, 효도는 자녀가 자각하는 반포反哺의 정이다. 오로지 천성적이고 자연적이므로 "천지는 어질지 않다天地不仁"(5장), "성인은 어질지 않다聖人不仁"고 말한다. 오로지 반포를 자각하는 것이므로 천지는 유심이고, 성인은 인을 실천한다.『노자』는 말한다.

사람이 살다가 죽는 곳으로 움직이는 것 또한 열에 셋이다. 무슨 까닭인가? 너무 잘 살려고 하기 때문이다.人之生, 動之死地, 亦十有三 (50장)

백성들이 일하는 것은 항상 거의 다 이루었다가 실패한다.民之從事, 常於幾成而敗之 (64장)

사람이 착하지 않다고 해서, 어찌 그 사람을 버리겠는가?人之不善, 何棄之有 (62장)

노자는 백성들이 살려고 하다가 오히려 사지死地로 떨어지고, 일을 거의 완성하려다 실패에 빠지는 것에 대해 한탄했다. 그리고 이로부터 "사람이 착하지 않다고 어찌 그 사람을 버릴 수 있겠는가?"하는 자애로운 비원悲願으로 인간을 구제하는 방법을 생각했다. 그래서 말했다.

도는 만물의 오묘한 곳이니, 선한 사람의 보배이고, 선하지 않은 사람도 간직해야 한다.道者萬物之奧, 善人之寶, 不善人之所保 (62장)

하늘이 장차 그를 구하는 것은 자애로움으로 지키기 때문이다.天將救之, 以慈衛之 (67장)

도는 자신自身이 없다. 만물은 도의 허정무위虛靜無爲에서 자신을 찾는다. 노자는 이러한 의미에서 도는 만물을 포용하는 저장소라고 말했다.[1] 하늘이 백성을 구하려면 반드시 '자애로움'으로 지키고 보호해야 한다. 왜냐하면 모덕母德의 자애慈는 가장 무조건적이면서 가장 뿌리가 깊고, 만물에 두루 퍼져 있으며 또 모든 것을 포용한다. 자애의 빛이 널리 비추기 때문에 선한 사람이 보배가 될 수 있고, 또 불선한 사람이 간직하려고 하는 충허沖虛가 된다. 선한 사람은 덕을 얻어 귀한 보물이 되었고, 불선한 사람은 그것을 얻어 죄가 있어도 면제된다. 또 말한다.

---

1 하상공주河上公注에 이르기를 "오奧는 저장하다(藏)이다. 도는 만물의 저장소로서, 못 담는 것이 없다奧, 藏也. 道爲萬物之藏, 無所不容也". 『노자하상공주老子河上公注』 참고.

자애로움으로 전쟁을 하면 승리하고, 지키면 견고하다.慈以戰則勝, 以守則固
(67장)

적을 얕보는 것보다 더 큰 화는 없으니, 적을 얕보다가는 나의 보물을 거의
잃을 것이다. 그러므로 서로 대항하는 군사가 맞설 때에는 자애로운 자가 승
리한다.禍莫大於輕敵, 輕敵幾喪吾寶, 故抗兵相加, 哀者勝矣 (69장)

모덕의 자애는 만물을 포용하는 오묘한 저장소이며, 그것을 가지고
싸우면 승리하고, 지키면 견고해진다. 그러나 이 또한 "위난을 구제해
줄 뿐 감히 강한 것을 취하지 않는다善有果而已, 不敢以取强".(30장) 그렇
지 않고 적을 얕보면 자애를 스스로 상실한다. 그러므로 병력이 비슷한
두 부대가 맞설 때, 자애로운 마음으로 출정한 부대가 결국 내적 자애
로움으로 용맹을 지켜 적을 무찌르고 승리한다. '승리勝'란 부드러움을
지키고 조화의 극치에 이르는 수유치화守柔致和를 말한다. 진정한 강자
는 힘으로 이기는 것이 아니고 또 인격을 짓밟는 것도 아니며, 불선한
사람도 깊이 깨달아 선한 사람이 되게 한다. 이것이 "어찌 그 사람을 버
리겠는가?"의 자애이고, "하는 것이 없지만 이루어지지 않는 것이 없다
道常無爲而無不爲"는 검약儉이다. 그래서 말한다.

누가 남는 것으로 천하의 부족한 것에 공급할 수 있겠는가? 오직 도를 가진
사람일 뿐이다.孰能有餘以奉天下? 唯有道者 (77장)

남은 것으로 부족을 보충하는 도를 가진 사람이 자애로 도를 지키는

사람이다. 도를 추구하고 도를 지키는 작용을 발휘하는 방법이 '검약'
이다. 『노자』는 말한다.

검약하므로 광활할 수 있다.儉故能廣 (67장)

검儉은 검약儉約이고, 또 "사람을 다스리고 하늘을 섬기는 것으로는
검약보다 좋은 것이 없다治人事天莫若嗇"(59장)의 '검약嗇'이다. '검약'은
생명을 심신心神 안으로 거두어들여 생명이 밖으로 뛰쳐나가 소모되
지 않도록 하는 것이고, 또 "만족할 줄 알면 욕되지 않고, 멈출 줄 알면
위태롭지 않으니, 오래갈 수 있다知足不辱, 知止不殆, 可以長久"(44장)는 뜻
이다. 검약은 색嗇이라는 뜻 이외에 "핵심은 간단하지만 시행하기 쉽
고, 힘은 덜 드리고 공은 오히려 크다旨約而易操, 事少而功多"는 뜻이 있는
데, 그 작용이 크고 넉넉하다는 의미다. 전자는 "깊은 것을 근본으로 삼
는 것以深爲根"이고, 후자는 "검약을 법도로 삼는 것以約爲紀"²이다. 『노
자』는 말한다.

오직 도만이 잘 빌려주고 잘 이룬다.夫唯道, 善貸且成 (41장)

크게 이룬 것은 결함이 있는 듯하니 사용해도 닳지 않고, 꽉 찬 것은 비어 있
는 듯하나 다 쓰지 못한다.大成若缺, 其用不弊, 大盈若沖, 其用不窮 (45장)

---

2 "旨約而易操, 事少而功多"는 사마담의 「육가의 요지를 논함論六家要旨」에서 인용한 것이고,
"以深爲根, 以約爲紀"는 『장자』 「천하天下」편에서 인용했다.

도가 큰 까닭은 "끝내 스스로 크다고 하지 않음으로써, 그 큼을 이룰 수 있고以其終不自爲大, 故能成其大"(34장), 천지天地가 오래가는 까닭은 "자신이 만물을 낳는다고 하지 않기 때문이며, 그래서 오래갈 수 있다以其不自生, 故能長生".(7장) 도는 무위자연의 무한성으로 만물에 내재할 뿐 아니라, 만물의 성장에서 자신을 완성한다. 이것이 "낳지만 소유하지 않고, 하게 하지만 뽐내지 않으며, 기르지만 주재하지 않는다生而不有, 爲而不恃, 長而不宰"(10장)이다. 무심無心으로 낳고, 무위無爲로 하게하고, 주재하지 않음으로서 주재한다. 다시 말하면 만물 스스로 생장하도록 만물에게 맡겨 만물 스스로 있어야 할 곳에 있게 한다. 이것이 "뛰어난 기교는 서툰 듯하다大巧若拙"(45장), "큰 그릇은 늦게 이루어진다大器晚成"(41장)는 의미이고, 또 "잘 빌려주고 잘 이룬다善貸且成"는 의미다. 그러므로 '크게 이루고大成' '꽉 찬大盈' 도는 결함이 있는 듯하고, 비어있는 듯 허약하고 부족하다. 그러나 도의 작용으로 말하면 '닳지 않고不弊' '무궁無窮'하여 오래갈 수 있다. 그 까닭은 무엇인가?

> 옛날의 도를 움켜쥐고 지금의 사물을 다스리니, 옛날의 시작을 알 수 있음을 일러 도기道紀라고 한다.執古之道, 以御今之有. 能知古始, 是謂道紀 (14장)

> 큰 형상을 잡고 천하에 나아가며, 나아가도 해를 끼치지 않으니 편안하고 태평하다.執大象, 天下往, 往而不害, 安平太 (35장)

태고의 시작인 도기道紀를 움켜쥐면 현재의 만물을 다스릴 수 있다. 이것이 검소하면서 넓게 쓰임이다. "큰 형상은 형체가 없다大象無

形"(41장)를 근거로 하면, 움켜쥔 '큰 형상大象'이란 심원하고 이름 부를 수 없는 도道의 작용이다. 그 첫째는 무위자연이므로 천하 만물이 되돌아가는 곳이 되고, 둘째로는 질박하고 자유 자재하므로 천하 만물이 되돌아가더라도 해를 끼치지 않는다. 그래서 선한 사람이 기꺼이 받아들이는 덕의 보배가 될 수 있고, 또 불선한 사람이 죄를 면하기 위해 보존하는 것이 될 수도 있다. 『노자』는 말한다.

성인은 쌓아두지 않으니, 다른 사람을 위함으로써 자신은 더 갖게 되고, 다른 사람에게 주는데 자신은 더욱 많아진다.聖人不積, 旣以爲人己愈有, 旣以與人己愈多 (81장)

만물이 되돌아가지만 주인 노릇을 하지 않으니, 크다고 부를 수 있다.萬物歸焉, 而不爲主, 可名爲大 (34장)

다른 사람에게 베풀어 주는데 자신은 더 갖게 되고, 다른 사람에게 주는데 자신은 더 많아지므로 사람들은 모두 그에게 되돌아가 그를 받든다. 다른 사람에게 베풀고 주는 것은 쌓아두지 않고 갖고 있지 않으며, 주인 노릇을 하지 않기 때문이다. 그래서 또 말한다.

감히 천하보다 앞서지 않으므로 그릇을 이루는 수장이 될 수 있다.不敢爲天下先, 故能成器長 (67장)

질박함이 부서져 그릇이 되니, 성인은 그것을 써서 백관의 수장이 된다.樸散

則爲器, 聖人用之, 則爲官長 (28장)

위 인용문은 성인이 무엇을 만들려고 할 때, 귀한 것을 받들지 않고, 일부러 하지 않음을 서술하고 있다. 성인은 이름 부를 수 없는 무명의 질박함으로 행하므로 백관百官의 우두머리가 된다. 그리고 성인은 욕심낼 만한 것을 보이지 않고, 무엇을 만들어 이름 짓지 않으며, 백성들에게 만족할 줄 알고 멈출 줄 알게 하여 자유롭게 자득自得하도록 한다. 이처럼 천하보다 앞서지 않는 사람이어야 만물의 우두머리가 된다. 『노자』는 말한다.

사람들이 싫어하는 것은 외로움, 모자람, 착하지 못함인데, 왕공은 이것을 칭호로 삼는다. 人之所惡, 唯孤, 寡, 不穀, 而王公以爲稱 (42장)

이로써 성인은 거친 베옷을 입고 보옥을 품고 있다. 是以聖人被褐懷玉 (70장)

나라의 온갖 더러운 것을 받아들이는 것을 일러 사직의 주인이라고 한다. 受國之垢, 是謂社稷主 (78장)

후왕은 고귀함이 아니었다면 쓰러졌다. 그러므로 귀한 것은 천한 것을 뿌리로 삼고, 높은 것은 낮은 것을 토대로 삼는다. 侯王無以貴高將恐蹶. 故貴以賤爲本, 高以下爲基 (39장)

높은 덕은 골짜기 같고, 아주 흰 것은 더러운 것 같다. 上德若谷, 大白若辱 (41장)

왕공王公 후왕侯王은 더러운 것을 받아들이려면 스스로 외롭고 부족한 곳에 있어야 하고, 텅 빈 골짜기처럼 모든 것을 품고 있어야 높은 덕을 이룰 수 있으며, 더러운 것처럼 밑에 있어야 흰 것을 얻는다. 이렇게 해야 베옷을 입고 보배로운 옥을 품을 수 있으며, 천하를 바르게 할 수 있다.

이상과 같이 '자아'에 대한 노자의 고백을 통해 다음과 같은 것을 알 수 있다. 즉 생명 정신의 내재적 근원은 모덕母德의 자애慈이고, 외부에서 활용되는 도기道紀 법칙은 무위의 검약儉이고, 생명으로 드러난 모습은 부드러움을 지키는 약함弱이라는 것을 알 수 있다. 모덕의 자애는 무심無心이면서 만물에 두루 펼쳐져 있다. 무위의 검약은 '하는 것이 없지만 이루어지지 않는 것이 없고無爲而無不爲' 부드러움을 지키는 약弱은 다투지 않고 항상 조화롭다和. 이것은 세 가지로 나누어 말한 것이지만 사실 하나다. 즉 부드러움을 지키고 다투지 않는 무심무위無心無爲다. 간단히 말하면 체용體用은 나눌 수 없다. 그러므로 자애로우면서 검약하고, 또 감히 천하보다 앞서지 않는다. 자애로우므로 용감하고, 천하보다 앞서지 않으므로 만인의 우두머리가 된다. 그래서 선한 사람들의 보배가 되고, 또 불선한 사람들이 보존하고 싶어 한다. 이것이 만물이 간직하고 있는 세 가지 보물이다.

2. 신만 사람을 해치지 못하는 것이 아니라, 성인도 사람을 해치지 않는다
— 덕은 '현묘하게 같아지는(신)' 경지로 되돌아간다

노자 『도덕경』에는 극단적인 표현이 있다. 예를 들면, "성인은 어질지 않다聖人不仁"(5장)라는 말은 마치 인간애를 부정하는 것 같다. 그러나 노자는 자애를 말한다. 노자는 인자仁者의 유심有心은 '인위적인 행위 有爲'를 면할 수 없다고 보았다. 그래서 불인不仁을 통해 '인위적인 행위 有爲'를 차단하여 성인의 무심無心을 드러내려고 했다. 즉 조작하지 않는 무심, 간여하지 않는 '무사無事'로부터 도道를 가지고 천하에 임하는 성인을 언급하면서, 사람을 다치게 하지 않는 성인을 말했다. 『노자』는 말한다.

도로써 천하에 임하면 그 귀신이 영험하지 못한다. 귀신이 영험하지 못한 것이 아니라 신이 사람을 해치지 못하는 것이다. 신만 사람을 해치지 못하는 것이 아니라, 성인도 사람을 해치지 않는다.以道莅天下, 其鬼不神, 非其鬼不神, 其神不傷人, 非其神不傷人, 聖人亦不傷人 (60장)

'도로써 천하에 임하다'는 '일을 만들지 않으면서' 천하를 다스리는 청정무위를 말한다. 『노자』는 말한다.

총명을 끊고 지모를 버리면 백성들의 이익이 백배가 된다. 인을 끊고 의를 버리면 백성들이 다시 효성스럽고 자애로워진다.絶聖棄智, 民利百倍. 絶仁棄義, 民復孝慈 (19장)

대도가 없어지니 인의가 있고, 지혜가 나타나니 큰 거짓도 있다.大道廢, 有仁義. 慧智出, 有大僞 (18장)

지모로 나라를 다스리는 것은 나라를 해치는 것이고, 지모로 나라를 다스리지 않는 것이 나라의 복이다.以智治國, 國之賊, 不以智治國, 國之福 (65장)

물고기는 연못을 벗어나서는 안 되며, 나라의 이기는 사람들에게 보여서는 안 된다.魚不可脫於淵, 國之利器, 不可以示人 (36장)

총명聖·지모智는 성인의 유심有心이다. 인의仁義는 성인의 유위有爲다. 인위 조작은 스스로 그러한 대도大道의 질박함으로부터 멀어지게 하고, 생명을 밖으로 치닫게 하여 돌아갈 곳이 없게 한다. 인의로 만든 규범이 생기면 대도는 존재하지 않고, 지혜로 조작하면 큰 거짓이 생겨 서로 가지려고 다툰다. 그러므로 총명을 끊고 지모를 버리면 질박함과 자유를 얻고, 인을 끊고 의를 버리면 본래 가지고 있는 스스로 그러한 효자孝慈를 회복할 수 있다. 그러므로 지모로 나라를 다스리지 않고, 이기利器를 사람들에게 보이지 않으며, 유심으로 인위적인 행위를 하지 않으면, 돌아갈 곳을 잃어버리지 않는다. 이것은 물고기가 깊은 연못에 있으면서 자유를 얻듯이 백성과 나라의 이득이고 복이다.

『노자』의 이 말은 일을 만들지 않는 성인의 최상의 통치는 백성들에게 성인이 있는 것만 알게 할 뿐, 항상 자유롭고 스스로 만족하게 한다는 뜻이다. 그래서 백성들은 성인을 스스로 그러한 것이라고 말한다. 이렇게 되면 귀신은 괴력을 발휘하지 못한다. 더 나아가 말하면 귀신만 괴력을 발휘하지 못하는 것이 아니라, 귀신의 괴력이 있더라도 '질박함으로 되돌아가復歸於樸' '변하지 않는 덕을 만족스러워 하는常德乃足'(28장) 사람을 해치지 못한다. 더 분명하게 말하면 귀신의 괴력이 사람을 해칠 수 없는 것이 아니라, 근본적으로 성인이 일을 만들지 않고 사람을 해치지 않는다. 그래서 사람들은 죽임을 당하지 않고 다치지도 않는다.

'성인이 사람을 해치지 않는다'는 노자철학의 근본은 인간에 대한 반성이다. 유가적 의미로 말하면 성인은 자각적으로 사람을 해치지 않는다. 그러나 노자의 관점에 의하면 성인은 사람을 해치는 것을 자각하지 못한다. 성인은 총명과 지모를 자처하고, 유심·유위로 인의를 표방하여 사람들이 부족하다고 여긴다. 그리고 또 높이 표방한 인의에서 더 나아가 예법을 내세워, 일을 만들고 백성들에게 따르도록 강요한다. 사람들이 그것에 응하지 않으면 억지로 끌고 가는데, 이것은 두텁지 못한 충忠·신信의 덕德을 드러내어 환란의 시초가 되어 버린다. "백성들을 다스리기 어려운 것은民之難治"(75장) "위에서 억지로 시키기 때문이다以其上之有爲".(75장) 사람들은 성인의 간섭과 호도로 자유를 잃어버리고, 생명은 외부로 치달아 허망한 것에 집착한다. 이렇게 되면 귀신과 총명·지모·인의라는 이중의 박해를 받는다. 그러므로 성인이 청정무위하기만 하면 사람들은 스스로 바르고 스스로 조화를 이루어, 귀신과 성인 모두를 '스스로 그러한' 생명 밖에 놓아둔다. 이 때문에 귀신과 성인은 사람을 해칠 수 없다. 이에 대해 왕필은 다음과 같이 말했다.

신은 스스로 그러한 것을 해치지 못한다. 사물이 스스로 그러함을 지키고 있으면 신도 어떻게 할 수 없다. …… 도와 합치하면 신도 사람을 해치지 못한다. 신이 사람을 해치지 못하니 신이 신이 되는 줄을 알지 못한다. 도와 합치하면 성인도 사람을 해치지 못한다. 성인이 사람을 해치지 못하니 성인이 성스러운지를 알지 못한다. …… 위세와 법망을 뽐내면서 사물을 부리려는 것은 쇠퇴한 정치이고, 신神·성聖이 신神·성聖이 되는 줄 알지 못하게 하는 것이 도의 지극함이다.[3]

스스로 그러한 질박한 생명은 마음이 허정무위하므로 성인이 성스러운 줄 모르고, 신이 신인 줄 모른다. 인간의 덕은 본래 두텁고 스스로 만족한다. 성인의 조작으로 덕이 상실되고, 그래서 마음속에 욕심이 생겨 외부에 있는 것을 욕심낸다. 과분한 총애와 대우를 받아 기뻐 놀라고, 터무니없는 일에 기대어 귀신에 집착한다. 결국 생명은 밖으로 나가 돌아오지 않고 본래의 참된 모습마저 잃어버린다. 때문에 성인은 무위하면서 일을 만들지 않는다. 그러면 귀신 스스로 위력을 잃고 스스로 물러난다. 허정한 마음이 밝게 빛나므로 덕 또한 자신으로 돌아가 스스로 만족한다. 그러므로 말한다.

둘이 서로 해치지 않으므로 덕이 함께 돌아간다.夫兩不相傷, 故德交歸焉
(60장)

이상을 종합하면 천하보다 앞서지 않는 충허沖虛를 스스로 지키고, 아래에 있으면서 다투지 않는 것은 조작하지 않고 간섭하지 않는 성인

---

3 『노자』, 60장, 왕필주. "神不害自然也, 物守自然, 則神無所加.…… 道洽則神不傷人. 神不傷人, 則不知神之爲神. 道洽則聖人亦不傷神. 聖人不傷人, 則不知聖人爲聖人也.…… 夫恃威綱以使物者, 治之衰也. 使不知神聖之爲神聖, 道之極也."

이 사람을 해치지 않기 때문이다. 성인이 사람을 해치지 않으니, 신 또한 사람을 해치지 않는다. 백성들은 성인이 성스러운지 모르고, 신이 신이 되는 이유도 모르면서 스스로 질박하게 있다. 이것이 성인은 '하는 것이 없지만無爲', 백성들은 '이루어지지 않는 것이 없다無不爲'는 검약儉이다. 『노자』는 말한다.

변하지 않는 선은 사람을 구하므로 버려지는 사람이 없다. 변하지 않는 선은 사물을 구하므로 버려지는 사물이 없다.常善救人, 故無棄人, 常善救物, 故無棄物 (27장)

선한 것은 나도 선하다 하고, 선하지 않은 것은 나 또한 선하게 여기니, 덕선이다.善者吾善之, 不善者吾亦善之, 德善 (49장)

만물이 온전히 있고, 사람들이 상처를 입지 않는 것은 무심無心으로 만물에 두루 존재하는 자애 때문이다. 인간의 가장 위대한 사랑은 선하지 않은 사람 모두에게 본래 선한 덕과 변하지 않는 덕을 자득하도록 하는 것이다. 그러므로 성인은 천하보다 앞서지 않고, 사람을 해치지 않으며, 이로 인해 하는 것이 없지만 이루어지지 않는 것이 없는 신 또한 사람을 해치지 않는다. 또 덕은 '현묘하게 같아지는玄同' 경지로 되돌아가 선한 것 선하지 않은 것 모두를 선하게 여기는 덕선德善과 사람을 버리지 않고 사물을 버리지 않는 '변하지 않는 선常善'을 갖게 된다. 이것이 부드러움을 지키는 유약함으로 감히 천하보다 앞서지 않음이며, 하는 것이 없지만 이루어지지 않는 것이 없는 검약이고, 또 무심이면서 만물에 두루 퍼져 있는 자애다.

3. 제자리를 잃지 않는 사람은 오래가고, 죽더라도 사라지지 않는 사람은 오래 산다 — 덕을 쌓고 어미를 지킨다

노자철학의 생명정신의 내재적 근거는 자애에 있고, 자애가 외부로 작용하면 도로써 천하에 임한다. 도를 가지고 천하에 임한다는 것은 첫째 두텁게 덕을 쌓는 검약嗇이고, 둘째 하는 것이 없으면서 이루어지지 않는 것이 없는 검약儉이다. 이 두 가지는 모두 천하보다 앞서지 않는 성인이 사람을 해치지 않는 것으로 드러나고, 신 또한 사람을 해치지 않는 것으로 드러난다. 이처럼 '현묘하게 같아지는' 덕德의 경지로 되돌아가는 것은 자신의 덕으로부터 도의 '오묘한 덕玄德'을 드러내는 것이다. 선한 것은 물론 선하다. 불선한 것 또한 선하다. 사람을 해치지 않고 버려진 사람도 없는데, 이것이 인간의 가장 굳고 깊은 뿌리이며, 장구한 모덕의 자애가 될 수 있는 이유다. '장구長久'에 대해 『노자』는 다음과 같이 말했다.

제자리를 잃지 않는 사람은 오래가고, 죽더라도 사라지지 않는 사람은 오래 산다.不失其所者久, 死而不亡者壽 (33장)

천지는 장구하다. 천지가 오래 갈 수 있는 것은 자기만 살려고 하지 않기 때문이니, 오래갈 수 있다.天長地久, 天地所以能長且久者, 以其不自生, 故能長生 (7장)

영원함常을 알면 포용하고, 포용하면 공평하고, 공평하면 온전하고, 온전하면 하늘 같이 되고, 하늘 같이 되면 도를 얻고, 도를 얻으면 오래가니, 죽을 때까지 위태롭지 않다.知常容, 容乃公, 公乃全^4, 全乃天, 天乃道, 道乃久. 沒身不殆 (16장)

사나운 바람은 아침을 못 넘기고, 소나기는 하루를 다하지 못하니, 누가 이렇게 만드는가? 천지다. 천지도 오래 갈 수 없거늘, 하물며 사람에게 있어서랴! 飄風不終朝, 驟雨不終日, 孰爲此者? 天地. 天地尙不能久, 而況於人乎 (23장)

만족할 줄 알면 욕되지 않고, 멈출 줄 알면 위태롭지 않으니, 오래갈 수 있다. 知足不辱, 知止不殆, 可以長久 (44장)

두터이 덕을 쌓으면 할 수 없는 것이 없고, 할 수 없는 것이 없으면 그 끝이 어디인지를 모른다. 그 끝이 어디인지를 모르니 나라를 가질 수 있고, 나라의 어미가 있으니 오래갈 수 있다.重積德, 則無不克, 無不克, 則莫知其極. 莫知其極, 可以有國, 有國之母, 可以長久 (59장)

'천지는 장구하다'고 한다. 그런데 또 '천지는 오래갈 수 없다'고 한다. 전자는 무심이고, 후자는 유위有爲다. 무심이므로 질박하고 무위하며 자유롭다. 또 마음은 허정虛靜하여 집착이 없고, 시공 속의 차별상差別相에 빠지지 않으며, 천도天道와 함께하고, 자연과 함께 장구한다. 유

---

4 노건勞建의 『노자고본고老子古本考』를 근거로 '왕王'을 '전全'으로 고쳤다.

위는 유심有心에서 나온다. 마음이 움직이면 인지한 것에 집착하고, 그래서 도는 봉쇄된다. 이때 인간은 상대적 세계인 유한세계에 있게 된다. 만약 여기서 다시 욕망의 각축장에 빠지면 생명은 밖으로 치닫게 되어 점점 더 존재의 고통에 빠져든다. 그러므로 '멈출 줄 알면知止' 마음은 조작하지 않고, '만족할 줄 알면知足' 생명은 밖으로 내달리지 않는다. 이처럼 마음이 허정하면 스스로 '영원함을 아는知常' 밝음明을 드러내고 모든 것을 포용한다. 모든 것을 포용하면 만물과 '현묘하게 같게 되고', 내적으로 두텁게 덕을 쌓아 '만물을 낳고 기르는 도를 귀하게 여기고貴食母', 끝이 어디인지 모르는 현덕玄德이 생긴다. 그러므로 공평하고 온전하면 천도가 '스스로 그러한 것'처럼 오래갈 수 있다.

'장구'는 허정한 마음의 밝은 조명을 통해 드러나고, 두텁게 쌓은 덕과 만물을 낳고 기르는 도를 귀하게 여기면서 열린다. 그러므로 '장구'는 사실적인 의미가 아니라 가치론적인 의미다. '제자리를 잃지 않다不失其所'란 생명의 뿌리로 되돌아가 덕을 쌓고, 멈출 줄 알고, 만족할 줄 알아서 자유롭게 되고, 시공을 조건으로하는 존재의 울타리에 빠지지 않는다. 그러므로 '장구할 수 있다'고 말한다. '죽더라도 사라지지 않는다死而不亡'란 생명은 태어남이 있고 죽음이 있는데, 생명의 자연현상이다. 삶과 죽음은 생멸生滅의 흐름이다. 그러나 도道의 생화生化 작용으로 말하면 오히려 변함없이 오래 존재한다. 그러므로 '오래 가고久', '오래 산다生'고 말한다. 이것은 치허수정致虛守靜의 조명 속에서 즉시 드러나고, 생명의 뿌리로 돌아가는 '스스로 그러한' 속에서 충족된다. 『노자』는 말한다.

이미 그 어미를 얻었으니, 그것으로 자식을 알고, 이미 자식을 알았으니, 돌아가 어미를 지킨다.旣得其母, 以知其子, 旣知其子, 復守其母 (52장)

'귀식모貴食母'(20장)와 '복수기모復守其母'의 '모母'는 "천하에 시작이 있어서, 천하의 어미가 된다天下有始, 以爲天下母"(52장)는 도道이다. 초월적으로 만물의 뿌리가 되고, 내재적으로는 만물의 본성이 된다. '본성으로 되돌아가다歸根復命'는 두텁게 덕을 쌓아 제자리를 잃지 않고 죽어도 사라지지 않는 어미母로 되돌아감이다. 다시 말하면 비록 '높은 도道之尊'인 어미로부터 '귀한 덕德之貴'인 자식으로서의 만물은 확고부동하지만, 삶의 과정에서 현상세계를 초월하려면 내재된 덕德을 통해 초월적인 도道로 되돌아가도록 생명의 경지를 단계적으로 끌어올려야 한다. 그렇지 않으면 '귀한 덕'은 현실 속에서 만물을 낳고 기르는 도를 귀하게 여기지 않고, 돌아가 어미를 지키지 않아서 곤경에 빠진다. 그러므로 마음이 '덜어내고 또 덜어내어損之又損' 상대적 앎을 던져 버리고 또 욕구를 떨쳐버림으로써 허정虛靜한 조명을 비추면, '매우 현묘한玄之又玄' 생명의 경지를 펼칠 수 있다. 이것이 만물과 현묘하게 하나가 되는 현동玄同이고 모든 덕이 모이는 현덕玄德으로의 복귀다. 도에 대해 '미묘현통微妙玄通'한 사람을 『노자』는 다음과 같이 묘사했다.

다듬지 않은 통나무처럼 돈후하며, 계곡같이 광활하고, 탁한 듯이 섞여 있으니, 누가 어둠 속에서 다스려 서서히 밝게 할 수 있으며, 누가 움직임 속에서 고요히 하여 차츰차츰 맑게 할 수 있으며, 누가 안정된 속에서 계속 움직여 서서히 살릴 수 있겠는가? 이 도를 간직하고 있는 사람은 가득 채우려고 하

지 않는다. 무릇 채우지 않기 때문에 옛 것을 제거하여 갱신할 수 있다.敦兮其
若樸, 曠兮其若谷, 混兮其若濁, 孰能晦以理之徐明,[5] 孰能濁以靜之徐淸, 孰能安以久
動之徐生? 保此道者, 不欲盈. 夫唯不盈, 故能蔽而[6]新成 (15장)

"다듬지 않은 통나무처럼 돈후하다"라는 말은 덕의 돈후敦厚함이고,
"계곡같이 비어 있다"란 덕의 허정함이며, "탁한 듯이 섞여 있다"란 덕
의 포용성이다. 이것이 "이 도를 간직하고 있는 사람은 가득 채우려
고 하지 않는다"이다. 생명의 모습이 밖으로 드러난 것이 어둠晦·탁함
濁·안정安의 무위無爲다. 그러나 이 속에는 "다스려 서서히 밝게 하다理
之徐明", "고요히 하여 차츰차츰 맑게 하다靜之徐淸", "안정된 속에서 계속
움직여 서서히 살리는動之徐生" 무불위無不爲의 오묘한 작용이 있다. 그
래서 "옛것을 제거하여 갱신할 수 있다能蔽而新成"고 말했다. 노자의 허
정虛靜은 적멸寂滅이 아니라, 해탈한 후에 자유자재하는 새 생명의 출
발점이다.

노자가 말하는 '자연'은 도道로 말하면 초월적 자연이고, 마음의 경
지로 말하면 가치론적 자연이다. 양자 모두 현상적인 의미도 사실적인
의미도 아니다. '자연'이라는 개념이 '인문人文'의 상대적 개념이라고
한다면, "질박함이 꾸밈을 이기면 거칠고, 꾸밈이 질박함을 이기면 문
서 관리하는 관리 같다質勝文則野, 文勝質則史(『논어』,「옹야雍也」, 16)"의 '질
박함質'이라는 단순한 의미만 드러날 뿐이다. 문명에 대한 반항으로 자

---

5 왕필주를 근거로 "孰能晦以理之徐明"를 보충했다.
6 역순정易順鼎의 『독노찰기부보유讀老札記附補遺』를 근거로 '不'을 '而'로 고쳤다.

연으로 돌아가자는 낭만주의 구호 또한 여기에 속한다. 노자의 '자연'은 다른 것에 의지하는 '타연他然'의 상대적인 말이다. 즉 자연계 전체의 인과 관계를 초월하여 자유자재하고 자득한 정신적 경지로 초월적인 의미이고 가치론적인 의미다.

제1장을 종합하면 다음과 같다. 노자철학 생명정신의 내재적 근원은 모덕母德의 자애慈이며, 그것이 밖으로 작용하여 도로써 천하에 임한다. 성인이 도를 가지고 천하에 임하면, 첫째 청정무위로 감히 천하보다 앞서지 않는다. 그러므로 성인은 사람을 해치지 않으며 귀신 역시 사람을 해치지 하지 않고, 만물 스스로 생장하게 하여, 만물 각자는 있어야 할 곳을 얻는다. 이것은 소극적인 의미다. 둘째 '하는 것이 없지만, 이루어지지 않는 것이 없는無爲而無不爲' 검약儉을 가지고, 상선常善으로 사람을 구하고, 선하지 않은 것도 선하게 여긴다. 사람을 해치지 않으니 버려지는 사람이 없다. 이것이 적극적인 의미다. 주체의 '수양과 깨달음'에서 만물과 현묘하게 하나가 되는 현동玄同을 통해 모든 덕이 모여 현덕玄德으로 되돌아간다. 이렇게 되면 인간의 생명은 존재적 유한으로부터 정신적 무한의 길로 가게 된다.

2. 정치적 지혜

노자철학은 '허의 극치에 이르고 고요함을 지키는' 치허수정致虛守靜'의
수양과 깨달음을 통해, 첫째 자연을 거스르지 않는 형이상학적 도를 체
득하고, 둘째 '미묘하게 그윽이 통하는' 미묘현통의 경지를 드러낸다.
그리고 이를 통해 '하는 것이 없지만, 이루어지지 않는 것이 없는無爲而
無不爲' 정치로 되돌아가는 것이다. 생명에 대한 예리한 비판은 생명 존
중 정신을 드러냈고, 정치에 대한 통렬한 반성은 독창적인 정치적 지혜
를 열었다. 이것은 화복禍福이나 득실得失에 대한 처세의 도道도 아니
고, 흥망성패의 통치술도 아니다. 그러므로 인생철학의 생명 존중 정신
도 아니고, 정치철학에서 말하는 정치적 지혜도 아니다. 노자가 탐구한
것은 현실 세계의 성패成敗 득실得失의 도道가 아니라, 가치 추구를 통
해 드러나는 초월적 깨달음의 경지다.

1. 성인은 정해진 마음이 없이 백성의 마음을 자신의 마음으로 삼는다

『도덕경』은 비록 천고千古의 독보적인 형이상학 체계를 열었지만, 노자철학의 정신은 여전히 정치에 대한 철저한 반성과 가치론적 비판에 있다. 그러므로 설사 형이상학적 깨달음을 묘사한 문자라 하더라도 성인이 어떻게 결론을 내느냐에 달려 있다. 예를 들면 "그래서 성인은 일을 품어 천하의 준칙이 된다是以聖人抱一, 爲天下式"(22장), "그래서 성인은 종일토록 다녀도 묵중한 수레를 떠나지 않는다是以聖人終日行, 不離輜重"(26장) 등을 정치철학만을 논한 장이라고 말할 필요는 없다. 성인의 정치는 여러 장章에 서술되어 있다.

성인은 정해진 마음이 없으니, 백성의 마음을 자신의 마음으로 삼는다. 선한 것은 나도 선하다 하고, 선하지 않은 것은 나 또한 선하게 여기니, 덕선이다. 믿음직스러운 것은 나도 믿고, 믿음직스럽지 않은 것은 나 또한 믿으니, 덕신이다. 성인은 천하에 있어서 검약하고 욕심이 없으니, 천하가 그 마음을 함께 하고, 성인은 모두 갓난아이로 대한다.聖人無常心, 以百姓心爲心. 善者吾善之, 不善者吾亦善之, 德善. 信者吾信之, 不信者吾亦信之, 德信. 聖人在天下歙歙, 爲天下渾其心, 聖人皆孩之 (49장)

성인은 주관에 집착하는 마음이 없이, 오직 청정무위로 백성의 마음을 자신의 마음으로 여긴다. 유가는 격물格物·치지致知·성의誠意·정심正心을 통해 천하를 교화하는 성인을 바라고 있다. 그러나 도가道家는 성인에게 성인 자신을 없애고 백성이 자연스럽게 되는 것을 돕고, 감히 앞에 나서지 말 것을 요구한다. 그러므로 성인은 백성의 마음을 자신의 마음으로 삼는다. 백성은 돌아갈 곳 없는 고아가 될 수 없다. 특히 '선하지 않은 것不善', '믿음직스럽지 않은 것不信'도 '선하다', '믿음직스럽다'고 하는 성인의 말은 유가의 가르침과 완전히 다르다.『노자』는 말한다.

백성들을 다스리기 어려운 것은 위에서 억지로 시키기 때문에 다스리기 어렵다.民之難治, 以其上之有爲, 是以難治 (75장)

천지가 서로 만나서 단 이슬이 내리니, 백성들은 시키지 않아도 저절로 고르게 된다.天地相合, 以降甘露, 民莫之令而自均 (32장)

인간은 본래 질박하고 스스로 만족한다. 이런 인간을 다스리기 어려운 것은 위에서 억지로 시키기 때문이다. 그러므로 성인이 사람을 해친다는 말이 있다. 선과 불선의 구분은 본질적인 경계가 있어서가 아니라, 성인의 주관적이고 독선적인 산물로, 성인이 정해 놓은 표준으로 그것을 바라보기 때문이다. 만약 마음의 집착으로 인지된 형상과 의식을 버리고 허정심의 관조 아래에 있으면, 불선한 것도 없고, 미덥지 않은 것도 사라진다. 이것이 스스로 균등하게 되는 스스로 그러한 덕선德善이고 상선常善이다. 그러므로 성인은 가장 먼저 자신의 집착으로 형성된 편견을 수렴하여, 어린아이의 천진무구한 미소처럼 자유자재自由自在 한다. 성인이 천하에 임하는 초심初心은 인간을 온전하게 보살피는 데 있다. 그러나 권력의 유혹에 빠져 영웅심이 발동되고, 자신의 주관적 방식과 가치로 백성 위에 군림하고 민의를 억압한다. 그러므로 성인이 백성들과 마음을 함께하고 백성들을 갓난아이로 대함은, 성인이 자신의 마음을 어린아이의 허정심처럼 덕을 두텁게 하여 백성들의 마음을 자신의 마음으로 삼기 때문이다. 그러므로 말한다.

명백하게 사방을 통달하여 억지로 하는 것이 없을 수 있겠는가?明白四達, 能無爲乎 (10장)

그 빛을 쓰고, 밝음으로 되돌아간다.用其光, 復歸其明 (52장)

밝게 비추지만 번쩍거리지 않는다.光而不燿 (58장)

선견자는 도의 겉치레이면서 어리석음의 시작이다.前識者, 道之華而愚之始 (38장)

성인이 '허의 극치에 이르고致虛極' '돈독하게 고요함을 지킴으로써守靜篤' 허정한 마음의 빛이 생긴다. 이 빛은 사방을 밝게 비추지만, 무위를 거치지 않은 이성의 빛이 내부에 저장된다면 반드시 사람을 해친다. 그래서 "밝게 비추지만 번쩍거리지 않는다"고 말했다. 이에 대해 왕필은 다음과 같이 말했다.

그 미혹된 까닭을 밝게 비추지만, 그 밝음으로 감춰둔 것까지 비추어 내려고 하지 않는다.以光鑑其所以迷, 不以光照求其隱慝也 (『노자』 왕필주, 58장)

맑은 거울의 허정심은 "사람들의 오래된 미혹人之迷, 其日固久"(58장)과 "비록 지모가 있더라도 크게 미혹되는雖智大迷"(27장) 허망한 집착을 깨버릴 수 있지만, 허정심의 빛은 사적으로 감추어진 것을 드러내지 않는다. 이것이 유심有心으로 사람을 해치는 행위다. 그래서 "총명을 끊고 지모를 버린다絶聖棄智"고 말했다. 만약 지모를 믿고 일을 하면 선견자의 유위有爲적 예단預斷이다. 천도는 '스스로 그러한 것'으로 억지로 예측하지 않는다. 따라서 예단으로 얻은 것은 도道의 겉모습이고 어리석음이며 거만의 시작이다. 그래서 말한다.

하늘이 미워하는 까닭을 그 누가 알겠는가? 그래서 성인도 그것을 오히려 어려워한다.天之所惡, 孰知其故? 是以聖人猶難之 (73장)

언제나 일을 만들지 않으면서 천하를 취하니, 일을 만들면, 천하를 취하기 부족하다.取天下, 常以無事, 及其有事, 不足以取天下 (48장)

성인은 유심有心으로 함부로 판단하지 않고 오히려 어려워한다. 그래서 허정한 무심으로 무위하고 일을 만들어 내지 않으며, 백성들의 마음을 중요하게 생각한다. 그러므로 천하를 다스릴 수 있다. '일을 만들어 내지 않는다無事'에 대해 『노자』는 다음과 같이 말했다.

성인은 스스로 알지만 스스로 드러내지 않으며, 스스로 아끼면서 스스로 귀하게 여기지 않는다.聖人自知不自見, 自愛不自貴 (72장)

성인은 일을 하지만 뽐내지 않고, 공을 이루어도 자처하지 않고, 현명함을 드러내려고 하지 않는다.聖人爲而不恃, 功成而不處, 其不欲見賢 (77장)

성인은 돌아다니지 않아도 알고, 보지 않아도 밝게 알고, 하지 않고도 이룬다.聖人不行而知, 不見而名, 不爲而成 (47장)

성인은 밝게 비추지만 번쩍거리지 않으며, 밝음明으로 되돌아간다. "스스로 아는 것은 밝고自知者明""스스로 드러내지 않으므로 밝다不自見故明" 그러므로 성인의 밝음明은 사방을 통달하고 또 '스스로 알면서自知' '스스로 드러내지 않는다不自見'. 이것이 '밝은 도明道'는 어두운 것 같고, "아주 흰 것은 더러운 것 같다大白若辱"(41장)는 의미다. '스스로 안다自知'는 돌아다니지 않아도 '안다'이며, '공을 이루다功成'는 하지 않고도 '이룬다'이다. '스스로 드러내지 않는다'는 드러내지 않지만 밝게 안다이고, '스스로 귀하게 여기지 않는다'는 현명함을 드러내지 않는다이다. 허정한 마음으로 스스로 알기 때문에 억지로 하지 않으면서 스스로 아낀다. 스스로 드러내지 않으므로 스스로 귀하게 여기지 않는다. 이것이 성인은 "언제나 일을 만들지 않으면서 천하를 취한다"는 뜻이다. 『노자』는 말한다.

그래서 성인은 변하지 않는 선으로 사람을 구하므로 버려지는 사람이 없고, 변하지 않는 선으로 사물을 구하므로 버려지는 사물이 없으니, 이를 일러 밝음을 간직하고 있다고 한다. 그러므로 선한 사람은 선하지 않은 사람의 스승이며, 선하지 않은 사람은 선한 사람의 거울이 된다. 그 스승을 귀하게 여기지 않고, 그 거울을 아끼지 않으면, 비록 지혜가 있더라도 크게 미혹하게 되니, 이것은 심오한 도리다.是以聖人常善救人, 故無棄人, 常善救物, 故無棄物, 是謂襲明. 故善人者, 不善人之師, 不善人者, 善人之資. 不貴其師, 不愛其資, 雖智大迷, 是謂要妙 (27장)

그 빛을 쓰고, 그 밝음으로 되돌아온다. 몸에 재앙을 남기지 않으니, 이것이 변하지 않는 것常을 익히는 것이다.用其光, 復歸其明. 無遺身殃, 是爲習常 (52장)

위 두 인용문은 '밝음으로 되돌아가는 것'으로 '습상襲常(변하지 않는 것을 익힘)'을 설명했다. 이것이 "변하지 않는 것을 아는 것을 밝음이라고 한다知常曰明"는 뜻이다. '밝음을 익히다襲明'는 말로 선한 사람은 '스승을 귀하게 여기지 않고' 또 '거울을 아끼지 않음'을 설명했는데, 밝은 마음은 변하지 않은 선으로 사람을 구하고, 사물을 구한다. 이것이 성인이 정해진 마음이 없이 백성의 마음을 자신의 마음으로 삼는 성인이다. 이것이 바로 노자 정치철학의 첫 번째 의미다. 정치의 존재 이유는 모든 사람들이 자신의 가치를 실현하는데 있다. 이것이 덕선德善이고 상선常善이다. 이러한 이상을 실현하기 위해서는 먼저 성인이 '성지인의聖智仁義'를 끊고, 허정한 무심無心으로 행해야 비로소 무위無爲할 수 있고 일을 만들지 않으며, 백성을 정치적 가치를 실현하는 주역으로 삼게 된다. 이것이 이엔치다오嚴幾道의 "황로黃老의 도道는 민주 국가에서 소용이 있다"는 말이다. 노자의 이러한 주장은 현대 민주사회의 정치인과 민의대표가 가져야 하는 자세이고 수양이다.

2. 아무것도 하지 않고 일을 만들지 않는다

1. '아무것도 하지 않는 無爲' 일에 처하고, 말없는 가르침을 행한다

앞에서는 성인은 총명과 지모가 없는 마음으로 백성의 질박한 마음을 자신의 마음으로 삼아야 함을 설명했다. 여기서는 '일정한 마음常心'이 없는 것으로부터 아무 것도 하지 않는 무위無爲와 일을 만들지 않는 무사無事를 설명하려고 한다. 『노자』는 말한다.

> 무위를 하고, 무사를 일삼고, 아무 맛도 없는 것을 맛있게 여긴다.爲無爲, 事無事, 味無味 (63장)

> 무위의 일을 하고, 말없는 가르침을 행한다.處無爲之事, 行不言之敎 (2장)

> 무위를 하면 다스리지 못하는 것이 없다.爲無爲, 則無不治 (3장)

'무위를 한다'는 모순인 것 같지만, 사실 그 의도는 다음과 같다. 성인이 하는 것은 스스로 그러한 자연에서 나온 무심無心이다. 그가 처리하는 것은 '무위無爲'를 일로 삼고, 시행하는 것은 말없는 가르침이다. 전자는 '하는 것이 없지만, 이루어지지 않는 것이 없는無爲而無不爲' 효과이고, 후자는 '스스로 그렇게 적게 말하는希言自然'(23장) 성과다. 아무것도 하지 않으니 수고스럽지 않고, 또 스스로 그러한 오묘함을 체득하니 다스리지 못할 것이 없다. '무위無爲'에 대해 『노자』는 다음과 같이 역설적으로 설명했다.

한가히 그 말을 귀하게 여기니, 공이 이루어지고 일이 다 되는 것을, 백성들은 모두 자기가 스스로 그러한 것이라고 말한다.悠兮其貴言, 功成事遂, 百姓皆謂我自然 (17장)

도는 항상 하는 것이 없지만 이루어지지 않는 것이 없다. 후왕이 만약 그것을 지킬 수 있다면, 만물은 자생자화한다. 자생자화하다가 욕심이 일어나면, 나는 장차 이름 지을 수 없는 질박으로 그것을 진정시킬 것이다.道常無爲而無不爲. 侯王若能守之, 萬物將自化. 化而欲作, 吾將鎭之以無名之樸 (37장)

"한가히 말을 귀하게 여긴다"란 '무위'로 일을 처리하고, 말없는 가르침의 실행이다. "공이 이루어지고 일이 다 되는 것"이란 다 이루어지고, 모두 다스린다는 뜻이다. 그러나 백성들은 성인이 '무위'로 일을 처리하고, 말없이 가르치는 것을 모르고, 자기 스스로 그러한 것이라고 여긴다. 이것은 무위無爲로 일을 처리하고, 일을 만들지 않았기 때문이다. 백성들이 자생자화하다가 욕심이 생겼을 때, 성인은 이름 지을 수 없는 질박함으로 욕심을 진정시킨다. '진정시킨다'는 '하는 것爲'이다. 그러나 '진정시키는 것'은 이름 지을 수 없는 '질박함'이다. 그러므로 일을 하는 것은 '일을 만들지 않는 것無事'을 '하는 것爲'이고, '행하는 것爲'은 '무위無爲'의 실행이다.

노자철학은 근본적으로 인간에게 아무것도 하지 않게 하여, 모든 것이 이루어지는 '도道'로의 회귀다. 정치로 말하면 성인은 아무것도 안 하지만, 백성이 원하는 모든 것을 이룬다. 그래서 "만물이 스스로 그러하도록 돕지만 감히 하도록 하지 않는다輔萬物之自然而不敢爲"(64장)고 말하고, 또 "성인은 정해진 마음이 없으니, 백성의 마음을 자신의 마음으로 삼는다聖人無常心, 以百姓心爲心"(49장)고 말했다. 『노자』는 말한다.

내가 무위하니 백성들이 자생자화하고, 내가 고요함을 좋아하니 백성들이 스스로 바르게 되고, 내가 일을 만들지 않으니 백성들이 스스로 넉넉해지며, 내가 욕심이 없으니 백성들이 스스로 순박해진다.我無爲而民自化, 我好靜而民自正, 我無事而民自富, 我無欲而民自樸 (57장)

무위하고 고요함을 좋아하며, 일을 만들지 않고 욕심이 없음이 성인의 무위다. 백성들은 자생자화하고, 스스로 바르게 되고, 스스로 넉넉해지고, 스스로 순박해진다. 이것이 백성들의 '이루어지지 않는 것이 없다無不爲'이다. 그러나 그 근본은 바로 여기에 있다.

천하를 취해서 하려고 한다면 나는 그것이 불가능하다고 본다. 천하는 신묘한 그릇이니, 억지로 할 수 없으며, 억지로 하면 실패하고, 잡으려면 잃어버린다.將欲取天下而爲之, 吾見其不得已. 天下神器, 不可爲也, 爲者敗之, 執者失之 (29장)

항상 죽이는 것을 관장하는 사람이 죽인다. 죽이는 것을 관장하는 일을 맡은 이를 대신하여 죽인다면, 이것을 일러 훌륭한 목수를 대신하여 나무를 깎는 것이라고 한다. 큰 목수를 대신하여 나무를 깎는다고 나서는 사람치고 그 손을 다치지 않는 사람이 드물다.常有司殺者殺. 夫代司殺者殺, 是謂代大匠斲. 夫代大匠斲者, 希有不傷其手矣 (74장)

세상은 오묘하게 조합된 총체적 조화물이다. 천지만물의 생멸生滅은 천도天道의 "남는 것을 덜어내어 부족한 것을 보태주며損有餘而補不足"(77장) "다투지 않으면서 잘 이기고, 말하지 않고도 잘 응하는不爭而善勝, 不言而善應"(73장) '스스로 그러한' 것에서 진행된다. 이것을 "죽이는 것을 관장하는 사람이 죽이는司殺者殺" '변하지 않는 도常道'라고 부른다. 여기에는 인위적 개입이 있을 수 없다. 마음의 조작은 스스로 그러한 맥박의 율동을 방해하고 파괴한다. 그러므로 "억지로 하면 실패하고, 잡으려면 잃어버린다". 집정자가 유위有爲로 천하를 얻고자 하면, 목수 대신 나무를 깎는 것처럼 사실상 불가능할 뿐 아니라 손을 다친다.

따라서 군왕은 허정한 무심으로 스스로 그러한 만물을 돕고 억지로 하려고 하지 말아야 한다. 그래서 『노자』는 말했다.

> 좋은 말은 존경을 받을 수 있고, 훌륭한 행실은 사람에게 고상한 사람이 되게 할 수 있다. 사람이 선하지 않다고 해서 어찌 그 사람을 버리겠는가? 그러므로 천자를 세우고, 삼공을 두어, 비록 보배를 품고, 큰 마차를 앞세운다 하더라도, 가만히 앉아서 그 도에 나가는 것만 못하다.美言可以市尊, 美行可以加人.[7] 人之不善, 何棄之有? 故立天下, 置三公, 雖有拱璧以先駟馬, 不如坐進此道 (62장)

좋은 말美言, 훌륭한 행실美行은 무위자연의 좋음善·아름다움美이 아

---

7 『회남자』「인간훈人間訓」「도응훈道應訓」이 인용한 것을 근거로 '美'자를 보충했다.

니다. 『노자』는 "믿음직스러운 말은 아름답지 않고, 아름다운 말은 믿음직스럽지 않다信言不美, 美言不信"(81장)고 말했다. 그러므로 유심·유위한 언행의 의도는 존경받고 고상한 사람이 되는 데 있다. 비록 일시적으로 찬미와 존경을 받을지라도, 성인이 도를 가지고 천하에 임하기 때문에, 이러한 것들은 "도를 가지고 있는 사람이 사용하지 않는有道者不處"(31장) "먹다 남은 덕이고, 군더더기 행동餘食贅行"이지만, "사람이 불선하다고 어찌 그 사람을 버릴 수 있겠는가?" 군왕이 무위無爲하므로 선하지 않은 사람이 없고 미덥지 않은 사람이 없으며, '선한 사람은 보물을 얻고, 불선한 사람도 간직한다善人之寶, 不善人之所保'.(62장) 그러므로 천자의 권세는 위엄이 있지만 이루어지지 않는 것이 없는 스스로 그러한 도道의 오묘함보다 못하다.

2. 드러나지 않았을 때 행하고, 어지러워지지 않았을 때 다스린다

노자의 정치적 지혜는 문제 발생 후의 해결 방법 제시가 아니라, 문제가 될 요소의 근본적인 제거다. 『노자』는 말한다.

큰 원한을 풀면, 반드시 남는 원한이 있으니, 어찌 잘했다고 할 수 있겠는가? 그래서 성인은 좌계[8]를 갖고, 다른 사람에게 책임을 요구하지 않는다. 덕이 있는 사람은 계를 맡은 것처럼 하고, 덕이 없는 사람은 철을 맡은 것처럼 한다. 천도는 사사로이 친함이 없으니, 언제나 선한 사람과 함께한다.和大怨, 必

---

8 좌계左契는 계약서로, 이것을 좌우로 나누어 채무자와 채권자가 각각 가지고 있다가 필요할 때 대조한다. 증거, 증서를 뜻한다. — 옮긴이

有餘怨, 安可以爲善, 是以聖人執左契, 而不責於人, 有德司契, 無德司徹, 天道無親, 常與善人 (79장)

작은 것을 크게 여기고 적은 것을 많게 여기며, 원한을 덕으로 갚는다.大小多少, 報怨以德 (63장)

큰 나라를 다스리는 것은 작은 물고기를 요리하듯 해야 한다.治大國, 若烹小鮮 (60장)

다툼이 일어나고, 원한이 생긴 후 해소할 방법을 찾으면 이미 늦다. 설령 일시적으로 해결했다 하더라도 근본 원인을 제거하지 않으면 원한과 다툼은 반드시 재발된다. 그래서 "반드시 남는 원한이 있다"고 말했다. 근본적인 해결 방법은 덕으로 원한을 갚는 것이다. 원한은 허정하지 않은 마음에서 나온다. 즉 허정하지 않은 마음이 발동하여 집착하고, 집착으로 세상을 마음대로 재단하고, 자신의 가치 기준에 맞지 않으면 불선으로 판단하며, 자신의 인지 방식을 받아들이지 않으면 미덥지 않다고 여긴다. 이처럼 '불선한 것不善'·'믿음직스럽지 않은 것不信'을 성인의 권세 밖으로 배제시켜 놓고, 심지어 그것을 반동이라고 여긴다. 여기서 생기는 원한과 적대감이 천하에 퍼진다. 그러면 원한을 갖고 있는 사람을 어떻게 해야 하는가? 본래의 덕인 허정심으로 대하면 된다. 이렇게 하면 불선한 사람도 믿음직스럽지 않은 사람도 모두 선할 수 있고 믿을 수 있어서, 적의敵意가 사라지고 원한도 생기지 않는다. 그러므로 성인은 좌계左契라는 근본을 가지고 상대방에게 응하며, 지

엽적이고 말단적인 책임을 요구하지 않는다. 천도天道는 비록 사적인 친함도 없고 어질지 않지만, 늘 무위자연한 사람을 돕는다. 이를 근거로 한 통치방법은 유위하지 않고 일을 만들지 않는다. 비록 큰 나라를 다스리지만 작은 생선을 요리하듯 함부로 휘젓지 않는다. '작은 것을 크게 여기고, 적은 것을 많게 여긴다'란 큰 것을 다스리되 작은 것처럼 하고, 많은 것을 다스리되 적은 것처럼 무위무사無爲無事로 행하면 원한이 생기지 않는다는 뜻이다. 이에 대해 『노자』는 말한다.

> 따라서 성인은 하지 않으므로 실패하지 않고, 잡지 않으므로 잃어버리지 않는다. 백성들이 일하는 것은 항상 거의 다 이루었다가 실패하고, 마칠 때 신중하게 하는 것을 처음 시작하는 것처럼 하면 실패하지 않는다. 그래서 성인은 욕심낼 만한 것을 욕심내지 않고, 얻기 어려운 재화를 귀하게 여기지 않는다. 배우지 않는 것을 배워서, 사람들이 잘못한 것을 되돌리며, 만물이 스스로 그러하도록 돕지만 억지로 하지 않는다.是以聖人無爲故無敗, 無執故無失. 民之從事, 常於幾成而敗之, 愼終如始, 則無敗事. 是以聖人欲不欲, 不貴難得之貨. 學不學, 復衆人之所過, 以輔萬物之自然, 而不敢爲 (64장)

64장에서 가장 중요한 점은 '처음 시작하는 것처럼 끝을 신중히 함愼終如始'이다. 백성들의 일은 항상 거의 이루어지는 듯하다가 실패한다. 그래서 노자는 최후의 5분까지 견디어 처음과 끝이 하나가 되도록 시종일관始終一貫하라고 한다. 그러나 이러한 주장은 앞뒤 문맥을 놓고 볼 때 맞지 않으며, 또 노자의 철학체계를 놓고 볼 때도 안 맞는다. 노자사상의 청정무위는 '남을 이기는 힘 있는 사람勝人者有力'(33장)과 '굳세게

행하는 뜻있는 사람强行者有志'(33장)의 욕심과 얻고자 하는 의지를 없애는 데 있다. 그런데 어떻게 끝까지 분투하여 최후까지 전력질주하도록 권할 수 있는가? 그러므로 이론적으로 다음과 같이 해석해야 옳다. 즉 '신종여시愼終如始'의 '여如'를 새롭게 해석해야 한다. '여如'자는 '어於' 즉 '~에' 혹은 '~에서'로 해석해야 한다. 따라서 64장의 교훈은 다음과 같다. 즉 성공과 실패는 끝까지 버티지 못했든지 혹은 전력질주하지 못한 것이 아니라, 시작부터 큰 문제가 있기 때문이다. 큰 문제란 만족할 줄 모르고, 그칠 줄 모르는 집착과 유위有爲다. 집착과 '유위'가 생기면 실패하고 잃어버린다. 이것을 해소하는 방법은 오로지 심지心知로 조작하지 않고, 생명이 밖으로 내달리지 않는 것이다. 욕심낼 만한 것을 욕심내지 않고, 배우지 않는 것을 배운다는 것은 '무집착無執'이고 무위無爲다. 이것은 어진 사람을 받들지 않고, 얻기 어려운 재화를 귀하게 여기지 않음으로써 조작에 얽매여 외부로 내달리는 잘못을 구할 수 있다. 오로지 만물이 자연스럽게 스스로 그러하도록 도울 뿐 감히 억지로 하지 않는다. 그래서 말한다.

옛날에 도를 잘 행했던 사람은 백성을 밝게 만들지 않고, 오히려 어리석게 만들었다. 백성들을 다스리기 어려운 것은 지모가 많기 때문이다. 지모로 나라를 다스리는 것은 나라를 해치는 것이고, 지모로 나라를 다스리지 않는 것이 나라의 복이다.古之善爲道者, 非以明民, 將以愚之. 民之難治, 以其智多. 故以智治國, 國之賊, 不以智治國, 國之福 (65장)

백성들을 다스리기 어려운 것은 위에 있는 사람이 유위하기 때문이라고 말했다. '유위'란 첫째 위에 있는 사람이 세금을 많이 거두기 때문에 백성들이 굶주림에 빠지고, 둘째 국가의 이기利器를 보여 주고, 이것을 분명하게 살피는 것을 '밝은 것明'이라고 여기게 하여, 멍하고 어두운 우매함愚에서 멀어지도록 했다. '밝은 것'은 '분별하는 마음分別心'이고, 우매함은 '분별하지 않는 마음無分別心'이다. 분별심이 있으므로 집착이 생기고 '억지로 하려고 하니有爲' 실패한다. '무분별심'은 집착하지 않고 '하려고 하지 않으니無爲' 질박하고 자유롭다. 그래서 "백성들을 다스리기 어려운 것은 지모가 많기 때문이다"라고 말했다. 지모로 나라를 다스리면 국가는 점점 더 혼란해진다. 그래서 "나라를 해친다". 지모로 나라를 다스리지 않으면 천하는 저절로 안정된다. 그래서 "나라의 복이 된다". 이것이 "아직 드러나지 않았을 때에 하고, 아직 어지러워지지 않았을 때에 다스린다爲之於未有, 治之於未亂"(64장)이다. 즉 천하의 어지러운 문제는 생기는 것이 아니라 스스로 곤경에 빠지는 것이다. 또 말한다.

그래서 백성들 위에 오르고자 하면, 반드시 말을 낮추어야 한다. 백성들 앞에 나서고자 하면, 반드시 자신이 물러서야 한다. 따라서 성인은 윗자리에 있지만 백성들이 부담스러워하지 않고, 앞에 있지만 백성들이 해친다고 생각하지 않고, 천하가 흔쾌히 추대하지만 싫증내지 않는다.是以欲上民必以言下之. 欲先民必以身後之. 是以聖人處上而民不重, 處前而民不害, 是以天下樂推而不厭(66장)

'말을 낮추다言下之'는 "말없는 가르침을 행한다行不言之敎"(2장)이고,

'자신이 물러서다身後之'는 "무위의 일을 하다處無爲之事"(2장)이다. 이처럼 성인은 어떤 것을 귀하게 여기지 않고 받들지 않으므로, 백성들 또한 욕심과 갖고자 하는 의지가 생기지 않으며, 스스로 만족할 줄 알고 멈출 줄 알아서 질박하고 자득自得한다. 이렇게 되는 까닭은 성인이 위에 오르려고 말을 낮추고, 앞에 나서려고 자신이 물러서기 때문이다. 이것이 정치적 조화를 유지시킨다. 성인은 백성들 위에 있고, 권력 또한 백성보다 앞선다. 만약 말을 낮추지 않고, 뒤로 물러서지 않으면서, 균형을 유지하려고 하면, 백성들은 불만을 갖고 자신들을 해친다고 여긴다. 총명과 지모를 끊고 몸을 낮추고 다투지 않으면, 권력이 백성 위에 있더라도 백성들은 상하 대립이 아니라 조화라고 생각한다. 그래서 부담스러워하지 않고, 해친다고 여기지 않으며 자발적으로 흔쾌히 추천하고 실증내지 않는다. 이에 대해 『노자』는 말한다.

> 백성들이 위력을 두려워하지 않으니, 큰 위력이 생긴다. 그 거처를 업신여기지 말고 제각기의 삶을 싫어하지 말라. 싫증내지 않으니 백성도 싫증내지 않는다. 그래서 성인은 스스로 알지만 스스로 드러내지 않으며, 스스로 아끼면서 스스로 귀하게 여기지 않는다.民不畏威, 則大威至. 無押其所居, 無厭其所生. 夫唯不厭, 是以不厭. 是以聖人自知不自見, 自愛不自貴 (72장)

만약 성인이 말을 낮추고 뒤로 물러서지 않고, 오직 스스로 귀하게 여기고 오만하게 백성 위에 군림하면 백성들의 삶은 끊어진다. 또 성인 스스로를 드러내서 백성들에게 하여금 존재의 존엄과 의미를 잃어버리게 하면 백성들은 자신의 생명을 포기해 버린다. 백성들이 폭력을 두려워하지 않으면 폭동이 일어난다. 백성들이 자신의 생명을 좋아하면, 자신들을 다스리는 정부를 좋아한다. 『노자』는 또 말한다.

가장 지극한 덕을 가진 왕은 아래 사람들이 왕이 있음만 알고, 그 다음의 왕은 아래 사람들이 친근하고 자랑스럽게 여기고, 그 다음의 왕은 두려워하고, 그 다음은 업신여긴다. 믿음이 부족하므로 불신이 생긴다.太上下知有之,. 其次 親而譽之, 其次畏之, 其次侮之, 信不足焉, 有不信焉 (17장)

'가장 지극한 덕을 가진 왕'이란 도가道家의 무심무위無心無爲의 대도大道로 다스리는 왕이다. '사람들이 친근하고 자랑스럽게 여기는 왕'은 유가의 유심유위有心有爲의 인의仁義로 다스리는 왕이다. '그 다음 두려워하는 왕'은 법가의 "잡아서 죽일 것이니, 누가 감히 그렇게 하겠는가?吾得執而殺之, 孰敢"(74장)처럼 '큰 거짓大僞'말을 하는 왕이다. '업신여김을 받는 왕'은 백성들이 두려워하지 않는 왕이며, 이런 왕을 가진 국가는 더 큰 곤경에 빠진다民不畏威, 則大威至".(72장) '두려워하는 것'부터 '업신여기는 것'까지 정부가 미덥지 않으면 백성들은 믿지 않는다. 그래서 말한다.

다스림이 어두운 듯 흐릿하면 백성은 순박해지고, 다스림이 가혹하게 따지면 백성은 교활해진다.其政悶悶, 其民淳淳, 其政察察, 其民缺缺 (58장)

정부가 무위無爲하면 백성들도 욕심이 없어 항상 만족한다. 정부가 유위有爲하면 백성들은 욕심이 생겨 항상 만족하지 못한다.

이상을 종합하면, 정해진 것이 없는 성인의 마음은 스스로 드러내지 않고, 스스로 귀하게 여기지 않으며, 말을 낮추고 자신을 뒤로 하여 백성들의 마음을 자신의 마음으로 여기고, 백성들이 부담스럽게 여기지 않게 하고, 해친다고 여기지 않게 하여 자발적으로 흔쾌히 추천하고 싫증내지 않도록 한다. 그 다음 청정淸靜한 성인은 지모智謀로 나라를 다스리지 않는다. 즉 백성들을 밝게明 만들지 않고, 멍하고 우매하게愚 만들어, 백성들이 승패에 매달려 '남을 이기는 힘 있는 사람'(33장), '뜻을 얻으려고 강행하는 사람'(33장)이 되지 않게 했다. 전자는 "지모 있는 사람이 억지로 하지 않음使夫智者不敢爲也"(3장)이고, 후자는 "항상 백성들에게 무지하고 무욕하게 한다常使民無知無欲"(3장)이다. 다시 말하면 어두운 듯 흐릿하면 순박해지고, 가혹하게 따지면 교활해진다. 이처럼 일이 발생하기 전에 실행하고, 나라가 어지러워지기 전에 다스린다. 이것이 바로 "아직 드러나지 않았을 때에 하고, 아직 어지러워지지 않았을 때에 다스리는爲之於未有, 治之於未亂"(64장) 최고의 지혜다.

3. 어려운 일은 쉬운 곳에서 꾀하고, 큰일은 작은 일에서 한다

노자가 말하는 정치의 최고 가치는 백성의 마음을 드러내는 성인의 정치다. 이러한 이상을 실현하기 위해, 첫째 무언의 가르침을 행하고, 무위無爲를 실천하여 백성이 항상 만족하고 질박함을 갖도록 했다. 둘째 발생하기 전에 행하고, 어지러워지기 전에 다스린다. 즉 문제가 발생하기 전에 그것을 해결하는 방법이 있다. 『노자』는 말한다.

편안한 것은 쉽게 잡을 수 있고, 조짐이 드러나지 않은 것은 꾀하기 쉽다.其安

易持, 其未兆易謀 (64장)

정국이 안정되어 있을 때 유지하기 쉽고, 국사國事는 조짐이 있기 전에 계획하기 쉽다. 다시 말하면 『노자』의 '검약하면 일찍 도로 돌아갈 수 있다夫是以早服'(59장)와 '검소함의 작용은 넓다儉故能廣'(67장)는 국난國難이 있기 전에 실행하고, 혼란이 발생하기 전에 다스려야 한다는 것이다. 그러므로 엄밀히 말하면, 천하가 무사한 것은 저절로 안정된 것이 아니라, 성인이 무위無爲로 행하고, 일을 만들지 않기 때문이다. 백성들은 "편안하고 태평스러울 때安平太"(35장) 혼란을 근본적으로 모른다. 이는 일이 발생하기 전에 이미 성인의 무위 속에 용해되어 있기 때문이다. 백성들은 성인이 '큰 형상을 쥐고執大象' 즉 대도大道를 쥐고 그렇게 했다는 것을 전혀 모른다. 심지어 이것이 자신이 그렇게 한 것이라고 여기고 자생자화한다. 정말 간단하고 탁월하다. 모든 것을 하지만 마치 아무것도 하지 않은 것 같고, 가볍게 담소를 나누는 중에 위기는 이미 해소된다.

그 다음, 어려운 일이 일어나려고 할 때, 난국難局의 조짐이 나타나려고 할 때 조기에 해결하여 큰 재난이 되지 않도록 한다. 『노자』는 말한다.

어려운 일은 쉬운 데서 꾀하고, 큰일은 작은 일에서 한다. 천하의 어려운 일은 반드시 쉬운 데에서 일어나고, 천하의 큰일은 반드시 작은 데에서 일어난다. 圖難於其易, 爲大於其細. 天下難事, 必作於易, 天下大事, 必作於細 (63장)

연한 것은 녹기 쉽고, 미약한 것은 흩어지기 쉽다. …… 한 아름 되는 큰 나무도 털끝 같은 싹에서 생겨나고, 구층 누각도 한 삼태기의 흙에서 일어나며, 천 리 여행도 발아래에서 시작한다.其脆易泮, 其微易散. …… 合抱之木, 生於毫末, 九層之臺, 起於累土, 千里之行, 始於足下 (64장)

천하의 어려운 일은 쉬운 일이 쌓여 생기고, 천하의 큰일은 보잘것 없는 일이 모여 생긴다. 털 끝 같은 새싹이 자라서 한 아름 되는 나무가 되고, 흙이 쌓여서 9층 누각이 되며, 천 리 길 여행도 한 걸음부터 시작한다. 즉 일이 일어나려는 초기에 가장 쉽게 해결할 수 있고, 갓 시작하여 간단하고 쉬울 때 가장 쉽게 제거할 수 있다. 그래서 성인은 크고 어려운 일을 꾀할 때, 그것이 쉽고 작을 때 실시한다. 그래서 말한다.

그래서 성인은 끝내 큰 것을 꾀하지 않으므로 큰 것을 이룰 수 있다. 가벼운 승낙은 믿기 어렵고, 쉬운 것이 많으면 기필코 어려운 것도 많아진다. 그래서 성인은 오히려 어렵게 여기며, 그러므로 마침내 어려움이 없다.是以聖人終不爲大, 故能成其大, 夫輕諾必寡信, 多易必多難, 是以聖人猶難之, 故終無難矣 (63장)

참된 정치가는 결코 큰 공을 좋아하지 않는다. 왜냐하면 문제가 커지는 것을 좌시하지 않고 문제 발생 초기에 해결하기 때문이다. 이렇게 해야 "사람을 다스리고 하늘을 섬기기에 검약 만한 것이 없다治人事天莫若嗇"(59장)는 지혜를 이룰 수 있다. 그래서 "성인은 끝내 큰 것을 꾀하지 않으므로 큰 것을 이룰 수 있다"고 말했다. 가볍게 허락하는 사람은 믿기 어렵다. 다시 말하면 인위 조작은 반드시 "억지로 하면 실패하고, 잡으려면 잃어버리는爲者敗之, 執者失之"(29장) 운명을 벗어나지 못한다. 그러므로 난국이 닥쳤을 때, 발생 초기에 해결하지 않으면 작은 것이 쌓여서 큰 재난이 된다. 그래서 성인은 간단하고 쉬운 것을 어렵게 보고 신중하게 처리하여 절대로 큰 재난이 되지 않도록 한다.

찬란한 업적을 이룬 사람이라도 "큰 나라를 다스리는 것은 작은 물고기를 요리하듯 해야 한다治大國, 若烹小鮮"(60장)는 노자의 정치적 지혜 관점에서 보면 사실 별 볼 일 없다. 즉 환란을 미연에 방지하지 않고, 일이 발생하기 전에 다스리지 않으며, 앉아서 "연한 것은 녹기 쉽고, 미약한 것은 흩어지기 쉽다其脆易泮, 其微易散"(64장)는 기회를 잃어버리고, 국난이 생긴 후에 무력으로 제압해서 패왕霸王의 업적을 이루었기 때문이다. 근본으로 돌아가서 말하면, 패왕은 모두 무력으로 천하를 제압했다. 이에 대해 『노자』는 말한다.

작은 것을 보는 것을 밝다고 한다.見小曰明 (52장)

이것을 일러 은미한 밝음이라고 한다.是謂微明 (36장)

은미한 것을 보고 밝음을 알고, 작은 것에서 큰 것을 아는 것이 일이 일어나기 전에 간파하는 것이다. 이것은 '변하지 않는 것을 알고知常' '변하지 않는 것을 익힌襲常' 허정虛靜의 비춤이 있어서 가능하다. 그리고 작은 것으로 큰 것을 다스리고, 적은 것으로 많은 것을 제어해야 '검소하므로 그 작용이 넓고儉故能廣'(67장), '검약하면 일찍 도로 돌아갈 수 있는嗇是以早服'(59장) 오묘한 도의 고명함이다. 필자는 이것을 근거로 노자의 정치 지혜를 설명했다.

3. 작은 나라 적은 백성小國寡民의 무릉도원

노자철학의 정치적 지혜는 "정해진 마음 없이, 백성의 마음을 자신의 마음으로 삼고聖人無常心, 以百姓心爲心"(49장), "총명을 끊고 지모를 버리며絶聖棄智"(19장) 사람을 해치지 않는 성인의 정치를 말한다. 이것이 노자 정치사상의 핵심이다. 그 다음은 무위와 일을 만들지 않는 용이하고 간단한 고명함이다. 여기에는 "말없는 가르침을 행하고行不言之敎"(2장), "무위의 일을 하며處無爲之事"(2장), 현자를 받들지 않고, 얻기 어려운 재화를 귀하게 여기지 않는, 청정무위가 포함된다. 성인이 이와 같으니 백성들 역시 인위적인 앎이 없고, 욕심도 없으며, 질박하여 항상 만족한다. "드러나기 전에 하고, 어지러워지기 전에 다스리는爲之於未有, 治之於未亂"(64장)데, 이것은 일이 일어나기 전에, 나라가 혼란스럽기 전에 미리 내다보고 준비한다는 의미다. 이처럼 준비는 아무것도 하지 않는 것 같지만 일이 발생하기 전에 이미 한 것이고, 어지러워지기 전에 이미 다스린 것이다. "어려운 일은 쉬운 데서 꾀하고, 큰일은 작은 일에서 한다圖難於其易, 爲大於其細".(63장) 그러므로 어려운 난국이 일어나려고 할 때 기선을 잡아 조기에 꺾어 버려야지, 큰 재난이 된 후 다스려서는 안 된다.

철학자의 이상과 정치적 지혜가 구체적으로 드러난 것이 바로 '작은 나라 적은 백성' 즉 '소국과민小國寡民'의 이상국이다. 『노자』는 말했다.

나라는 적고 백성은 적으니, 편리한 기계가 많이 있어도 사용하지 않고, 백성들에게 죽음을 중요하게 여겨 멀리 옮겨 다니지 않도록 한다. 배와 수레가 있지만 그것을 탈 일이 없고, 병기가 있지만 그것을 쓸 일이 없으며, 사람들에게 다시 새끼를 엮어 쓰게 한다. 음식을 달게 여기고, 옷을 아름답게 여기며, 사는 곳을 편안히 여기고, 풍속을 즐거워하게 한다. 이웃 나라가 서로 바라보이고, 닭 울고 개 짓는 소리가 서로 들릴 정도로 가까워도 백성들은 늙어 죽을 때까지 서로 왔다 갔다 하지 않는다. 小國寡民, 使有什佰之器而不用, 使民重死而不遠徙, 雖有舟輿, 無所乘之, 雖有甲兵, 無所陳之, 使人復結繩而用之, 甘其食, 美其服, 安其居, 樂其俗, 隣國相望, 鷄犬之聲相聞, 民至老死不相往來 (80장)

'소국과민'을 왕필은 다음과 같이 말했다.

나라가 작고 백성 또한 적은데, 오히려 옛날로 돌아갈 수 있는데, 하물며 나라가 크고 백성들이 많음에 있어서는 어떻겠는가? 그러므로 작은 나라를 예로 하여 말한 것이다. 國旣小, 民又寡, 尙可使反古, 況國大民衆乎? 故擧小國爲言也

　나라는 작고 백성 또한 적으므로 옛날로 돌아가고자 하는 복고주의復古主義는 노자의 본래 의미가 아닌 것 같다. 나라가 작고 백성이 적음을 근거로 옛날로 돌아가는 복고주의라고 한다면, 나라가 크고 백성이 많으면 도리에 어긋난 것인가? 여기서 말하는 나라는 작고 백성 또한 적다는 것은 고대 부족국가로 돌아가자는 뜻도 아니고, 많고 적다는 숫자상의 문제도 아니며, 경지에 이른 마음의 묘사다. 『노자』는 말한다.

질박하여 적은 것 같지만, 천하가 신하로 부리지 못한다. 만약 후왕이 도를 지킬 수 있으면 만물이 저절로 찾아들 것이다.樸雖小, 天下莫能臣也. 侯王若能守之, 萬物將自賓 (32장)

질박함이 부서져 그릇이 되니, 성인이 그것을 써서 백관의 수장이 된다.樸散則爲器, 聖人用之, 則爲官長 (28장)

항상 무욕하니 작다고 이름 부를 수 있다.常無欲, 可名於小 (34장)

사람들이 싫어하는 것은 외로움·적음·선하지 못함인데, 왕공은 이것을 자신의 칭호로 삼는다.人之所惡, 唯孤寡不穀, 而王公以爲稱 (42장)

'작다小'는 무지무욕과 무명의 질박함이다. '적다寡'는 왕공의 칭호인 '외로움·적음·선하지 못함'이다. 혹 "총명을 끊고 지모를 버리고絶聖棄智"(19장) 백성의 마음을 자신의 마음으로 삼는 허정무위를 말하기도 하고, 혹은 '나라의 온갖 더러운 것을 받아들이고受國之垢'(78장) '나라의 좋지 못한 일을 감수하는受國不祥'(78장) 것을 말하기도 한다. 성인은 질박함으로 백관의 수장이 되고, '후왕은 질박함을 지켜 만물이 스스로 자정自正 자화自化'(37장)하게 하며, 왕공王公은 '외로움·적음·선하지 못함'을 자신의 칭호로 삼는다. 이처럼 '작다小'·'적다寡'는 모두 성인의 마음의 경지이지, 객관적 존재의 대소大小·많고 적음多寡이라는 구체적인 숫자가 아니다. 그리고 『노자』는 또 "작은 것을 크게 여기고 적은 것을 많게 여기며, 원한을 덕으로 갚는다大小多少, 報怨以德"(63장)라고 말했는데, 이 또한 작은 것으로 큰 것을 다스리고, 적은 것으로 많은 것을 제어하며, '변하지 않는 선으로 사람을 구하고常善救人'(27장) 선하지 않은 것도 선하게 여기는 것 등 모두 '하는 것이 없지만 이루어지지 않는 것이 없다無爲而無不爲'는 뜻이다. 그러므로 '소국과민'은 청정무위의 소박한 사회의 상징이다. '소국과민'은 성인의 무위의 경지를 나타낸 가치론적인 의미이지 사실적인 의미가 아니다. 그러므로 노자의 '소국과민'의 이상국理想國을 복고주의라고 해서는 안 된다.

'소국과민'은 당시 열국列國의 통치 권력의 남발濫發과 공리주의功利主義, 그리고 물질문명에 대한 반발이다.[9]

'은나라는 질박함(내용)을 숭상하고 주나라는 꾸밈(외형)을 숭상했다'는 주장에서, 당시 주나라 문화는 번잡한 예의禮儀와 학정 위주였고, 이것이 오랫동안 지속되면서 경직되고 왜곡되었다. 은나라 정신은 너그러움寬에 있다. 당시의 유가 도가 모두 은나라 문화를 배경으로 발전했다. 공자는 은나라 후예이고, 도가가 발생한 초楚나라 역시 은나라 유민遺民이 살았던 곳이다.[10] 공자는 질박함으로 꾸임을 구하려고 했고, 노자는 질박함으로 꾸임文을 반대했다. 다시 말하면 주문화의 찬란함과 퇴폐 사이에서 은문화의 질박함으로 주문화의 꾸임文을 구하고자 했다. 공자는 "강하고 굳세고 질박하고 둔한 것이 인에 가깝다剛毅木訥近仁"(『논어』 「자로子路」, 27)고 말하고, 또 "말을 교묘하게 하고 얼굴빛을 좋

---

9 량치차오와 일본학자 와타나베 히테카타는 모두 이처럼 주장하고 있다. 량치차오, 『선진정치사상사先秦政治思想史』, 107쪽 참고. 와타나베 히테카타, 『중국철학사개론中國哲學史概論』, 商務印書館, 1967년, 110쪽 참고.
10 『중국정치사상사·상中國政治思想史·上』, 19~24쪽.

게 하는 자는 어진 사람이 드물다巧言令色, 鮮矣仁"(『논어』, 「학이學而」, 3)고 말했다. 강하고 굳세고 질박하고 둔함은 질박함이다. 교언영색은 꾸밈이다. 군자로 말하면 "꾸밈과 질박함이 고루 어울려야 한다文質彬彬, 然後君子". 공자의 인仁은 은나라 정치의 너그럽고 간단하며 질박함을 받드는 정신에서 자각적으로 체득하여 얻었을 가능성이 있다. 그러나 노자는 "예란 충성과 믿음이 희박해져서 나오고 혼란의 시초夫禮者, 忠信之薄, 而亂之首"(38장)라고 말하고, 또 "선견자는 도의 겉치레이면서 어리석음의 시작이다前識者, 道之華而愚之始"(38장)라고 말했다. "총명을 끊고 지모를 버리고絶聖棄智"(19장) 질박함으로 되돌아가는 사상 역시 질박한 은나라 문화의 숭상이고 계승이다.

노자는 80장에서 '소국과민'의 소박한 사회를 설명했다. 그것을 분석 나열하면 아래와 같다.

① "사람들에게 다시 새끼를 엮어 쓰게 한다使人復結繩而用之"

성인의 청정무위淸靜無爲는 "만물이 시작하면 이름이 생기고, 이름이 이미 있으면, 마땅히 멈출 줄 알始制有名, 名亦旣有, 夫亦將知止"(32장) 뿐 아니라, "나는 장차 이름 부를 수 없는 질박함으로 욕심을 진정시킨다吾將鎭之以無名之樸"(37장)이다. 성인은 스스로 조작하지 않는 마음을 가지고 있을 뿐 아니라, 백성들을 이끌고 '욕심내지 않는 고요함不欲以靜'(37장)의 경지로 되돌아 간다.

② "편리한 기계가 많이 있어도 사용하지 않는다使有什佰之器而不用"

무위무사無爲無事하고, 무지無知·무욕無欲하며, "질박함이 부서져 그릇이 되

고樸散則爲器"(28장), 질박함을 지키니, '만물이 저절로 찾아 오므로萬物將自
賓'(32장) 비록 편리한 기계와 재능이 있어도 쓸모가 없다.

③ "사람들에게 죽음을 중하게 여겨 멀리 옮겨 다니지 않도록 한다使民重死
而不遠徙"

심지心知가 조작하지 않으면 욕심이나 얻고자 하는 의지가 일어나지 않고,
생명은 스스로 밖으로 치닫지 않으므로 만족할 줄 알고 항상 만족한다. 그러
므로 오랫동안 살아온 곳을 떠나려 하지 않는다.

④ "배와 수레가 있더라도 탈 일이 없다. 병기가 있지만 쓸 일이 없다雖有舟
輿, 無所乘之. 雖有甲兵, 無所陳之"

인간이 스스로 만족하고 밖에 있는 것을 구하지 않는다. 그러므로 배와 수레
가 있어도 탈 일이 없다. 소박하고 자유자재하여 서로 가지려고 다투지 않는
다. 그러므로 병기가 있어도 쓸 일이 없다.

⑤ "음식을 달게 여기고, 옷을 아름답게 여기며, 사는 곳을 편안히 여기고,
풍속을 즐겁게 여긴다甘其食, 美其服, 安其居, 樂其俗"

사는 곳을 귀중하게 여기고, 즐거운 생활을 묘사하고 있다. 후왕侯王이 청정
무위하니 음식과 의복이 저절로 맛있고 저절로 아름답다. 성인이 사람을 해치
지 않으니 집과 풍속 또한 저절로 편안하고 저절로 즐겁다. 달고 아름답고 편
안하고 즐거움은 모두 자유자재한 마음이다. 이처럼 도가의 이상국은 질박함
樸과 천진함眞으로 되돌아가는 것이지, 원시적 야만으로의 회귀가 아니다.

⑥ **"이웃 나라가 서로 바라보이고, 닭 울고 개 짖는 소리가 서로 들릴 정도로 가까워도, 백성들은 늙어 죽을 때까지 왔다 갔다 하지 않는다**隣國相望, 鷄犬 之聲相聞, 民至老死不相往來**"**

'이웃 나라가 서로 바라보인다'는 세속의 일을 잊고 독립해 있음이 아니라, 국가 간에 허정함으로 서로 마주보는 다정한 감정의 묘사다. 서로 통하여 생기는 정신적 왕래는 개와 닭의 소리를 들을 수 있을 정도다. 그러나 서로 잘 안다 하더라도 번거롭게 왕래하지 않고, 또 간섭하지 않으면서 각자 독립과 총체적 조화를 유지한다.

이것이 노자의 소박하지만 야만적이지 않고, 독립적이지만 고립되거나 적막하지 않은 이상국理想國의 윤곽이다. 노자를 무정부주의자라고 하는 사람도 있다.[11]

노자는 결코 '하지 않는 것'이 아니라 '발생하기 전에 하고爲之於未有'(64장), 다스리지 않는 것이 아니라 '어지러워지기 전에 다스린다治之於未亂'(64장). 혼란이 일어났을 때 실행하고 다스리면, 만물은 스스로 그러한 속에서 사물에 이끌려 욕심이 생긴다. 그러므로 소박하면서 '스스로 그러한' 사회는 사실 만물이 스스로 그렇게 되도록 도와주는 성인을 기다려야 한다. 따라서 '스스로 그러한' 사회는 "이름 부를 수 없는 질박함으로 욕심을 진정시키는鎭之以無名之樸"(37장) 성과물功이다.

자유롭고 조화로운 인간 사회는 이후 도연명陶淵明의 도화원桃花源으로 재현되는데, 철학자의 심경心境이 시인의 문장으로 잘 묘사되었다.

---

11 『중국정치사상사·상中國政治思想史·上』, 183~184쪽 참고.

도연명의 무릉도원은 아래와 같다.

① 땅은 넓고 평평하고, 기름진 밭과 아름다운 연못 그리고 뽕나무와 대나무가 있고 그 속에 가지런하게 집이 있다.

② 가로 세로로 이어진 길들이 있고, 닭 우는 소리와 개 짖는 소리가 들린다.

③ 그 사이를 왔다 갔다 하며 농사를 짓는데 남녀의 옷이 모두 외지인 같다. 어린 아이들과 노인들이 즐겁게 살고 있다.

④ 지금이 어떤 세상인가를 물으니, 한漢나라가 있었는지 알지 못하고, 위진魏晉은 말할 것도 없다. …… 이별하고 떠나올 때 도화원 사람들이 말하기를 "외부 사람들에게 말하지 마시오"라고 했다.

"음식을 달게 여기고, 옷을 아름답게 여기며, 사는 곳을 편안히 여기고, 풍속을 즐거워하게 한다. 이웃 나라가 서로 바라보이고, 닭 울고 개 짖는 소리가 서로 들릴 정도로 가까워도 백성들은 늙어 죽을 때까지 서로 왔다 갔다 하지 않는다"는 노자의 이상향을 사실적으로 묘사했다. 따라서 소국과민의 무릉도원은 철학자의 초월적 경지이고 또 시인의 심령 경지이며, 자유롭고 평화로운 삶이 투시되어 있다. 즉 현실 도피적이고 환상적인 유토피아가 아니라 그야말로 진정한 의미의 유토피아다.

이상 제5장을 종합하면, 노자 형이상학 철학의 가치론적 귀결은 정치에 있다. 노자는 인간의 삶에서 생명 존중 정신을 특히 부각시켰다. 즉 내적 자애慈愛라는 근원적 활동을 통해 성인이 사람을 해치지 않는다는 소극적 의미 이외에, 모든 덕이 만물을 낳고 기르며 만물과 현묘하게 하나가 되는 현동의 '오묘한 덕玄德'으로 돌아가서 사람과 만물의 총체적인 조화를 이룬다. 정치적으로는 독특한 정치적 지혜를 열었다. 먼저, "정해진 마음 없이, 백성의 마음을 자신의 마음으로 삼으면서聖人無常心, 以百姓心爲心"(49장) 만물을 포용하는 성인의 허정虛靜을 통해 가치실현의 주체를 백성에게 두었다. 그 다음 무위를 행하고, 일을 만들지 않는 간단하면서도 쉬운 탁월한 식견으로, 백성들을 소박하고 자유롭게 하고, 미연에 방지하는 방법으로, 혹은 기선을 제압하는 방식으로 때에 맞게 재난을 막아 소국과민의 이상사회 모습을 만들었다.

제6부

—

노자철학의 가치와 역사적 반응

한 철학자를 연구함에 있어서 그 사상의 이론체계가 성립하는가를 증명하는 것 이외에, 그 사상의 역사적 반향을 통해 철학적 이론의 원숙함과 인간을 곧고 바르게 할 수 있는가를 살펴보는 것도 중요하다. 물론 이론과 그에 대한 역사적 반응에는 거리가 있다. 즉 현실 정치 속에서 역사적 요인과 인사人事적 요인에 의한 외적 연관성, 심지어 후세에 발생한 것 등은 노자사상의 찌꺼기에서 생긴 왜곡된 현상이지, 노자사상의 핵심이 아니다. 그러므로 사상의 성과는 노자 자신이 책임질 수 없다. 그러나 적어도 불충분한 이론 체계로 인해 왜곡되기도 하고 혹은 결함이 생기기도 한다. 그래서 이 장에서는 노자철학의 가치를 역사적 반응을 통해 되돌아보고 평가하고자 한다.

1. 노자철학의 모호성과 생명의 방황

노자철학의 '도는 자연을 본받는다道法自然'와 맑고 허정한 마음은, 장자의 심재心齋(마음을 깨끗이 하다)·좌망坐忘(정좌하여 일체의 현상을 잊음)을 통해 소요逍遙하고 제물齊物(만물을 가지런히 함)하는 정신적 경지와 허일정虛壹靜을 통해 만물의 원리를 아는 대청명大淸明한 마음[1]을 주장한 순자철학의 밑바탕이 되었다. 전자는 생명이고, 후자는 심지心知다. 생명의 길은 후에 고자告子·신도愼到부터 위진시대 철학자들의 자유분방한 낭만주의로 나아갔다. 심지의 길은 '사고慮'·'선택擇'에서 신불해申不害·한비자韓非子·황로黃老의 실리적 사상으로 나아갔다. 고자·신도·위진시대 명사名士[2]들은 생명의 본래 모습을 그대로 따랐고, 신불해·한비자·황로사상은 정치적 권모술수로 이용했다. 노자철학이 주

---

1 허일정虛壹靜의 허虛는 비어 있다는 뜻이고, 일壹은 전일專一 즉 하나에 전념하다는 뜻이며, 정靜은 마음이 고요하다는 뜻이다. 허일정하여 크게 맑고 밝은大淸明 마음은 '예의禮義'를 인지할 수 있다.─옮긴이
2 명사名士란 청담淸淡을 즐기는 위진시대 지식인을 가리킨다.─옮긴이

周문화 예법의 질곡에 대항하고, 유가의 총명聖과 지모智의 유위有爲적 행위를 구하려는 것이라면, 생명의 길은 도가道家의 길이고, 심지의 길은 파생된 것이다. 『한비자』「해로解老」「유로喩老」편과 『노자』 왕필주를 비교해 볼 때, 위진 사상이 노자사상과 가깝고, 노자철학에 대한 해석 역시 깊이 이해하고 있다.

노자철학이 이처럼 왜곡된 까닭은, 『도덕경』의 말이 간단하지만 의미가 포괄적이고, 용어 또한 명확하지 않아서 또 다른 오묘한 의미를 만들어 내고, 형이상학적 깨달음은 무위의 오묘한 작용만 드러냈기 때문이다. 그래서 역대 주석가註釋家와 사상가들은 자신이 서 있는 시대적 문제를 바탕으로 노자와 다른 방향으로 노자사상을 해석했다. 이 중 주목할 만한 것은 장자철학이다.

장자철학은 도가에 속하지만, 공문孔門 안회顏回의 안빈낙도安貧樂道를 깊이 깨달았고, 어리석음愚에 어긋나지 않은 공부를 도야했다. 「천하天下」편에는 유가와 도가의 결합이 보이고 내성외왕內聖外王의 도道도 보인다.

반대로 순자철학은 유가에 속하지만, 자연천自然天(천天을 천지자연으로 파악함)과 허정·청명 개념은 모두 노자철학을 근거로 했는데, 순자는 여기서 더 나아가 "그 선한 것은 인위다其善者僞也"(『순자』, 「성악性惡」)와 "하늘이 명한 것을 다스리고 이용하다制天命而用之"(『순자』, 「천론天論」)는 주장을 했다. 이것은 본래적인 선은 없고, 선은 인위人爲적 이라는 노자의 본래 의미와 다르다. 그러므로 순자의 말은 도가에서 나왔지만 역설적으로 반反도가적이다.

『대학』·『중용』·『역전』의 시대에 이르러 맹자, 순자철학은 하나로 모아졌을 뿐 아니라, 『대학』의 명덕明德, 『중용』의 '명으로 성실해지는 것自明誠'과 『역전』의 "한번 음이 되고 한번 양이 되는 것을 도라고 한다一陰一陽謂之道"는 말은 도가를 소화하여 더 이상 유가·도가의 갈림길이 아니라 유가로 돌아가 버렸다.

이와 같이 장자와 순자는 노자사상의 정수를 깊이 이해하여 더 발전시켰거나 전환시킨 철학자다. 장자는 유가를 이용해 도가로 들어갔고, 순자는 도가를 이용해 유가로 들어갔다. 이것은 노자철학의 본래 모습이 아니다. 간단히 말하면 가치의 확립과 생명이 돌아가야 할 곳을 유가에서 찾았다. 노자철학에는 가치 확립과 생명이 돌아갈 곳을 정면으로 내세울 만한 것이 거의 없다.

노자의 형이상학적 지혜는 난세의 사람들이 몸소 실현한다고 생길 수 있는 것이 아니다. 그래서 고자·신도 및 위진 명사들의 퇴락으로 이어졌고, 다른 한편으로는 신불해·한비자와 한대漢代 초기 황로학黃老學의 통치술 등으로 흡수되었다. 이렇게 된 원인은 고뇌로 꽉 찬 마음과 붕괴된 정신으로 생명 존중의 노자철학을 완전히 이해할 수 없었고, 노자의 정치적 지혜 또한 충분히 이해될 수 없었기 때문이다. 생명 존중 정신의 퇴락과 정치적 지혜의 왜곡은 노자철학의 모호함과 생명의 방황 같은 약점을 노정시켰다.

1. 고자·신도·위진 명사들의 퇴락

전국戰國시대 중기 세 명의 철학 사상은 비록 심오한 의리義理는 보이지 않지만, 어찌할 수 없는 절망감을 드러낸 점에 있어서 주목할 가치가 있다. 즉 송영자宋榮子의 "모욕을 당해도 치욕으로 여기지 않는다見侮不辱".(『장자』, 「천하天下」) 둘째, 고자의 "말에서 얻지 못하거든, 마음에서 구하지 말라. 마음에서 얻지 못하거든 기氣에서 구하지 말라不得於言, 勿求於心. 不得於心, 勿求於氣".(『맹자』, 「공손추상公孫丑上」, 2) 셋째, 신도愼到의 "앎을 버리고 자신을 제거하여 부득이한 경우에 행한다棄知去己, 而緣不得已".(『장자』, 「천하天下」)이다.

송영자 철학은 묵가이며, 묵가의 겸애兼愛 비공非攻의 정치적 이상이 사라지려고 할 때, 묵가는 한편으로는 강호江湖의 협객이 되었고, 다른 한편으로는 송영자처럼 모욕을 당해도 마음으로는 치욕으로 여기지 않는 쪽으로 나아갔다. 이것은 맹시사孟施舍가 폭력을 두려워하지 않는 불굴의 용감함은 있지만, 힘이 없어 반항하지 못한 처량함만 드러낸 것과 같다.

고자는 말에서 얻지 못하면 뒤로 물러서 마음에서 구하지 말라 하고, 다시 마음에서 얻지 못하면 뒤로 물러서 기氣에서 구하지 말라고 했다. 이것은 외부의 말에서 내부의 마음으로 돌아가고, 다시 마음의 치허수정致虛守靜에서 전기치유專氣致柔로 돌아가는 것인데, 도가적 특성이 다분하다. 이 중 "말에서 얻지 못하거든 마음에서 구하지 말라"는 타인의 말이나 사회생활에서 불안할 때, 마음을 닫고 마음의 밝음明을 보존하라는 뜻이다. "마음에서 얻지 못하거든 기질氣에서 구하지 말라"는 마음의 '밝음'을 지키지 못해 외부의 방해로 무너지면 마음 또한 내려놓을 수밖에 없다. 이때 자아를 혈기氣에 맡기라는 뜻이다.

신도의 "앎을 버리고 자신을 제거하다"는 노자의 치허수정·무지·무욕에서 나왔고, "부득이한 경우에 행한다"는 노자의 귀근복명歸根復命

해서 얻는 자유로움과 전혀 다르다. 신도의 주장은 공중에 휘날리는 마른 풀처럼 부득이한 자연적 추세에 대한 추종이다. 이것은 난세에 극도의 심적 고통을 받아 감각도 없고 고통도 모르는 무심·무지에만 의지하는 처참한 상황의 반영이다.

온 세상이 화염에 휩싸여 있는데, 송영자, 맹시사는 세계를 포기하고 마음 깊이 자아를 감추었다. 마음 한 구석의 조그만 안정도 얻지 못한 고자·신도는 생명을 무심하고 무지한 사물의 흐름과 혈기에 맡겨 버렸다. 고자·신도는 노자의 허정虛靜·현동玄同·전기치유의 진정한 의미를 깨닫지 못하고, 정신적 자아를 사물로 전락시켜 버렸다. 사실 노자가 말하는 '자연'은 물리적 현상의 자연이 아니라 초월적 자연이며 가치론적인 자연이지 생물학적 혈기氣의 자연이 아니다. 신자愼子는 노자의 '아래에 처신하면서 다투지 않는다處下不爭'만 보았을 뿐, '부드러움을 지켜守柔' 항상 조화로움으로써 장구長久함을 알지 못했다. 그러므로 『장자』「천하」편은 신도의 도는 도가 아니며, "살아 있는 사람이 행할 수 없고, 죽은 사람이나 행할 수 있는 도非生人之行, 而至死人之理"라고 했다.

이렇게 된 원인은 노자철학이 주체의 수양과 깨달음을 통해 드러나는 '경지 형이상학'이기 때문이다. '경지 형이상학'은 일종의 작용이고 경지로서, 마음의 치허수정·무위·무사無事 뒤에 있으며, 그래서 진정한 내용이 무엇인지 불분명하다. 이러한 길은 '우회적反面'인 반성으로서, 조작으로 생기는 생명의 구속과 제한 그리고 고통을 해소하여 마음의 해탈과 자유만 얻을 뿐이다. 그러나 이러한 해탈과 자유는 정신적 작용의 해소일 뿐 진정한 내용이 없고, 정신적 자유일 뿐이며, 현실세계에서 예법禮法를 세울 수 없다. 그러므로 정면正面으로 내세울 게 없고, 도덕의식도 드러나지 않으며, 실사實事 · 실물實物도 없다. 비록 정신적 자유는 모든 가치의 기점이 될 수 있지만, 확고부동하지 않아서 어디로 향해야 할지 모른다. 만약 장자의 도와 순자의 심지가 없었다면, 또 장자의 작으면서小 크고大, 다시 크면서 조화로운化 정신적 인격의 함양과 심령의 경지를 높일 수 없었다면, 또 순자의 '류를 알고 핵심을 명확히하다知類明統'와 사법師法(스승과 법도) 예의에 의한 화성기위化性起僞(본성을 변화시켜 인위를 일으킨다) 및 '도' 없이 오로지 노자의 '무'만 있다면, 모호하게 되고 홀로 만족할 뿐이다. 이렇게 되면 신도의 '앎을 버리고 자신을 제거하다棄知去己' · '흙덩이는 도를 잃지 않았다塊不失道'와 고자의 '마음에서 얻지 못하거든 기氣에서 구하지 말라不得於心, 勿求於氣'와 같은 상태로 타락해 버린다.

천성적으로 빼어난 기질을 가지고 있는 위진의 명사들이지만, 노자의 무에 대해 지적인 깨달음만 드러냈을 뿐, 실질적이고 실증적인 인생의 수양 부족으로 정신의 기둥이 되는 문화적 이상과 도덕생명에 대한 확고함이 없다. 그래서 오로지 초탈적인 기개氣槪만 드러냈을 뿐 이루어진 것은 없다. 깊고 견고한 역사적 전통이 없기 때문에, 비록 구애받지 않고 유유자적하지만, 무기력하여 비통함과 처량함만 두드러졌다. 위진 명사들의 그것은 지적 깨달음이지 생명의 실증적 깨달음이 아니다. 즉 일정한 거리를 둔 미학적 감각이고, 방관자적 청명으로 실증적 공부도 책임감도 부족하다.[3] 그러므로 생명의 가치를 체득하는 진정한

---

3 『재성과현리才性與玄理』, 81쪽 참고.

의미가 없다.

2. 신불해·한비자와 한대漢代 초기 황로의 통치술

도가가 법가로 유입된 전환점에는 신도愼到가 있다.[4] 모든 것을 초월하면서 또 모든 것에 존재하는 도는 없는 곳이 없는 통치의 '법法'으로 대체되었다. 도의 움직임인 천지의 조화 또한 금지할 수 없는 군왕의 권세勢로 바뀌었고, 도의 작용인 허정한 유약은 '스스로 알고自知' '변하지 않는 것을 아는知常' 밝은明 마음이 되는데, 이것이 정치에 이용되어 모르는 것이 없는 군왕의 술수術가 되었다. 금지할 수 없는 권세勢와 모르는 것이 없는 술수術는 노자『도덕경』에서 왔다고 하는 학자가 있다.[5]

첸무는 『노자』 36장을 성인의 권술權術이라고 단정했고, 또 우민정치를 실행하는 성인이라고 했다.[6] 장타이엔章太炎은 사소한 몇 마디 말로 『노자』에 권모술수의 말, 전제專制주의적인 말이 있다고 했다. 그러나 첸무는 『노자』 전체를 권모술수로 단정하고, 『도덕경』의 진정한 정신은 바로 이것이라고 했다. 이러한 주장은 너무 심하다.

장타이엔이 권모술수, 전제주의적인 말이라고 단정한 근거는 『노자』 36장이고, 우민愚民 정치라고 단정한 근거는 65장이다. 36장과 65장을 살펴보자.

4　졸저, 『한비자철학韓非子的哲學』, 42~46쪽.
5　장타이엔, 『국학약설國學略說』, 161~163쪽 참고.
6　첸무, 『장로통변莊老通辨』, 19쪽과 117쪽 참고.

수축하려고 하면, 반드시 먼저 펴 주어야 한다. 약하려고 하면 먼저 강하게 해 주어야 한다. 쓰러뜨리려고 하면 먼저 일으켜 주어야 한다. 빼앗으려고 하면 먼저 주어야 한다. 이것을 '은미한 밝음微明'이라고 한다. 부드럽고 약한 것이 굳세고 강한 것을 이기니, 물고기는 연못을 벗어나서는 안 되며, 나라의 이기는 사람들에게 보여서는 안 된다.將欲歙之, 必固張之. 將欲弱之, 必固强之. 將欲廢之, 必固興之. 將欲奪之, 必固與之. 是謂微明. 柔弱勝剛强, 魚不可脫於淵, 國 之利器, 不可以示人 (36장)

옛날에 도를 잘 행했던 사람은 백성을 밝게 만들지 않고, 오히려 어리석게 만들었다. 백성들을 다스리기 어려운 것은 지모가 많기 때문이다. 지모로 나라를 다스리는 것은 나라를 해치는 것이고, 지모로 나라를 다스리지 않는 것이 나라의 복이다.古之善爲道者, 非以明民, 將以愚之. 民之難治, 以其智多. 故以智治 國, 國之賊, 不以智治國, 國之福 (65장)

36장에 대한 여러 해석 중, 감산대사憨山大師의 해석이 가장 좋다.

이것은 사물의 자연적 추세를 말한 것인데, 사람들은 이것을 살펴보지 못하고, 유약柔弱을 자처한 것이라고 가르친다. 천하의 모든 사물은 형세가 극에 이르면 돌아오니, 해가 장차 지려고 하면 반드시 매우 붉게 탄다. 달이 장차 이지러지려고 하면 반드시 꽉 찬다. 등불이 장차 소멸되려고 하면 반드시 불길이 밝다. 이 모두는 사물의 자연적 추세다. 그러므로 펴주는 것은 수축하는 모양이다. 강하게 하는 것은 약한 것의 싹이다. 일으켜 주는 것은 쓰러뜨리는 것의 낌새다. 주는 것은 뺏는 것의 전조다. 천시天時 인사人事는 사람들이 만

나는 것이지만 추측해서 알 수 없다. 그래서 '은미한 밝음'이라고 한다. 이것
은 부드럽고 약한 것이 굳세고 강한 것을 이긴다는 뜻일 뿐이다.此言物勢之自
然, 而人不能察, 敎人當以柔弱自處也. 天下之物, 勢極則反. 譬夫日之將昃, 必盛赫. 月
之將缺, 必極盈. 燈之將滅, 必熾明. 斯皆物勢之自然也. 故固張者, 歙之象也. 固強者,
弱之萌也. 固興者, 廢之機也. 固與者, 奪之兆也. 天時人事, 第人所遇而不測識, 故曰
微明. 斯蓋柔弱勝剛强之義耳[7]

노자가 말하는 명明은 허정한 마음에서 생기는 밝은 비춤이다. '스스
로 알고' '변하지 않는 것을 아는知常' '명'은 무심無心의 비춤으로 드러
난다. 그러므로 펼침에서 수축을 알 수 있고, 강함에서 약함을 알 수 있
고, 일으켜 줌에서 쓰러뜨림을 알 수 있고, 주는 것에서 뺏으려는 것을
알 수 있다. 사나운 바람과 소나기처럼 '뜻을 얻으려고 강행하고强行者
有志' '남을 이기려고 힘을 쓰는 사람勝人者有力'(33장)은 천지의 조화와
음양의 조화를 잃어버린다. 그러므로 '무물로 돌아가는復歸於無物' 도의
작용 중 수축翕·약함弱·쓰러짐廢·뺏음奪이라는 비극이 생긴다. 이것
이 바로 "만물은 강대하면 늙고, 도에 맞지 않으면 일찍 끝난다物壯則老,
不道早已"이다. 따라서 '은미한 밝음微明'이라고 했으므로, 비록 '은미함'
으로 현저함著을 알 수 있더라도 이것은 허정한 무심無心에 속한다. 여
기에 무슨 권모술수가 있는가? 다시 말하면 마음의 허정한 비춤은 초
월적인 무분별심無分別心이므로 계산적이지 않다. 여기에 무슨 권모술
수가 있는가?

---

7 『노자도덕경감산해老子道德經憨山解』, 琉璃經房, 1985.

그 다음 글은 이를 종합하여 "부드럽고 약한 것이 굳세고 강한 것을 이긴다"고 말했는데, 유약함을 지킨다는 뜻으로 '변하지 않는 조화常和'의 크고大 장구長久함을 얻었기 때문이다. "물고기는 연못을 벗어나서는 안 된다"와 "나라의 이기는 사람들에게 보여서는 안 된다"는 말 또한 이것을 근원으로 한 것이지, 『한비자』「유로喻老」의 "권세는 군주의 연못이다勢重者, 人君之淵也"와 "상벌은 나라의 이기다賞罰者, 邦之利器也"라는 뜻이 아니다. 물고기는 연못에서 벗어날 수 없다는 것은 장구함을 잃지 말라는 것이다. 『노자』는 "마음은 연못처럼 잠잠하다心善淵"는 말도 했다. 그러므로 연못은 밑下에 약하게弱 거처하고, 질박함을 잃지 않는다는 의미다. 권세를 부리는 전제군주라는 뜻이 어디서 왔는지 모르겠다. '이기利器'란 기교巧와 지모智다. 나라의 이기를 보여서는 안 되는 까닭은 지모가 많으면 백성들을 다스리기 어렵기 때문이다. 그래서 "백성들을 다스리기 어려운 것은 지모가 많기 때문이다"고 말했다. 사람들에게 보이지 말라는 것도 성인 자신이 '받들지 않고不尙' '귀하게 여기지 않으며不貴' 욕심낼 만한 것을 드러내지 않음에 중점을 둔 말이다. 노자에게 총명聖·지모智·인의仁義는 끊고 버리고 초월해야 할 대상인데, 무슨 권모술수인가? 그러므로 "백성을 밝게 만들지 않고, 오히려 어리석게 만들었다"는 백성을 어리석게 만드는 것이 아니라, 백성에게 질박함樸으로 되돌아가라는 것이다. 『노자』는 또 말한다.

나 홀로 담박하여 그 아무런 조짐이 없는 것이 마치 갓난아이가 옹알거릴 줄도 모르는 것 같다.……나는 어리석은 이의 마음이로다.我獨泊兮其未兆, 如嬰兒之未孩.……我愚人之心也哉 (20장)

이처럼 성인 스스로 가장 먼저 어린아이처럼 질박하고 천진함으로 돌아가야 한다. 그런데 이것을 어떻게 우민정치를 실행하는 성인이라고 할 수 있는가?

노자사상을 권모술수와 전제정치 그리고 우민정치라고 주장하는 것은 노자를 소화한 법가가 노자를 제왕학帝王學에 이용한 이후를 가리키는 것 같다. 즉 신불해·한비자의 법술法術과 한대 초기 황로의 치술治術을 가리킨다. 『노자』는 "도는 항상 하는 것이 없지만 이루어지지 않는 것이 없다道常無爲而無不爲"(37장)고 말하는데, '무위無爲'는 본체이고, '무불위無不爲'는 그 작용이다. 체용體用은 하나이지 둘이 아니다. 도가 진정으로 변하지 않는 것은 바로 무위자연하는 실체體에서 '이루어지지 않는 것이 없는' 오묘한 작용이 드러나기 때문이다. 이해할 수 없는 도의 '무위'는 '무불위'를 하기 위해서다. 이처럼 '하는 것이 없지만 이루어지지 않는 것이 없다'를 둘로 나누면, '무위'는 수단이 되고, '무불위'는 핵심이 된다. 『노자』의 말을 다시 살펴보자.

성인은 자신을 뒤로 하지만 오히려 앞서게 되고, 스스로를 내버려 두어도 그 몸이 보존된다.聖人後其身而身先, 外其身而身存 (7장)

그래서 백성들 위에 오르고자 하면, 반드시 말을 낮추어야 한다. 백성들 앞에 나서고자 하면, 반드시 자신이 물러서야 한다.是以欲上民必以言下之, 欲先民必以身後之 (66장)

성인은 자신을 뒤로 하는데 오히려 백성들보다 앞서고, 말을 낮추었는데 오히려 백성들 위에 있다. 이 또한 '하는 것이 없지만 이루어지지 않는 것이 없다無爲而無不爲'는 것이지, 백성들 위에 오르려고 그렇게 한 것이 아니다. 만약 이러한 뜻을 이해하지 못하면 '부드럽고 약한 것이 굳세고 강한 것을 이긴다'는 노자의 말은 일부러 허약함을 보여 줌으로써 강해진다는 권모술수로 이해될 수 있다. 그리고 『노자』에는 유가의 총명聖과 지모智의 유심有心과 인의仁義의 유위有爲를 부정했을 뿐 아니라, '죽음으로 백성들을 두렵게 하는' 법가의 강력한 통치술을 통렬하게 비판했다. 『노자』는 말한다.

> 백성이 죽음을 겁내지 않는데, 어찌 죽음으로 그들을 두려워하게 할 수 있는가? 만약 백성들로 하여금 늘 죽음을 두려워하게 하고 기이한 짓을 하는 사람이 있다면, 내가 그를 잡아서 죽일 것이니 누가 감히 그렇게 하겠는가?民不畏死, 奈何以死懼之? 若使民常畏死, 而爲奇者, 吾得執而殺之, 孰敢 (74장)

만약 군주가 너무 잘 살리고 '스스로 드러내고自見' '스스로 귀하게 여기다가自貴', 백성들의 눈에 군주의 존엄성이 사라지게 되면, 법가는 백성들에게 가혹한 형벌로 군주의 권한을 강화한다. 그러므로 백성들이 삶을 좋아할 때, 나쁜 짓을 하는 사람들을 잡아 죽이면 놀라서 복종하는 효과를 거둘 수 있다. 가혹한 형벌을 내리지 않으면 "백성들이 왕의 위력을 두려워하지 않고, 더 큰 환란이 발생한다民不畏威, 則大威至".(72장) 즉 왕을 두려하다가 왕을 업신여기고, 마침내 폭동이 일어나고 봉기가 그치지 않는다.

신불해 한비자는 노자철학의 '세 가지 보물三寶' 중 '검약儉'을 이용했다. 신도慎到는 "감히 천하보다 앞서지 않는다不敢爲天下先"(67장)는 말을 차용했지만 동시에 가장 중요한 '자애로움慈'을 잃었다. 그래서 냉혹하고 베풂이 적다. 노자의 도술道術은 도의 내용 때문에, 무의 작용 안에서 도는 그 무엇으로 규정될 수 없다. 그러므로 신도가 말한 '도'는 도道가 아니라 자연의 형세를 말한다. 그래서 사람을 버렸다. 즉 사람보다는 형세를 중시하여 형세를 취하는 '세치설勢治說'(사물의 형세로 통치하는 것)로[8] 전환했다. 한비자는 법으로 도를 대신했다. 그래서 도술은 법술法術로 변했고, '사람은 하는 것이 없지만 도는 이루어지지 않는 것이 없다'는 '사람은 하는 것이 없지만 법法은 이루어지지 않는 것이 없다'로 변하고, 다시 허정무위虛靜無爲이면서 천하를 비추는 군주의 통치 방법이 은밀함을 파헤치고 간사함을 억제하는 통치술術로 변했다. 한대漢代 초기의 황로는 노자의 청정무위와 신불해 한비자의 형명刑名학(법으로 나라를 다스려야 한다는 학설)을 뒤섞어 통치술을 완성했다. 이에 대해 머우쫑싼은 도가의 수양공부가 정치에 이용되면 제왕帝王 한 사람에게만 쓸모가 있게 된다고 했다.[9]

한대 초기 『백서노자帛書老子』는 『한비자』의 「해로」 「유로」처럼 '덕경德經'이 앞에 있고, '도경道經'이 뒤에 있다. 이는 한대 초기의 황로는 법

---

8 한비자에 있어서 '세치勢治'는 '세력·권세에 의한 다스림'을 뜻한다. 그러나 세勢는 본래 두 가지 의미가 있다. 즉 첫째는 자연적인 형세를 가리키고, 둘째는 통치권력 즉 권세·세력을 말한다. 『한비자』도 자연적인 형세를 언급했지만 별로 중요하게 여기지 않았다. '세치설'은 본래 권세·세력으로 다스린다는 뜻이다. 여기서는 앞에 나온 '자연적인 형세'라는 뜻에 맞게 사물의 형세로 통치하는 것이라고 했다.—옮긴이
9 『재성과현리才性與玄理』, 360쪽 참고.

가 관점에서 노자사상을 해석한 황로임을 보여 준다.[10] 그리고『백서노
자』와 합권合卷으로 동시에 출토된 4편의 황제黃帝와 관련된 책은『한
서漢書·예문지藝文志』에 기록된『황제사경黃帝四經』인 것 같다. 이 책은
다음과 같이 시작한다.

도는 법을 낳으니, 법이란 득실의 준칙을 가지고, 옳고 그름을 분명히 하는
것이다.道生法, 法者, 引得失準繩, 而明曲直者也[11]

도에서 법이 나왔음을 분명히 밝히고 있다. 이것은 도가를 통해 법가
로 들어갔음을 증명한다.[12] 그리고『황제사경』에는 형명刑名·승법繩法
을 많이 언급하고 있다.『사기史記·유림열전儒林列傳』은 다음과 같이 말
한다.

효문제孝文帝는 원래 형명에 관련된 말을 좋아했다. 효경제孝景帝에 들어와
서도 유학자들은 임용되지 않았고, 두태후 또한 황로의 술을 좋아했다.孝文帝
本好刑名之言, 及至孝景, 不任儒者, 而竇太后又好黃老之術

『사기史記·노자한비열전老子韓非列傳』또한 다음과 같이 말한다.

---

10 「백서노자연구帛書老子研究」,『백서노자帛書老子』, 河洛圖書出版社. 1975, 89~107쪽.
11 『황제사경黃帝四經』,「경법經法」,『백서노자帛書老子』, 193쪽 참고.
12 「황제사경초탐黃帝四經初探」참고,『백서노자帛書老子』, 239~251쪽.

신자의 학문은 황로에 근본을 두고, 형명을 주장했다. …… (한비자는) 형명·법술을 좋아했으며, 그 귀착점은 황로다.申子之學本於黃老, 而主刑名 ……
喜刑名法術之學, 而其歸本於黃老

이것은 한대 초기의 황로가 도가 용어를 신불해 한비자와 뒤섞어 놓은 산물임을 보여 준다. 황로의 근본은 부역과 과세를 가볍게 하여 백성과 더불어 사는 청정무위에 있다. 장타이옌은 "노자에서 온 것을 배운 사람은 오직 문제文帝 한 사람 뿐이다. 문제는 노자·장자·신불해 한비자의 술術을 하나로 결합했으니, 여기에 미칠 수 있다"고 말했다.[13]

이상을 종합하면, 노자의 밝게 비추는 허정심은 청량한 관조일 뿐이다. 만약 곤도坤道·모덕母德의 자애로움이 아니라면, "핵심은 간단하지만 시행하기 쉽고, 힘은 덜 드리고 공은 오히려 크다旨約而易操, 事少而功多"[14]는 검약은 권모술수로 전락하고, "감히 천하보다 앞서지 않는 것不敢爲天下先"(67장) 또한 물질로 전락한다. 신불해·한비자 혹은 황로 모두 노자의 형이상학적 깨달음이 없기 때문에, 도는 드러나지 않고 오직 술만 나타났다. 이로 인해 신불해 한비자의 법술이나, 황로의 통치술로 전락했다. 노자의 초월적 형이상학의 도와 내재적 허정虛靜의 덕은 구체화되어 하나는 '만물과 현묘하게 하나가 되는玄同' 생명이 되었다. 그러나 고자와 신도 그리고 위진 명사들에게서는 생명의 쇠락으로 나타났고, 허정무위의 정치적 지혜는 신불해·한비자 그리고 한대 초기 황

---

13 『국학약설國學略說』, 162쪽.
14 사마담,「육가의 요지를 논함論六家要旨」, "旨約而易操, 事少而功多."

로의 통치술로 흘러들어갔다. 이렇게 된 관건은 바로 도의 작용이 구체적이 않을 뿐 아니라, 실질적인 내용도 없기 때문이다. 유가를 통해 노자사상의 부족한 점을 살펴보자.

> 지자는 물을 좋아하고, 인자는 산을 좋아한다. 지자는 동하고, 인자는 고요하다. 지자는 즐기고, 인자는 오래 산다.知者樂水, 仁者樂山. 知者動, 仁者靜. 知者樂, 仁者壽 (『논어』, 「옹야」, 21)

> 인자는 인에서 편안하고, 지자는 인이 이로운 것을 안다.仁者安仁, 知者利仁 (『논어』, 「이인里仁」, 2)

> 지혜가 미치더라도 인을 잘 지키지 않으면 비록 얻어도 반드시 잃는다.知及之, 仁不能守之, 雖得之, 必失之 (『논어』, 「위령공衛靈公」, 32)

노자의 "최고의 선은 물과 같다上善若水"(8장)는 말, 또 '스스로 알다自知', '변하지 않는 것을 알다知常'와 같이 허정한 밝음明을 드러내는 것 등은 지자형智者型 철학자에 가깝다. 인자仁者는 외부 사물을 기다릴 필요 없이 스스로 편안하고 자족自足한다. 그러므로 큰 산처럼 확고하고 영원히 변하지 않으며 고요하다. 반면 지자는 흐르는 물처럼 모든 것에 순응한다. 따라서 인仁을 행하는 데 유리하지만, 반면 자아自我의 수양과 깨달음修證을 통해 편안하게 발붙일 곳이 없다. 이것은 지혜의 고명함만 있을 뿐 인의 후덕함은 없고, 밝게 비추어 활짝 열어 놓았지만 생명이 돌아가야 할 곳을 잃어버렸다. 이처럼 확고부동하지 못한 생명의 가치 때문에, 생명 정신과 정치적 지혜는 여러 학파로 흩어져 제자백가에 이용되기도 하고, 또 후대 사람들에 의해 왜곡되기도 했다.

그리고 노자는 무의 작용을 말했는데, 공자 또한 변화에 통달한 말이 있다.

> 더불어 학문을 할 수 있어도 더불어 같은 도에 갈 수는 없고, 더불어 도에 갈 수는 있어도 더불어 설 수는 없으며, 더불어 설 수는 있어도 더불어 (사리의 경중을) 분별할 수 없다.可與共學, 未可與適道, 可與適道, 未可與立, 可與立, 未可與權 (『논어』, 「자한子罕」, 29)

인간은 비록 도에 설 수 있지만, 변화에 대응할 줄 알아야 도의 제한을 받지 않는다. 그래서 "사람이 도를 넓히는 것이지, 도가 사람을 넓히는 것이 아니다人能弘道, 非道弘人"(『논어』, 「위령공」, 28)라고 말했다. 이처럼 유가 역시 변화에 대응하여 변화를 통달하는 지혜가 있다. 그러나 공자가 심혈을 기울이는 원칙이 있다. 즉 생명의 설 곳이 없으면, 변화에 응한다는 말은 아무 소용이 없게 되므로, 적기에 응해야만 한다. 그렇지 않으면 허무의 나락으로 떨어지고 만다. 왜냐하면 사람은 무엇을 확정할 수는 없지만, 그렇다고 거꾸로 시공 속에 표류하도록 자신을 내몰 수 없고, 또 영원히 존재 세계에 떨어지지 않을 수도 없다. 그러나 고정된 인간관계 속에 떨어지지 않아야 주체의 자유를 보존할 수 있고, 또 기존에 있는 존재에 의해 제약을 받지 않는다. 이것은 초월해 있는 것 같지만 사실 도피한 것과 같다. 이것이 바로 노자철학의 부족한 부분이다. 이성의 빛만 보일 뿐 생명의 열정은 없다. 생명의 열정이 없기 때문에 신도나 위진 명사의 나락으로 떨어지고, 신불해·한비자·황로로 흘러 들어갔다.

　도가는 외형상 주나라 문화에 의해 생명이 질곡되는 역사적 우연에 대한 반항이지만, 내적으로는 생명을 인위적 조작이 해소된 원시적 상태로 되돌리는 것이다. 이처럼 자연스럽고 천진스러운 추구는 마침내 현실의 예법·정치·교육과 완전히 격리된 파열 상태에 직면하게 되었다. 이와 같이 자연과 명교名敎 사이에는 영원한 충돌이 형성되었다.[15] 이것은 역사적 우연에서 본질적인 필연으로 바뀌어, 도가사상의 정형定型이 되었고, 내재적 도덕성에 대한 영역은 조금도 언급할 수 없게 영원히 봉쇄되어 버렸다. 노자철학은 가치론적으로는 스스로 만족할 수 없고, 생명에 있어서는 부족함을 드러냈다. 이 점은 역사적 반응을 통해 이미 충분히 드러났다.

15　『재성과현리才性與玄理』, 359~360쪽 참고.

2. 정신주체의 자유, 예술적 관조

노자철학은 가치론적으로는 확고하지 못하고, 생명은 돌아갈 곳을 잃었다. 노자철학에 대한 이러한 평가는 도가 관점에서 볼 때 설득력 부족한 결론이라고 할 수 있다. 왜냐하면 도가는 근본적으로 정해진 가치 기준에 얽매이지 않고, 절대적인 충허沖虛(텅 비어 있음)와 귀착지가 없는 주체의 자유를 드러냈기 때문이다. 이러한 절대적 충허로 드러나는 주체의 자유가 바로 도가철학의 가치다.

게다가 노자철학에는 조궤弔詭(궤변)가 있는데, 그것은 본질적으로 무엇에 대한 규정이 아니라, 허심虛心의 오묘한 작용의 보존이다. 본래 유가처럼 인문 교화가 바탕이 되어야 그 작용이 확실하게 드러나며, 그래야 경직되고 왜곡되어 가는 예악禮樂·명교名教를 바로잡을 수 있다.[16] 노자철학은 외형적으로는 인간을 속박하는 주나라 문화에 반대하는 역사적 우연성에서 시작되었지만, 내부적으로 어수선한 생명의

---

16 『재성과현리才性與玄理』, 293~294쪽 참고.

타파를 추구하는 쪽으로 나왔다. 인위적 조작을 반대하는 반인문反人文·반예교反禮敎의 노자철학은 결국 유가와 본질적인 파열을 형성했다. 따라서 인위적 조작의 제거를 통해 보존된 자유로운 의지는 돌아갈 곳을 잃어버리고, 생명의 가치 또한 확고하지 못했다. 그러나 천기天機를 간파한 노자의 고명한 지혜는[17] 장자·순자가 귀의했던 유가를 통해 소요逍遙·제물齊物·'통류統類[18]를 명확히 알다'로 파생되어 나왔다. 이것이 다시 고자·신도를 거쳐 위진 명사들에 이르러 생명의 쇠락을 피할 수 없게 되고, 또 신불해·한비자와 황로의 통치술로 변질되었다. 병가兵家·종횡가縱橫家처럼 외교와 전쟁은 하지 않지만 적군을 굴복시키는 계략으로 이용되고, 심지어 신선술神仙術의 도교道敎로 변질된 경우도 확인할 수 있다.[19]

본질적으로 인위적 조작의 제거로 보존된 인문人文·예교禮敎의 참다운 의미를 잃게 되자, 의외로 정신주체의 자유가 열리고, 이것은 다시 미적 아름다움의 예술과 문학의 문을 열어 놓았다. 이것이 도가철학이 역사에 끼친 가장 직접적이고 가장 심원한 영향이다.

위와 같은 길은 순자의 심지心知의 길이 아니라, 장자철학의 길이다. 노자의 "허의 극치에 이르고, 고요함의 독실함을 지켜라致虛極, 守靜

---

17 첸무는 "『노자』에는 은밀하게 천도天道를 관제하면서 불평등을 허락하지 않는다. 그러나 이 천도는 오히려 사심을 갖고 있는 성인에 의해 간파되었다"고 말했다. 『장노통변莊老通辨』, 116쪽 참고.

18 '통류'란 모든 사물이 의거하는 공통적인 이치 및 예의 법도의 원리 원칙 혹은 기본 정신을 말한다. ―옮긴이

19 장치쥔, 『노자철학老子哲學』, 正中書局, 1983, 57~58쪽 참고. 리우쓰페이劉師培, 『국학발미國學發微』, 廣文書局, 1970, 56~57쪽 참고.

篤"(16장)는 어디에도 얽매이지 않는 생명의 '스스로 그러한自然' 자유

자재의 경지로서, 주체의 자유를 말한다.

도가의 정도正道는 원래 비도덕非道德적이면서 초도덕超道德적인 무

위자연의 주체를 드러내는데 있다.[20] '초도덕'이란 인문·예교로부터

의 초월이다. '비도덕'이란 일체 규약을 초월하여 드러난 주체의 자유

다. 무위자연의 주체는 주관적 작용에만 머물 뿐 무엇을 결정할 수 없

을 뿐 아니라, 자신을 객관화하여 우뚝 세울 수도 없다. 비도덕적이면

서 초도덕적인 주체의 자유를 온전히 보전하기 위해 쓸데없이 반도덕

인 길로 들어섰다. 이로부터 유가 도가의 대립과 자연自然·명교의 충돌

을 유발했고, 마침내 낭만적인 문인들의 감성적 주체로 전환되었다. 이

러한 발전은 두 가지 길을 열어 놓았다. 즉 하나는 위진 명사의 감성적

'재질의 완비才全'(재질·자질이 온전함)[21]이고, 다른 하나는 산수화山水畵

전원시田園詩적 경지로의 승화다.

1.위진 명사의 재성才性

무위자연의 허정심은 무엇을 책임질 수 없지만 밝게明 비춰주는 것이

있다. '밝음'은 직각直覺적인 관조로서 욕심心과 뜻을 이루려는 의지志

를 유발하지 않는다. 욕심과 뜻을 이루려는 의지의 활동이 해소되자마

자 관상觀賞만 하는 취미활동이 이루어진다. 사물은 어떤 판단도 하지

20 『재성과현리才性與玄理』,375쪽 참고.
21 『장자』「덕충부德充符」참고.—옮긴이

않는 마음의 직관直觀 아래서 사물 본래의 모습을 드러낸다. 드러난 것
은 주객의 대립이 아니라 주객일체다. 도가의 마음은 유가의 인仁이 아
니기 때문에, '자신의 본분을 다하는盡己' 충忠과 이것이 타인에게까지
미치게 하는 서恕를 실천할 수 없으며, 개인과 사회 윤리에도 방관자
적인 태도만 취할 뿐이다. 따라서 이방인 같은 처량함을 면할 수 없다.
그러나 만물은 오히려 마음의 고요한 관조 속에서 주관적 사고에 의
해 방해되거나 결정되지 않는다. 따라서 만물은 왜곡되지 않을 뿐 아니
라 인간의 욕망에 빠지지 않기 때문에, 만물 자체의 자유로운 참모습과
자득自得의 경지를 드러낸다. 유가에도 "충실함을 아름다움이라고 한
다充實之謂美"(『맹자』, 「진심하盡心下」, 25)는 말이 있다. '충실하다'란 '욕심
낼 만한 선善과 이 선을 자기 몸에 지니고 있는 믿음可欲之謂善, 有諸己之
謂信'(『맹자』, 「진심하」, 25)이다. 이것은 노자의 선하지 않은 것도 선하고,
믿음직스럽지 않은 것도 믿음직스러운 허정虛靜의 반사로 인해 본래의
모습으로 되돌아가는 덕선德善 덕신德信과 다르다.[22] 덕은 무위자연의
수양을 통해 얻는다. 무위자연이므로 다듬지 않은 질박함이 드러나고
천진난만하게 어우러진다. 도가는 질박함과 천진스러움을 아름다움美
으로 여긴다. 그래서 "아름다운 말은 믿음직스럽지 않다美言不信"(81장)
고 말하고, 또 "말 잘하는 사람은 선하지 않다辯者不善"(81장)고 말한다.

---

22 덕선德善 덕신德信에 대한 『노자』의 해석은 다음과 같다. "성인은 정해진 마음이 없으니, 백
성의 마음을 자신의 마음으로 삼는다. 선한 것은 나도 선하다 하고, 선하지 않은 것은 나 또한 선하
게 여기니, 덕선이다. 믿음직스러운 것은 나도 믿고, 믿음직스럽지 않은 것은 나 또한 믿으니, 덕신
이다. 성인은 천하에 있어서 검약하고 욕심이 없으니, 천하가 그 마음을 함께 하고, 성인은 모두 갓
난아이로 대한다.聖人無常心, 以百姓心爲心. 善者吾善之, 不善者吾亦善之, 德善. 信者吾信之,
不信者吾亦信之, 德信. 聖人在天下歙歙, 爲天下渾其心, 聖人皆孩之"(49장) — 옮긴이

아름다운 말·말 잘하는 것은 유심有心이고 유위有爲다. 즉 선하지 않은
것도 선하고 믿음직스럽지 않은 것도 믿음직스러운 무심無心의 스스
로 그러한自然 덕선·덕신이 아니다. 유가의 '인'은 도덕심으로 모든 도
덕 행위의 초월적 근거다. 이 도덕심은 육체적 욕망에서도 옳고 그름
의 가치판단을 한다. 도덕심이 옳다고 하는 욕망은 선이다. 선이 이루
어놓은 덕은 오로지 자신의 유심에 의지하며, 자신에게 있는 선은 자신
이 책임지고 자신이 수양하고 자신이 깨닫는 믿음信이다. 이처럼 유가
는 도덕적 선의 완성이 선이고, 도가는 생명의 참모습 보전이 선이다.
이것이 두 학파의 가장 커다란 차이점이며, 이로부터 중국문학사에 있
어서 '문장으로 도를 드러내는' 도통道統 문학과 '스스로 그러함自然으
로 돌아가는 낭만주의 문학이라는 두 가지 길이 열렸다. 전자에는 굴원
屈原·조식曹植·두보杜甫·백거이白居易 등이 있고, 후자에는 도연명陶淵
明·이백李白·왕유王維·소동파蘇東坡 등이 있다.

　노자는 '도라고 말할 수 있는 도는 도가 아니고可道非道' '높은 덕은
덕 같지 않다上德不德'는 반성을 통해 "천하가 모두 아름다움이 아름다
운 줄 알지만, 그것은 추하다. 천하가 모두 선이 선한 줄 알지만, 그것은
선이 아니다天下皆知美之爲美, 斯惡已. 皆知善之爲善, 斯不善已"(2장)라고 말
했다. 첫째, 여기서 말하는 미美와 선善은 심지心知가 집착하는 미와 선
이 아니라, 스스로 그러한 무심의 미와 선이다. 둘째, 세속적 미와 선에
집착하여 거기에 빠지면, 더 높은 단계의 미와 선은 나올 수 없게 되며,
그래서 미美는 미가 될 수 없고, 선 또한 선이 될 수 없다. 전자는 무심
이면서 스스로 그러함이고, 후자는 초월적이면서 무한함을 말한다. 도
가의 노자는 무심을 통해 초월을 말하고, 스스로 그러한 것自然에서 무

한을 말했다. 심지의 집착이 없으므로 제한을 받지 않고 또 다치지도 않는다. 생명이 사물에 얽매이지 않으므로 허심虛心이 항상 밝혀 주고 그래서 아름다운 경지가 저절로 나타난다. 더 구체적으로 말하면 무위 자연의 진眞은 선善이고 또 질박하고 화려함이 없는 아름다움이다.

이상과 같이 도가의 치허수정은 예교禮敎와 정치적 구속을 벗어나 정신적 해탈과 자유자재한 주체의 자유를 추구한다. 그런 후 '하는 것 이 없지만 이루어지지 않는 것이 없는無爲而無不爲' 자유를 가지고 세계 를 지배하고, 세계를 관상觀賞한다. 전자는 하는 것 없지만 이루어지는 정치적 지혜이고, 후자는 '쓰임이 없지만 쓸모가 있는無用之用' 생명의 정서다. 이것은 장자를 통해 나타난다.[23]

노자에 의해 시작되고 장자를 통해 나타난 정신주체의 자유는 구체 화되어, 유소劉劭의 『인물지人物志』 계통에서는 재성才性(타고난 재질이 나 성품)을 미적 품평과 지적 품평으로 논했고, 위진 명사로 내려와서는 현리玄理[24]적인 '지적 깨달음'을 통해 자유분방함으로 바뀌었다. 전자를 현학명리玄學名理라 하고, 후자를 재성현리才性玄理라고 한다.[25]

---

23 쉬푸관,『중국예술정신中國藝術精神』, 學生書局, 1967, 45~143쪽 참고.
24 현리玄理란 위진시대의 도가사상을 말한다. 평유란은 '신도가新道家'라고 했다. — 옮긴이
25 "『인물지人物志』의 재성才性에 대한 품평은 미적 품평과 지적 이해가 혼용된 것이다. 지적 이해는 미적 품평과 융합되어 구체성을 얻었고, 품평은 지적 이해와 융합되어 명철함을 얻었다. 재 성 품평의 목적은 사람을 알고 사람을 쓰는 실용성에 있지만, 재성 그 자체는 품평과 지적 이해의 결정체다. 재성은 미적 경지와 지적 경지를 모두 열 수 있고, 그 자체는 미적 정취와 지적 깨달음의 표현이다. 그러므로 '재성현리才性玄理'를 통해 체계적인 오묘함을 드러냈고, 왕필王弼·하안何 晏·향수向秀·곽상郭象 등의 '현학명리玄學名理'는 도리道理(노자·장자·역경易經의 이론)를 바탕으로 한 품평과 지적 깨달음이다."『재성과현리才性與玄理』, 64~65쪽. [위진시대의 현학玄 學은 일반적으로 청담淸淡·명리名理라고도 한다. '현학명리'란 노장사상과 역경易經을 주로 논 했고, '재성현리'란 인물의 재질才質을 주로 논했다.— 옮긴이]

노자의 생명 정신은 본래 구체적인 재성才性에 있는 것이 아니라, 초월적인 충허沖虛의 덕에 있다. 위진 명사들은『인물지』를 통해 구체적인 재성을 품평하고, 노자의 허정심 조명을 통해 초월적인 현리玄理의 깨달음을 얻었다. 그러므로 위진의 명사들은 한편으로는 구체적인 재능이 있고, 또 한편으로는 초월적인 삶의 격조가 있다. 전자는 미적인 예술적 경지이고, 후자는 지적 깨달음인 지적 깨달음의 경지다.

자유분방한 삶으로 말하면, 완적阮籍의 "예가 어찌 나를 설정할 수 있는가禮豈爲我設耶"와 혜강嵇康의 "탕왕 무왕이 아니면 주공周公 공자는 천박하다非湯武而薄周孔"라는 말뿐만 아니라, 심지어 현리적 깨달음조차도 쓸데없는 것으로 간주한다. 그래서 혜강은『장자』를 주석한 향수向秀에 대해 "이 책에 어찌 다시 무슨 주를 붙이는가? 정말로 사람들의 즐거움을 방해할 뿐이다此書詎復何注? 正是妨人作樂耳"라고 말했다. 재성이든 현리든 모두 말로 그것을 다 나타낼 수 없다. 진정한 명사는 노자·장자에서 파생된 예술정신과『인물지』의 재성과 품평을 하나로 융합하여, 생명의 모든 것을 체현하고, 이를 통해 미적이고 지적인 생명의 격조를 드러낸다. 이에 대해 머우쫑싼은 다음과 같이 말했다.

청담이나 현리를 논하는 위진시대 명사들의 격조는 중조명사中朝名士, 죽림명사竹林名士, 강좌명사江左名士 등이 있다. 이들은 모두 예술적 경지와 지적 깨달음의 경지를 보여 주었다. 예술적 경지에는 두 가지가 있다. 하나는 재성才性을 풍채로 드러내고, 다른 하나는 선천적·후천적으로 함양된 정취다.[26]

---

26 『재성과현리才性與玄理』, 65쪽.

풍채風釆는 재성의 구체적인 표현이다. 격조 높은 풍채는 지적인 깨달음에 의지해야 그 정취가 배양된다. 제자백가는 생명을 멋있게 드러냈다. 그 중 묵가는 고통을 자임하고, 자신을 돌보지 않는 장렬한 기백을 보여 주었다. 이것이 재성의 강한 아름다움이다. 위진 명사들의 미적·지적 깨달음은 재성의 부드러운 아름다움이다. 이것은 모두 위축되지 않고 그대로 드러난 생명의 격조이다. 그래서 호탕하고 천진스러운 아름다움이 특히 드러난다. 『장자』 「천하」편은 묵자를 '몸뚱이가 말라도 포기하지 않는枯槁不舍' 재사才士로 평가했지만, 『인물지』는 영웅의 풍채로만 감상했다. 이것은 공자 맹자의 도덕적 책임감으로서의 강함과 노자 장자의 '스스로 그러함'으로 되돌아가는 부드러움과는 또 다르다. 묵가의 재사, 위진의 명사는 모두 구체적인 자질을 드러냈고, 공자와 맹자의 성현·노자와 장자의 진인眞人은 생명을 초월한 정신을 체현했다. 쉬푸관 또한 이와 같이 주장했다.[27]

위진 명사들은 예교禮敎의 울타리와 인문人文의 허식을 타파했다. 이를 통해 노자의 형이상학적 현리玄理를 인물 품평의 재성과 결합하여 예술적 삶을 열었다. 이로부터 노자의 초월적 자유는 감성적인 예술정신으로 전환했다.

2. 산수화·전원시적 경지로의 승화

노자철학의 초월적 생명정신은 위진 명사의 재성·생명의 자유분방에

---

27 『중국예술정신中國藝術精神』, 47쪽 참고.

있지 않다. 그렇다고 명사의 재성·생명을 직접적으로 표현하지 않고, 산수화나 전원시田園詩의 선염渲染(엷은 색으로 윤곽을 바림해서 형체를 두드러지게 하는 중국 화법畵法의 하나)처럼 은근히 표현할 필요는 없다. 그러나 위진시대 전체는 신도가新道家적 분위기 속에 있었고, 그래서 명사들의 생명 자체는 예술 정신의 표현이고 또 문학과 예술이라는 예술적 자각에 유리한 분위기였다.[28] 도연명의 전원시와 사령운謝靈運의 산수시山水詩는 노자의 허정심과 초월적인 자유로움이 없었다면 나올 수가 없었다.[29]

　허정심이 있기에 인간은 심지의 집착과 도덕실천의 얽힘에서 떨어져 나올 수 있다. 그래서 먼저 아름다움을 관조하는 예술정신의 주체가 될 수 있고, 그 다음으로 천지자연을 예술 표현의 대상으로 삼을 수 있다. "사람 사는 곳에 초가집 얽었는데, 수레와 말의 시끄러운 소리 없네. 그대에게 묻노니 어찌 그럴 수 있는가? 마음이 멀어지니 사는 땅도 저절로 외지다네結廬在人境, 而無車馬喧. 問君何能爾, 心遠地自偏"라고 읊는 사람이 있어야, "동쪽 울타리 아래서 국화를 따다가, 물끄러미 남산을 바라본다. 날 저문 산기운은 아름다운데, 새들은 서로 둥지로 돌아간다.採菊東籬下, 悠然見南山. 山氣日夕佳, 飛鳥相與還"(도연명의「음주飮酒」)는 자득自得의 경지가 있을 수 있다. 이처럼 자연의 전원田園이나 산수는 정신과 생명의 안식처가 될 수 있다.

　전원시 이외에 높고 넓고 요원한 산수화의 경지도 있다. 중국의 회화

28　같은 책, 319쪽 참고.
29　같은 책, 212쪽.

예술에서 위진의 인물화는 생생함을 추구하고, 당송唐宋의 산수화는
생동감 있는 기운을 추구한다. 인물화는 도교와 불교 사상을 벗어나지
못하고, 산수화는 시작부터 도가의 자연 산수로 돌아갔다. 이렇게 전환
하는데 중요한 역할을 한 사람은 시 속에 그림이 있고, 그림 속에 시가
있게 한 왕유王維다. 산수화는 왕유의 수묵담채水墨淡彩에서 오대五代의
형호荊浩를 거쳐 북송北宋의 당원唐元·이성李成에 이르러 완성된다. 그
러므로 왕유는 남종南宗 문인화文人畵의 시조가 된다.

산수화는 단순히 자연의 묘사가 아니다. 산수화가 그려낸 산수山水
는 감각의 대상인 산수가 아니라, 가슴속에 펼쳐진 진정한 자연의 자태
다. 바위와 골짜기, 나무, 돌, 안개, 구름 등을 그려 시적 정취를 추구할
뿐 아니라, 산수山水에 자아의 인격도야와 포부를 투사시켜, 은일隱逸한
성격 혹은 풍부한 생명력을 부여하기도 한다. 그래서 '인품이 높으면,
화품畵品은 저절로 올라간다'는 말이 있다. 그러므로 산수화의 창작은
사물의 사실적 표현이 아니라, 가슴속의 감정을 나타내는 데 중점을 두
고 있다. 이것이 성죽재형成竹在胸30으로, 뜻이 붓보다 먼저 있다는 뜻이
다. 중국 산수화의 특징은 윤곽을 그리는 붓끝에서 드러나는 강한 기氣
와31, 대상을 그리는 먹에서 드러나는 여운의 부드러움32뿐 아니라, 더
욱 근본적으로는 산수 자연의 구석진 곳에서부터 절대적인 천지정신
의 표현이다. 이것이 바로 "물가 끝까지 걸어가, 앉아서 피어오르는 구

---

30 성죽재형成竹在胸은 흉유성죽胸有成竹이라고도 한다. 대나무를 그리기 전에 대나무가 이
미 그의 마음속에 있다는 뜻.—옮긴이
31 먼저 윤곽을 그린 후 나중에 색을 칠하는 법을 구륵법勾勒法이라고 한다.—옮긴이
32 윤곽을 그리지 않고 직접 대상을 그리는 법을 몰골법沒骨法이라고 한다.—옮긴이

름을 본다"와 "강은 천지天地 밖으로 흐르고, 산색山色은 유무有無 속에 있다"는 아름다운 경지다. 이것이 '상유로 되돌아감을 보고常有觀徼', '상무로 오묘함을 바라봄常無觀妙'이며[33] '말할 수 있는 도可道'와 '말할 수 없는 도不可道' 사이에 다리를 놓아, '황홀함 속에 형상이 있고惚兮恍兮, 其中有象', '그윽하고 깊숙함 속에 정기精氣가 들어 있다는窈兮冥兮, 其中有精'(21장) '모양이 없는 모양無狀之狀', '사물이 없는 형상無物之象'(14장)의 표현이다.[34]

이상과 같이 산수화의 오묘함은 유有로써 무無를 드러내는 데 있다. 그래서 화면의 여백을 특히 중시했는데, 이는 언어 바깥의 뜻을 나타내려는 것이다. 허무虛無의 현묘한 사고를 통해 고원高遠하면서 청아하고 기묘한 초월적 영역으로 인간의 상상력을 인도하고, 사물 밖의 경지를 체득하도록 한다. 이러한 산수화는 속세의 초탈과 정신적 도야를 특별히 중시한다. 이것은 한편으로는 예술 작품의 진실한 표현이고, 다른 한편으로는 생명의 가치에 대한 몸으로의 실현이고 완성이다.

산수화는 은둔한 문인의 자연스러운 정취 표출에서 지사志士들 가슴 속에 엉켜 있는 기개의 표현으로 바뀌었다. 이것은 도덕생명과 접촉했기 때문이다. 그래서 특별히 비극성을 드러내어 사람들의 마음을 감동시킨다. 이런 까닭에 산수화는 전원적 풍경·산수를 거니는 자연 경관에 멈추지 않았다. 이러한 문인화의 전통은 원元의 예찬倪瓚, 명明의 동기창董其昌부터 명明 말기의 네 명의 승려 즉 석도石濤·팔대八大·곤잔

---

33 『도덕경』1장 참고—옮긴이
34 『철학과문화哲學與文化』, 74쪽.

髡殘·점강漸江에서 절정에 이르렀다. 이것은 도가의 정서를 벗어난 유가의 비장함과 숭고함이다. 이들의 표현은 위진魏晉 명사와도 다르고 당唐 송宋의 산수화 정신과도 다르다. 원말元末·명말明末 망국의 고통으로 인한 충격과 정치적 박해는 문인文人 지사들에게 더 이상 위진 명사들처럼 자유분방한 인생을 허락하지 않았고, 또 왕유·이성의 편안한 산수화도 허락하지 않았다. 즉 산수화를 통해 가슴속에 맺힌 감정을 발산하니, 더 이상 소박한 도가적 생명이 아니다. 그들 가슴속에 있는 유가적 품성과 기질은 오히려 시대가 받아주지 않았고, 그렇다고 편안히 산수 자연을 맞대고 시적 정취를 구할 수도 없었다. 이처럼 어느 쪽에도 서 있을 수가 없었다. 도연명의 전원시가 그 나름대로 격조를 가지고 승화된 까닭은 유가·도가의 성격을 균형 있게 갖추고 있기 때문이다. 문인화의 대가 특히 명말의 네 명의 승려는 오히려 내성외왕內聖外王과 산수山水·전원田園 사이를 방황하다가 결국 인간·정교政敎와 자연·산수 모두를 자신의 생명 속에 두지 못했다. 그래서 그들의 그림은 고고하지만, 생명의 왜곡과 파열만 드러냈다.[35]

이 장을 종합하면 아래와 같다. 노자철학의 가치에 대한 평가는 생명과 심지心知라는 두 가지 측면의 역사적 반응에서 그 단서를 찾을 수 있다. 도가의 본질적인 가치는 반드시 인문人文·예교禮敎의 유가에 의지해야만 그 가치가 드러난다. 예를 들면 장자의 소요·제물과 순자의 '통류를 명확히 알다知類明統'가 그것이다. 즉 아래로 내려가서 유가와 갈라선 장자의 길은 고자·신도와 위진 명사의 생명 쇠락으로 이어졌

---

35 이것은 타이완臺灣 보인대학輔仁大學 철학과 학생 장이신江日新과 토론하다 얻은 것이다.

고, 순자의 심지心知의 길은 신불해·한비자와 한초漢初 황로의 통치술로 흘러들어가, '무'의 작용이 무엇인지 알 수 없게 했다. 그러므로 생명의 가치는 확고하지 못했고, 그래서 돌아갈 곳도 없다. 그러나 확고하지 못한 가치와 의지할 곳 없는 생명은 오히려 정신 주체의 자유로 표출되어 예술적 미美의 관조로 전환했다. 이러한 예술 정신의 돌출은 다음과 같은 두 가지 길을 열었다. 하나는 명사의 혈기의 온전한 자연성이고, 다른 하나는 예술적 경지로의 승화다. 도가 정신의 산수화적 정취와 시적 정취에 유가의 문인적 기개를 주입시켜 비교해 보더라도, 역시 도가정신의 부족한 점이 드러난다. 무엇을 책임질 기백의 결여와 숭고한 격조의 부족 때문에 심금을 울리는 비장한 아름다움도 부족하다. 유가의 "임용되면 나아가 도를 행하고, 임용되지 않으면 도를 간직한다 用之則行, 舍之則藏"(『논어』,「술이述而」, 10)는 말은 도가의 특성인 자아 평온과 소요의 성격을 가지고 있다.

나가며
현대적 의의

도가사상은 '변하지 않는 도는 도 같지 않다常道不道'·'높은 덕은 덕 같지 않다上德不德'·'진정한 인은 어질지 않다大仁不仁'·'진정한 정치는 나누지 않는다大制不割'(28장)는 총체적인 관점에서 말하면, '도 같지 않고不道'·'덕 같지 않고不德'·'어질지 않으며不仁'·'나누지 않는不割' 용해 작용을 통해 '변하지 않는 도常道'·'높은 덕上德'·'진정한 인大仁'·'진정한 정치大制'의 가치를 보존한다.

또 "낳지만 소유하지 않고, 하게 하지만 뽐내지 않으며, 기르지만 주재하지 않는生而不有, 爲而不恃, 長而不宰"(10장) 오묘한 덕玄德으로 말하면, '소유하지 않고不有, 뽐내지 않으며不恃, 주재하지 않는不宰' 용해 작용을 통해 낳고生, 하고爲, 기르는長 가치를 보존한다. 이것을 작용적 보존이라고 한다.

"바른 말은 반대되는 것 같다正言若反"(78장)는 정正의 도道를 반反으로 말하는 변증적 초월이다. 예를 들면 제도는 정해진 규범이다. 이것이 '정'이다. 그러나 제도가 무엇인지 가늠하다 보면 균열이 생긴다. 이것이 '반'이다. 그런데 이 '반'은 '정'을 부정한다. 그러므로 진정으로 '정'을 보존하고자 하면 자신의 '반'을 극복해야 한다. 이렇게 해야 더 높은 단계로 올라갈 수 있다. 이것이 '합合'이다. '합'은 보다 높은 단계 의 '정'이며, '부정'의 용해 작용과 '반'의 자아 극복은 모두 보존하면서 초월하는 오묘한 작용이다. 이것이 바로 도가 특유의 지혜다.

도 같지 않다不道·덕 같지 않다不德·어질지 않다不仁·나누지 않는다 不割와 소유하지 않다不有·뽐내지 않다不恃·주재하지 않다不宰 등의 용 해 작용이 무위無爲이며, 변하지 않는 도常道·높은 덕上德·진정한 인大 仁·진정한 정치大制와 낳다·하게 하다·기르다 등 실질적으로 보존된 것이 무불위無不爲다. 노자의 도는 바로 "도는 항상 하는 것이 없지만 이루어지지 않는 것이 없다道常無爲而無不爲"(37장)에 있다.

한 걸음 더 나아가 살펴보자. 무위는 '무'이고, 무불위는 '유'다. "하는 것이 없지만 이루어지지 않는 것이 없다無爲而無不爲"란 무 자체는 유를 실현할 수 있고, 완성할 수 있다는 것이다. 다시 말하면 "유는 무에서 나온다有生於無"(40장)란 무불위의 유는 무위의 무에서 나온다는 의미 다. 이에 대해 노자는 다음과 같이 말한다.

서른 개의 바퀴살이 하나의 바퀴통으로 모여 있으니, 그 무無가 있으므로 수 레로서의 쓰임이 있다. 흙을 이겨 그릇을 만듦에 그 무無가 있으므로 집으로 서의 쓰임이 있다. 창문을 뚫어 집을 만듦에 그 무無가 있으므로 집으로서 의 쓰임이 있다. 그러므로 유有가 이로운 것은 무無가 쓰임이 있기 때문이다. 三十輻共一轂, 當其無, 有車之用. 埏埴以爲器, 當其無, 有器之用. 鑿戶 牖以爲室, 當其無, 有室之用. 故有之以爲利, 無之以爲用 (11장)

수레·그릇·집으로서의 쓰임은 모두 유有이다. 그러나 '유'가 쓰일 수 있는 것은 모두 비어 있는 '무'에서 드러나는 오묘한 작용이 있기 때문이다. 형이상학적 관점에서 말하면, 유有가 존재하는 이유는 무가 실현되었기 때문이다. 무는 아무것도 하지 않지만, 모든 것을 한다. 그래서 말한다.

천하 만물은 유에서 나오고, 유는 무에서 나온다.天下萬物生於有, 有生於無 (40장)

무는 천지의 시작을 말하고, 유는 만물의 어머니를 말한다.無, 名天地之始. 有, 名萬物之母 (1장)

천하에 시작이 있어서, 천하의 어미가 된다.天下有始, 以爲天下母 (52장)

혼성된 사물이 있는데, 천지보다 먼저 생겨났다. 적막하고 쓸쓸함이여, 독립해서 바꾸지 않으며, 두루 행하지만 위태롭지 않으니, 천하의 어머니가 될 수 있다. 나는 그 이름을 알지 못하니, 글자를 붙이면 도라 붙이고, 억지로 이름을 지어 '크다'라고 한다.有物混成, 先天地生. 寂兮寥兮, 獨立不改, 周行而不殆, 可以爲天下母. 吾不知其名, 字之曰道, 强爲之名曰大 (25장)

천하 만물은 천도天道의 유有에서 나오고, 천도의 '유'는 천도의 '무'에서 나온다. 유·무는 모두 천도다. 그러나 노자사상 속에서 '무'는 '유'보다 더 근본이고 더 우선한다.

천하 만물은 '낳다·하게 하다·기르다'는 유有에서 나온다. 그러나 '낳다·하게 하다·기르다'의 유는 '소유하지 않다不有·뽐내지 않다不恃·주재하지 않는不宰' 무無에서 나온다. '낳지만 소유하지 않고, 하게 하지만 뽐내지 않으며, 기르지만 주재하지 않으므로' 현덕玄德이라고 한다. 왜냐하면 '현덕'은 '무'이면서 또 '유'이기 때문이다. 노자는 말한다.

이 둘은 같은 곳에서 나오고 이름은 다르며, 똑같이 현玄이라고 부른다. 현묘하고 또 현묘하여 모든 현묘함의 문이 된다.此兩者同出, 而異名, 同謂之玄. 玄之又玄, 衆妙之門 (1장)

천도는 만물의 근원으로 시작始이고, 만물을 낳는 어미母다. 천도는 초월적 '무'이면서 또 내재적 '유'이다. 천도는 '홀로 서서 바꾸지 않으면서獨立不改'(25장) 또 '두루 행하지만 위태롭지 않다周行而不殆'.(25장) 이것이 천도의 양면성(혹은 이중성)이다. 천도는 어째서 만물을 낳는가? 노자의 형이상학적 지혜에 의하면, 첫째 천도는 만물이 아니다. 만약 만물이라면 천도 또한 만물의 약점을 모두 가지게 되는데, 이렇게 되면 어떻게 만물을 낳을 수 있겠는가? 둘째 천도는 만물을 떠날 수 없다. 만물을 떠나 있다면 어떻게 항상 만물을 지탱해 줄 수 있는가? 천도는 만물이 아니라는 관점에서 무無이고, 만물을 떠날 수 없다는 관점에서 유有이다. '무'는 만물처럼 유한하지 않고, '유'는 만물과 함께 있다.

'홀로 서서 바꾸지 않는 것'은 '무'이고, '두루 행하지만 위태롭지 않은 것'은 '유'이다. 전자는 도 자신의 존재 이유로서, 도는 스스로 존재하고 영원히 변하지 않는다. 후자는 도는 만물에 편재해 있으면서 영원히 멈추지 않는다. 어째서 '바뀌지 않을 수不改' 있는가? 도는 홀로 있으면서 끌려가지도 영향을 받지도 않기 때문이다. 어째서 '위태롭지 않을 수不殆' 있는가? 도는 바뀌지 않기 때문이다. 어째서 '두루 행할 수周行' 있는가? 홀로 있기 때문이다. 독립적인 사람은 두루 다닐 수 있다. 그는 자기 아닌 것으로 변할 수 없기 때문이다. 바뀌지 않는 사람은 위태롭지 않다. 그는 영원히 그 자신이기 때문에 피로하지 않고 싫증내지 않는다. 영원히 변하지 않으므로 영원히 멈추지 않는다.

천도는 홀로 서 있으면서 두루 행하고, 바뀌지 않으면서도 위태롭지 않다. 그러나 두루 행하지만 위태롭지 않은 유는 홀로 서 있으면서 바뀌지 않는 무에서 나온다. 그러므로 유·무는 모두 도이지만, '유'는 '무'에서 나온다. 노자는 말한다.

> 만물을 이루게 하지만 공이 있는 곳에 있지 않는다. 공이 있는 곳에 있지 않으니, 떠나지도 않는다.功成而弗居. 夫唯弗居, 是以不去 (2장)

만물을 이루게 하다功成는 '유'이고, '공功이 있는 곳에 있지 않는다弗居'는 '무'이다. 시간의 선후로 볼 때, '만물을 이루게 하다'가 먼저先이고, '공이 있는 곳에 있지 않는다'가 나중後이다. 먼저 만물을 이루게 하는 실적이 있고, 나중에 '공이 있는 곳에 있지 않는' 용해 작용이 있다. 이것이 인생의 수양이다. 노자의 형이상학적 사고는 여기서 한 번 비상飛翔하여 전환한다. 왜냐하면 인간 세계에서 공적이 많은 사람은 늘 공적이 있다고 자랑하고, 낳았다고生 소유하고, 하게 했다고爲 뽐내며, 길렀다고長 주재한다. 그 결과 반감을 불러일으키고, 심지어 반항하며, 결

국 본래 이루었던 공적조차도 지키지 못한다. 노자의 형이상학적 지혜
는 공적이 있는 곳에 없어야 만물을 이루고, 공적이 있는 곳에 없어야
만물을 이루게 하는 실현원리가 이루어진다. 공적이 있는 곳에 있지 않
는 '무'는 만물을 이루게 하는 '유'보다, 공적이 있는 곳에 있지 않는 것
이 만물을 이루게 하는 것보다 더 근본이고 더 우선한다. 그러므로 본
래 공적이 있는 곳에 있지 않는 '작용用'을 '본체體'까지 밀어 올린 것이
다. 도가는 바로 '작용用'을 본체體로 하며, '무'는 '유'를 실현하고, '유'
는 '무'에서 나온다.

유가의 실현원리는 도덕적 창조이고, 도가의 실현원리는 허정한 관
조다. '삶生'에는 두 가지 형식이 있다. 하나는 도덕창조의 '삶'이고, 다
른 하나는 허정한 관조적 삶이다. 창조적 삶은 실리實理적 삶이고, 관조
적 삶은 '허의 작용虛用'에 의한 삶이다. 실리적 삶은 '유'인 도덕심에서
오고, '허의 작용'에 의한 삶은 '무'의 허정심에서 온다. 유가는 덕성의
'유'를, 도가는 지혜의 '무'를 드러냈다.

인간은 무위이고 자연은 무불위이며, 성인은 '무위'이고 백성은 '무불
위'이며, 천지天地는 '무위'이고 만물은 무불위다. 인위성이 사라지면, 자
연적 아름다움으로 돌아갈 수 있다. 이것이 바로 무위이면서 무불위다.

그러나 주의해야 할 것은 노자의 '무위무불위無爲無不爲'는 둘로 나눌
수 없는 일체一體라는 점이다. 무위 자체는 무물위다. 내가 명리名利를
원하지 않으면 무엇을 얻고 무엇을 잃을 것인지 걱정이 사라진다. 그러
면 자유로운 인생을 얻게 된다. 그러나 이것은 명예를 생각하지 않으니
더 큰 명예가 오고, 1등을 하려고 하지 않으니 영원히 1등이 된다는 의
미가 아니다. 이러한 오해로 인해 노자는 계산적이고 계략적인 사람으

로 평가되기도 한다. 심지어 어떤 사람은 노자는 물러나는 것이 나아가는 것이라고 여겨, 노자는 아무것도 원하지 않지만 사실 모든 것을 원한다고 말한다. 이런 오해 때문에 정치적 권모술수에 이용되었다.

노자사상은 유한한 삶에서 오는 인생의 고통 속에서, 고통을 용해하고 깨뜨릴 수 있는 지혜를 열었다. 인간은 결국 잠시 머물러 있는 존재이지만 자연은 영원하다. 인생은 훼손되지만 천도는 영원하다. 인생은 오로지 하나의 길만 있으니, 인위人爲를 버리고 스스로 그러한 '자연自然'으로 돌아가는 길이다. 이것이 바로 "도는 자연을 본받는다道法自然"이다.

도가철학은 생명의 가치에 대한 확고하지 못함과 생명의 안식처 부족이라는 면이 있다. 따라서 정교·예법을 확립하지 못했고, 정치적으로 앞장서서 이끌고 나갈 수 없었다. 그러나 노자의 생명 정신과 정치적 지혜는 오히려 정치에 갇히고 심지의 욕망에 빠져있는 인생을 활짝 풀어헤쳐 승화시켰다. 예술정신으로의 전환은 중국민족에게 몇 세대를 걸쳐 정신적 정화와 인생의 평형을 얻게 했고 생명의 활력을 주었다. 중국문화의 전통은 유가 도가에 의해 이루어진 이중적 성격을 가지고 있다. 생명에 대한 중국인의 태도 또한 유가와 도가를 절묘하게 결합한 화해와 균형이다. 그러므로 중국의 역대 문인들은 한편으로는 과감하게 집착하고, 또 한편으로는 정서가 풍부했으며; 한편으로는 엄정하게 책임을 짊어지면서도 자유분방했다. 중국 전통 사회는 한편으로는 폐쇄적이고 정체적이며 생기가 없는 것 같고, 오히려 개방적이고 진취적이며 생기발랄하다. 유가의 윤리적 사회에 도가의 예술적 인생이 더해져, 중국 역사에서 예교가 교조적으로 변해 붕괴되어 갈 때, 스스로 조

정하여 생기와 활력을 불어넣었다.[1]

　노자철학은 본래 유가의 인의예지의 도덕규범에 대한 초월적 비판과 반성을 통해, 인위 조작이 제거된 인문 예교의 진정한 정신을 추구했다. 그러므로 유가와 결합해야 긍정적인 발전을 할 수 있다. 만약 노자철학이 유가와 결렬하여 비도덕적인 길로 가면, 고자·신도 및 위진 명사들처럼 되지 않으면, 신불해·한비자 및 황로의 통치술로 들어가 버린다. 이것이 『노자』를 읽을 때 가장 먼저 깊이 생각하고 반성해야 할 점이다.

1　졸저, 『문화부흥과현대화文化復興與現代化』, 正中書局, 1974, 107~112쪽 참고.

옮긴이의 말

저자 왕방웅 교수는 지금까지 대학에서 노자철학을 30여 년 가르쳤다. 그의 대표적 저서 『노자철학老子的哲學』은 1980년 타이완 동대도서공사 東大圖書公司에서 초판이 출판되었고, 1999년 8월 9쇄를 거쳐 2004년 8월 수정 2판 1쇄가 같은 출판사에서 출판되었다. 옮긴이는 타이완 유학시절 이 책을 처음 접했다. 당시 내가 읽었던 책은 1988년 3월(5쇄) 출판된 책으로, 작은 글씨에 세로쓰기로 되어 있었다. 2005년 자료수집 차 타이완을 찾았을 때 이 책은 새로운 모습으로 서가에 꽂혀 있었다. 의아한 마음으로 저자 서문과 내용을 살펴보니, 역자가 가지고 있던 구판과 내용적으로 차이가 없었다. 단지 신판은 구판보다 글자가 커졌고, 세로쓰기에서 가로쓰기로 되어 있다. 그래서인지 구판보다 읽기가 편했다. 신판에 보충된 내용은 '노자철학 강의 30년'이라는 저자 서문이다. 이 책은 개정판(수정 2판 1쇄. 2004년 8월)을 번역한 것이다.

　노자철학을 어떻게 볼 것인가? 노자의 『도덕경』(혹은 『노자』)은 비록 5천여 자에 불과하지만 그 속에 담긴 사상은 상식을 뒤엎는다. 그러나 상식을 뒤엎는 노자사상은 상식을 벗어난 비상식이 아니라 생활 속에서 느끼고 체험하고 깨달을 수 있는 상식이다. 우리가 노자사상을 아니 도가사상을 심오하다고 여기는 것은 상식을 뛰어넘는 상식이 많이 나오기 때문이다. '상식을 뛰어넘는 상식' 역시 '상식'임에도 불구하고 우리는 그것을 알지도 느끼지도 깨닫지도 못하고 있다. 그래서 노자사상은 심오하다고 생각한다.

지금까지 우리가 접한 노자의 『도덕경』은 원문을 해석한 책이거나, 노자사상 전체를 설명한 전공서적, 또는 일반인을 위해 아주 쉽게 풀어 쓴 책 등 세 종류다. 『도덕경』 원문을 해석한 책은 총 81장으로 이루어진 『도덕경』 각 장에 대한 원전 해석과 그 의미를 풀이해 놓았다. 『도덕경』 한국어 해석서는 『도덕경』 각 장이 무슨 내용인지를 이해하는 데에는 도움이 되지만 『도덕경』 전체를 꿰뚫는 사상이 무엇인지 이해하기 어렵다. 노자 사상 전반을 해석한 책으로 대부분 전공서적에 해당된다. 전공서적은 철학적인 용어를 사용하기 때문에 일반인들뿐 아니라 대학생들도 이해하기가 쉽지 않다. 전공서 혹은 『도덕경』 해석서는 노자의 '도'를 설명하는 데 있어서 형이상학적 개념을 사용한다. 노자의 도는 그 당시 그야말로 평이한 용어였다. 이러한 용어들이 철학적 사유가 깊어지면서 더욱 난해하게 해석되고, 이로 인해 '도'는 인간이 접할 수 없는, 인간과 상관없이 저 멀리 있는 이데아의 세계로 전락해 버린다. 노자의 '도'는 우리 인간 곁에 있고, 우리 생활 속에 있고, 우리 마음이다. 노자의 이러한 '마음'을 저자는 '허정심'이라고 규정한다. 노자사상의 핵심은 도에 있는 것이 아니라, 삶에 있다. 즉 유한한 생명이라는 존재론적 사실로부터 무한으로 통하는 억지로 하지 않는 무위의 실천

방법을 통해 생명의 본래 모습인 질박 혹은 소박함으로 돌아가는 것이다. 이것이 바로 노자가 말하는 도의 진정한 의미다.

동양철학은 크게 말하면 '심학心學'이다. 인간의 '마음'을 유가는 '도덕심'으로, 불가는 '불심'으로, 도가는 '허정심'으로 규정한다. 마음에 대한 이와 같은 규정은 유가·불가·도가의 특색을 매우 적절하게 표현했다. 저자는 '허정심'을 통해 도를 설명하고 드러낸다. 이처럼 노자의 '도'는 외부에 있는 것이 아니라, 우리 마음에 있다.

이것을 설명하기 위해 저자는 서론 부분에서 유가와 도가의 '심心'을 통해 유가·도가가 생명의 가치를 어떻게 일깨워주고 있는지, 그리고 두 철학의 차이를 설명한다. 이 부분은 비록 이 책의 '서론'에 해당되는 부분이지만,『논어』에 나오는 "도에 뜻을 두고, 덕에 의거하며, 인에 의지하고, 예에서 노닌다"를 바탕으로 유가와 도가의 철학적 차이를 설명한다. 이런 의미에서 단순한 '서론'이 아니라, 유가·도가를 구분하는 중요한 논문이다. 그러나 전문가들이 읽는 전공 논문이 아니라, 대학생들을 상대로 한 강연이기 때문에 일반 사람들도 쉽게 이해할 수 있다. 저자는 1부에서 노자라는 사람과『노자』라는 책을 고증한다. 여기서 저자는 기존에 문체와 어휘로『노자』라는 책이 언제 나왔는지 고증하는 것 또한 확실한 방법이 아니라고 한다. 이에 저자는 2부에서『노자』의 시대적 배경과 사상적 연원, 그리고 지역적 특성을 바탕으로『노자』를 『논어』이후『맹자』,『장자』이전이라고 규정한다.

제3부에서 저자는 노자철학을 인간의 생명은 왜 유한한가에 대한 반성에서 나왔다고 규정한다. 저자는 노자가 보기에 인간이 유한한 까닭은 유심(인위적인 마음)의 집착과 인위적인 행위 때문이라고 단정한다.

그래서 허정심을 통해 '고요함을 지키는' 실천방법을 제시한다. 간단히 말하면 3부에서는 도의 진정한 의미를 설명한다. 노자의 '도'에 대한 저자의 이와 같은 해석은 한국 학계나 중국 학계에서는 찾아볼 수 없는 매우 독특한 해석이다. 이 점이 옮긴이가 이 책을 번역하게 된 근본적인 이유다.

제4부는 유한한 생명에서 무한한 생명으로 들어가고자 하는 실천방법에 대한 설명이다. 간단히 말하면 '수양론'이다. 그 하나는 '허의 극치에 이르고 고요함을 지키는' 수양공부를 통해 '미묘하게 그윽이 통하는'생명의 길을 열고, 다른 하나는 '정기를 모아 지극히 부드럽게 하는' 수양공부를 통해 생명 본래의 질박함으로의 회귀다. 주체를 수양하는 실천 공부는 노자철학의 생명이다. 노자가 말하는 도덕은 가공된 심오한 이론이 아니라, 실질적인 의미가 있다. 이것이 노자철학의 참모습이다.

제5부는 인간의 생명의 의미와 노자의 정치철학에 대한 설명이다. 저자는 이 장에서 노자의 생명존중사상과 소국과민이라는 이상사회의 모습을 통해 노자의 정치철학을 목가적으로 설명한다.

마지막 6부는 노자철학의 가치를 역사적 반응을 통해 고찰한다. 저자는 노자『도덕경』의 말은 간단하지만 의미가 포괄적이고 용어 또한 불분명하여, 또 다른 오묘한 의미를 만들어 내고, 형이상학적 깨달음은 무위의 오묘한 작용만 드러내고 있다고 보았다. 그래서 노자철학은 노자 자신이 의도한 것은 아니지만, 한편으로는 위진시대 철학자들처럼 자유분방한 감정의 표출로 나아갔고, 다른 하나는 신불해·한비자·황로 같은 정치적 권모술수로 이용되었다. 자유분방한 감정의 표출은 예술정신으로 표출되기도 했다.

저자는 이상과 같은 노장사상의 내용을 『도덕경』 81장 거의 모든 부분을 예로 들어가면서 설명한다. 이를 통해 독자들은 『도덕경』 전체를 읽어야 하는 부담을 덜 수 있을 뿐 아니라, 『도덕경』 전체를 읽지 않고서도 노자사상이 무엇인지 이해할 수 있다. 아울러 후기 법가들이 왜 노자사상을 이용하게 되었는지, 중국의 예술정신이 어디에서 유래했는지, 그리고 노자가 왜 무위자연을 그토록 주장했는지 알게 된다.

이 책을 다 읽으면 심오했던 노자사상이 독자 곁으로 다가온다. 그래서 이론적 노자사상이 아니라 실천적 노자사상을 깨닫게 된다. 이것이 이 책이 독자들에게 전해주고자 하는 요령이다.

『도덕경』 원문 해석은 저자의 의도에 어긋나지 않는 한도 내에서 우리말로 번역된 책을 참고로 했다. 그 중 『왕필의 노자』(임채우 옮김, 예문서원, 1997)를 많이 참고로 했다.

번역이 마무리될 때가 되면, 번역이 저자의 의도를 독자들에게 잘 전달했는지 항상 걱정이 된다. 이번에도 마찬가지인 것 같다. 그래서 번역은 마침이 아니라 저자에 대한 미안함이고 멍에다. 이제 또 하나의 멍에를 짊어져야겠다. 멍에를 벗어버릴 수 있는 가장 좋은 방법은 독자들의 질책이다. 옮긴이가 멍에를 벗을 수 있도록 많은 질책을 기다릴 뿐이다. 끝으로 이 책의 한국어 출판을 허락해 주고 격려까지 해주신 저자 왕방웅 선생님께 고마운 마음을 전하며, 교정에 도움을 준 출판사 관계자들에게 감사를 드린다.

천병돈

찾아보기

ㄱ

가오형高亨 88, 102, 104~105, 114, 176, 192, 227, 233
감산대사憨山大師 304
공자公子 19, 21~29, 31~33, 35, 53, 55~56, 67~71, 75~76, 78, 80, 82, 86, 95, 98~101, 103, 106, 108~111, 117, 242, 289~290, 313, 321~322
기器 13~15, 17~18, 20~21, 29, 58, 133

ㄴ

남종南宗 324
『남화南華』107
노담老聃 68, 70, 73, 74, 104, 117
노래자老來子 78
『논어論語』14~15, 18, 22, 25, 33, 49, 56, 66, 70~72, 84~85, 87~88, 90~91, 93, 95, 97~98, 114, 122, 185, 242, 338

ㄷ

당원唐元 324
대덕大德 142, 192
대도大道 18, 23, 25, 30~31, 34, 37, 51, 62, 110, 130, 145, 158, 160~161, 220~221, 253~ 254, 283
덕선德善 44, 197~200, 203, 215, 257, 265~266, 270, 318~319
덕성심德性心 34, 51, 207
덕신德信 197~200, 265, 318~319
도연명道淵明 292~293, 319, 323, 326
두보杜甫 319

ㄹ

라오쓰광勞思光 78, 106
량치차오梁啓超 67~69, 71, 76~77, 115~116, 289
뤄건쩌羅根澤 72
리우따지에劉大杰 115

ㅁ

마쉬룬馬敍倫 71~72, 104, 113
만유萬有 146, 151
맹시사孟施舍 300~301
맹자孟子 21, 32, 46, 49, 53~54, 58, 67, 70, 72, 76, 82, 89, 93~95, 103, 105~109, 242, 298, 322
『맹자孟子』 14, 53, 71, 74, 76, 85~87, 89~91, 94~95, 102, 117, 122, 242, 338
머우쫑산牟宗三 8, 80, 86, 124, 127, 129, 140
명明 163~164, 305
명교名教 8, 314~315, 317
명칭名 123, 127~129, 151, 155, 159, 200, 217~222
무無 38~39, 41, 122, 124~136, 138~139, 147~148, 157, 159, 164, 166, 168, 170~171, 183, 187, 191~192, 302, 309, 325, 327, 329~333
무명無明 123~125, 131~132, 217, 219, 221~222, 251, 288
무물無物 161, 224, 226, 238, 305
무분별심無分別心 279, 305
무불위無不爲 37~39, 41, 183, 206, 214, 224, 262, 307, 329, 333
무심無心 36~37, 39, 41, 43~44, 50~51, 144, 171, 184, 206, 211, 220~221, 249, 252,~253, 257, 259, 268, 270~271, 274, 301, 305, 319, 329, 333, 337, 339
무심무위無心無爲 252, 281
무욕無慾 123~124, 151, 221, 223, 282, 288, 290
무위無爲 37~39, 41, 44, 47, 80, 106, 143, 151, 170~171, 174, 183~186, 188, 203, 205~208, 213~214, 220~221, 224, 239, 249, 252, 259, 262, 267~268, 270~273, 275, 278, 280~281, 283, 286, 289, 294, 298, 301, 307, 329, 333, 337, 339
무위자연無爲自然 149, 184~186, 199~202, 211, 226~227, 236, 238~239, 244, 249~250, 274, 277, 307, 317~318, 340
무지무욕無知無慾 92, 229, 288
묵가墨家 83, 103, 106, 300, 322
묵자墨子 20~21, 70, 75~76, 80, 82, 103, 105~107, 322
『묵자墨子』 70
묵적墨翟 103

문공文公 86
물아物我 146

ㅂ

박대진인博大眞人 70
백거이白居易 319
『백서노자帛書老子』 309~310
법가法家 281, 303, 307~308, 310, 340
본체體 126~129, 131, 133, 163, 166, 168, 183, 206, 224, 307, 333
본체론本體論 120, 122, 128, 135, 156, 165

ㅅ

『사기史記』 67, 70, 75, 78, 113~114
사마담司馬談 77, 248, 311
사마정司馬貞 114
상常 124, 157, 162~164, 172, 174, 196, 198, 212, 223, 238
상도常道 125, 143, 151, 220
상무常無 123~124, 191~192
상심常心 39, 105, 197, 265, 271, 273, 286, 294, 318
상유常有 123~124, 191~192, 325
선재성先在性 111, 144, 159
선진先秦 14, 22, 82, 104, 107
성죽재형成竹在胸 324
성지인의聖智仁義 98, 110, 118, 141~142
세치설勢治說 309
소국과민小國寡民 286~287, 289~290, 293~294, 339
소동파蘇東坡 319
소부巢父 96
소요逍遙 44, 51, 60, 297, 326~327
소철蘇轍 123
송영자宋榮子 300~301
수유치화守柔致和 247
수증修證 182~183, 187, 204~206

순우곤淳于髠 93
순자荀子 8, 20~21, 49, 106, 108~109, 297~299, 302, 316, 326~327
『순자荀子』 76, 106
쉬푸관徐復觀 75, 77, 83, 90, 94, 97, 120~121, 132, 320, 322
『시경詩經』 69, 115
신도慎到 297, 299~303, 309, 311, 314, 316, 326, 335
신묘神妙 54, 57, 150, 273
신불해 申不害 114, 297, 299, 307~309, 311, 314, 316, 327, 335, 339
심心 41, 124, 182, 338
심지心知 41~44, 46, 54, 145~146, 148~149, 151~152, 155~156, 175, 177~178, 182, 188~189,
193~195, 199, 212, 214, 218, 221~223, 229, 278, 291, 297~298, 302, 316~320, 323, 326~327

O

애공 哀公 84~85
양면성 122, 124, 128~130, 157, 191, 331
양자거陽子居 102
양주楊朱 98, 102~107, 112, 114, 116~117
양지良知 28, 54, 56~57, 108, 144
어미母 110, 126~127, 133, 136, 159, 167, 210, 258~259, 261, 330~331
『여씨춘추呂氏春秋』 73, 76
『열자列子』 104, 116
『예기禮記』 68, 70, 75
예악禮樂 25~26, 33, 35, 108, 315
예의禮義 108~109, 289, 297, 302
예제禮制 20, 85~86, 108~109
예禮 23, 25, 28, 34~36, 68, 70, 75, 78, 85~87, 103, 108~110, 143, 220, 290, 321,
예법禮法 86, 255, 298, 302, 314, 334
완적阮籍 321
왕안석王安石 123
왕유王維 319, 324, 326
왕필王弼 84, 125~126, 136~139, 255, 267, 287, 320
왕화이王淮 149, 161, 183, 227, 240
우주론 120, 126, 156, 166
위도爲道 188~190, 194, 196, 203~204, 212
위아爲我 102, 105~106, 116
위진魏晉 8, 104, 293, 298~299, 302, 311, 314, 316~317, 320~322, 324, 326, 335
위진시대魏晉時代 297, 320~321, 323, 339

위학爲學 188~189, 196, 203
유有 38~39, 41, 122~131, 133~136, 138~139, 147~148, 157, 159, 163~164, 166, 170, 187, 191~192, 206, 325, 329~333
유명有名 123~125
유무有無 14, 147, 164, 325
유심有心 37, 39, 41, 45, 48, 56, 141~144, 172~173, 175~176, 178~179, 220~221, 226, 231, 240, 245, 253~255, 260, 268, 275, 308, 319, 338
유욕有欲 123~124, 240
유위有爲 37, 39, 45, 48, 56, 80, 84, 142, 144, 150, 179, 220~221, 224, 231, 239~240, 254~255, 259, 268, 274, 278~279, 281, 298, 308, 319
유형有形 13~15, 124~125
은자隱者 98, 100~101, 107, 112, 114, 117
이백李白 319
이성李成 324, 326
인仁 22, 25, 27~30, 33, 35~37, 55, 108~111, 141~145, 207, 221, 245, 253~255, 289~290, 312, 318~319, 328
『인물지人物志』 320~322
인심仁心 25, 27, 29, 50, 108~109, 142, 144
인의仁義 45, 57, 71, 91, 108, 110, 145, 220~221, 253~255, 281, 306, 308
인의예仁義禮 33, 144

ㅈ

자로子路 97~99, 104
자생자화自生自化 151~152, 155, 218~219, 272~273, 283
자유자재自由自在 50~51, 72, 141, 148, 154, 190, 194, 201, 215, 229, 262~263, 266, 291, 320
장자莊子 21, 42, 48~51, 53, 58, 60, 72, 74~76, 80, 82, 106~107, 114, 116, 299, 302, 311, 316, 320~322, 326
『장자莊子』 42, 48~49, 53, 68, 70, 72, 74~76, 78~80, 106, 114, 124, 248, 300~301, 321~322, 338
장저長沮 99, 101, 114
장주莊周 102, 116~117
재성현리才性玄理 320
전국시대戰國時代 23, 71, 73, 76, 86~88, 90, 92, 94, 95, 103, 108, 113
전기치유傳氣致柔 229, 300~301
전병田駢 93
접여接輿 99, 101, 114
정도正道 31, 94, 149, 317
제물齊物 297, 316, 326

제자백가諸子百家 68~69, 77, 82, 89, 104, 106~107, 113, 116, 313, 322

『좌전左傳』 70, 88

주周나라 25, 33, 35, 68, 85~86, 107~108, 116, 189, 289, 314

증자曾子 97, 109

지모智 45, 57, 98, 110, 118, 221, 253~255, 268, 271, 278~280, 282, 286, 288, 290, 298, 304, 306, 308

질박樸 19, 35, 131~132, 145~146, 151, 160, 210, 215, 226~227, 240, 250~251, 254, 256~257, 259, 262, 266, 271~272, 279~280, 282, 286, 288~292, 306~307, 318, 320, 339

집착 36, 42~44, 49, 54, 106, 109, 145~156, 177~179, 182, 188, 194~195, 212~220, 239, 255~256, 259~260, 265~266, 268, 276~279, 319~320, 323, 334, 338

ㅊ

척제滌除 190

천도天道 14~15, 48, 53, 62, 67, 72, 136, 140, 142, 164, 167~168, 172~174, 196~197, 210~211, 228, 259~260, 268, 274~275, 277, 316, 330~332, 334

천지天地 36~39, 40~41, 60, 122, 124~127, 130, 132, 134~136, 139, 141~142, 145, 147, 151, 155, 158~159, 163~169, 171~173, 176~177, 193, 210~211, 224, 229~230, 245, 249, 258~259, 266, 303, 305, 325, 330, 333

천지만물天地萬物 125~127, 130~131, 136~137, 139, 145, 156~157, 159, 167~169, 172, 195, 274

청정무위淸靜無爲 47, 245, 253, 263, 265, 277, 286, 289~290, 309, 311

첸무錢穆 67, 72, 74~76, 88, 91, 93, 303, 316

총명聖 45, 57, 98, 110, 118, 142, 221, 253~255, 268, 271, 280, 286, 288, 290, 298, 306, 308

춘추시대春秋時代 70~71, 86, 88, 90~92, 95, 114

충허沖虛 205, 208, 210, 246, 256, 315, 321

치허수정致虛守靜 124, 141, 156, 182, 204, 260, 264, 300~301, 320

ㅌ

타연他然 34, 137, 263

탕란唐蘭 71

태사공太史公 69, 77

ㅍ

팡둥메이方東美 110, 143
패도覇道 87
펑유란馮友蘭 67, 71~72, 76, 320

ㅎ

한비자韓非子 8, 20, 21, 69, 106, 176, 297, 299, 303, 307~309, 311, 314, 316, 327, 335, 339
『한비자韓非子』 76, 79, 105, 143~144, 298, 306, 309
허명虛明 194, 196, 200, 205~207
허무虛無 120, 168, 313, 325
허심虛心 175, 179, 231, 315, 320
허정무위虛靜無爲 246, 256, 288, 309, 311
허정심虛靜心 39, 195, 197~198, 200, 266~268, 276, 311, 317, 321, 323, 333, 337, 339
현玄 128~129, 139, 161, 164, 170~171, 208, 331
현덕玄德 133, 158~161, 169~170, 207~209, 260~261, 263, 331
현리玄理 182, 320~321
현학명리玄學名理 320
형이상形以上 13~16, 20~21, 57, 62, 128
형이상학形而上學 7, 14, 33, 82~83, 109~112, 117~118, 121~123, 130, 140, 144, 182~183, 185,
187~188, 190, 192, 197, 204~206, 209~210, 242, 264~265, 293, 298~299, 301, 311, 322, 330~333,
337, 339
형이하形以下 13~16, 20, 57, 128
화성기위化性起偽 302
환공桓公 86, 88
황로黃老 270, 297, 299, 307, 309~311, 314, 316, 327, 335
『회남자淮南子』 73~74, 76, 103, 105, 225, 274
후스胡適 67~69, 71

노자, 생명의 철학

1판 1쇄 인쇄 2014년 12월 9일
1판 1쇄 발행 2014년 12월 16일

지은이 · 왕방웅
옮긴이 · 천병돈
펴낸이 · 주연선

책임편집 · 김한밀
편집 · 이진희 심하은 백다흠 강건모 이경란 오가진 윤이든 강승현
디자인 · 김현우 김서영 권예진
마케팅 · 장병수 정재은 김진영
관리 · 김두만 구진아 유효정

(주)은행나무
121-839 서울특별시 마포구 양화로11길 54
전화 · 02)3143-0651~3 | 팩스 · 02)3143-0654
신고번호 · 제1997-000168호(1997. 12. 12)
www.ehbook.co.kr
ehbook@ehbook.co.kr

잘못된 책은 바꿔드립니다.

ISBN 978-89-5660-8280 03150